灵活用工合规手册

劳达—HI 伙伴法税顾问团队　编著

中国财富出版社有限公司

图书在版编目（CIP）数据

灵活用工合规手册／劳达—HI伙伴法税顾问团队编著．—北京：中国财富出版社有限公司，2021.5（2023.3重印）

ISBN 978－7－5047－7428－6

Ⅰ.①灵…　Ⅱ.①劳…　Ⅲ.①用工制度－中国－手册　Ⅳ.①F241.32－62

中国版本图书馆CIP数据核字（2021）第086112号

策划编辑	李　晗	**责任编辑**	邢有涛　李　晗	**版权编辑**	李　洋
责任印制	梁　凡	**责任校对**	杨小静	**责任发行**	黄旭亮

出版发行	中国财富出版社有限公司		
社　　址	北京市丰台区南四环西路188号5区20楼	**邮政编码**	100070
电　　话	010－52227588转2098（发行部） 010－52227566（24小时读者服务）		010－52227588转321（总编室） 010－52227588转305（质检部）
网　　址	http：//www.cfpress.com.cn	**排　　版**	宝蕾元
经　　销	新华书店	**印　　刷**	宝蕾元仁浩（天津）印刷有限公司
书　　号	ISBN 978－7－5047－7428－6/F·3303		
开　　本	710mm×1000mm　1/16	**版　　次**	2021年6月第1版
印　　张	18	**印　　次**	2023年3月第3次印刷
字　　数	286千字	**定　　价**	68.00元

《灵活用工合规手册》编写委员会

主　　编： 魏浩征

执行主编： 李永超　梁艳松　张　陇

编委会成员： 李春梅　邵莉莉　王云涛

王全玮　殷　花　朱士贵

序　言

被新时代重新定义的“灵活用工”

一

什么叫“灵活用工”，在法律上并没有明确的定义，在学术及实务操作中也没有形成统一的行业标准。因此，2015 年说的“灵活用工”与 2020 年说的“灵活用工”，可能是两码事；同样在 2020 年，A 公司说的“灵活用工”与 B 公司说的“灵活用工”，也可能完全不一样。

我们暂且将“灵活用工”界定为有别于标准化劳动关系的一切用工关系。与标准化劳动关系相比，“灵活用工”在用工关系的建立、履行、变更、解除或终止等方面，具有相对的灵活性。

不可否认的是，自 2015 年开始，“灵活用工”越来越火。在中国的人力资源服务业中，已经有好几家以“灵活用工”作为核心业务成功上市的公司。而多数的实际用工单位，不研究“灵活用工”、不践行部分“灵活用工”，往往也被视为落伍。

2020 年新冠肺炎疫情的暴发，更把“灵活用工”推向了发展的高点。除了传统的劳务派遣、人力资源外包，共享用工、平台用工、新业态用工、小微承包用工、众包用工、自雇用工等概念，越来越频繁地出现在用工领域，从国家到地方的各种相关政策也纷纷出台。提供“灵活用工”服务的企业，业务均逆势增长。

由于同时涉及法律关系、管理关系、薪酬关系、结算与财税关系等不同要素的组合，因此，对于“灵活用工”中合规与风控的研究，就显得尤为重要。

“灵活用工”的核心，是在“合法用工”的基础上寻求一个实现“三能”的解决方案，即人员能进能出、岗位能上能下、工资能增能减。同时，实现员工灵活就业、企业成本控制与企业绩效之间的有机平衡。

企业用工的主要矛盾，由日益增长的弹性用工需求与落后的刚性组织结构之间的矛盾，转化为员工日益增长的美好生活与工作的需求和不平衡、不充分的组织发展之间的矛盾。规范、专业的“灵活用工”代表了先进生产力，马克思曾设想的理想社会，正是“自由人的联合体”！

二

“灵活用工”成为用工主流，将是大势所趋。理由如下。

1. 雇主对于降低成本、增强企业活力与创新力的需求与日俱增

于成本角度而言，传统的基于雇佣形成的标准劳动关系，面临社会保险、工时、假期、解雇保护等各种政策成本的压力，以及如何激励、如何留人的管理成本压力。

于企业创新能力而言，过于庞大的组织、过于僵化的管理要求、过于复杂的管理流程、过于固化的职能角色与岗位层级、过于固化的雇佣关系，无疑是一种负担。

于地域而言，人才不断流动，各种技能人才的集中区域有所不同，同种技能在不同区域的成熟度也有差异，互联网即时通信等技术的发展为企业跨区域获取技能人才提供了强力的支持。

基于平台、基于外包、基于各种合作的“灵活用工”，正好顺应了VUCA时代的发展趋势。

2. 雇员对于工作时间、工作地点、工作方式、工作自主性的需求在增加

与工业化时代相比，技术、移动互联网平台的发展带来了更多机会与挑战，市场已经发生了根本性的改变。新生代雇员大多是具有相对自主能力的知识工作者，他们学习能力很强，获取信息、资源的成本很低，他们不再为养家糊口而工作，他们对组织的依赖程度越来越小，更加有资本选择自己的工作与生活。

在非金钱福利方面，工作弹性及工作与生活之间的平衡、便利或弹性的上班地点、时间，对企业在人才吸引方面具有重要作用。员工职级虽然有所差异，但是56%的员工认为工作弹性及工作与生活平衡是重要的考虑因素。（毕马威报告《聚焦高管人才——就业趋势调查和薪酬展望》）

劳动者的就业观念在发生变化，灵活用工受到求职者的青睐。德勤在2018年发布的《千禧一代年度调研报告》中提到，全球范围内倾向于灵活就业的职场人占比31%，欧美发达国家占比25%，中国、印度等新兴市场倾向于灵活就业的职场人占比37%。

数据显示，新经济带动其他行业增加值占GDP的比重达8.1%，而新就业人数占总就业人数比重为6.4%。灵活用工大大增强了劳动者就业的灵活性，伴随就业者观念的转变，不少出生于互联网时代的年轻人更加青睐有互联网背景的工作，比如自由撰稿人、网络主播、私人教练、翻译等。

管理哲学之父查尔斯·汉迪，在《非理性的时代》中曾提出三叶草组织形态。他认为未来企业由三部分员工组成：专业核心人员、外包人员和临时及兼职人员。30%的员工是核心员工，会跟随公司一起往前走，60%以上的员工以外包、顾问、自由职业者的形式存在，未来这样的公司才是一个健康的公司。

在海尔集团，张瑞敏痛感“大企业病”所导致的问题，用“人单合一模式”不断通过划小经营单位来激发员工的企业家精神，甚至在互联网时代不断更新理念和模式，在这一过程中，员工与组织的关系也逐渐由雇佣转向合作。

过去二十年间，中国企业的用工模式经历了从标准化劳动关系到劳务派遣，从劳务派遣到外包，再到平台用工、新业态用工的转型。个税改革和社保税征，给企业提出了新的要求，大力促进了企业在组织重启等方面进行更加积极主动的思考。2020年新冠肺炎疫情造成的企业经营危机，会继续促燃并强化这一趋势。企业的用工模式正迅速由“重”“慢”向“轻”“快”转型。

在数字化时代背景下，劳动者从“单位人”到“平台人”的转变，是人力资源市场不可逆转的趋势。

三

过往的二十几年中，中国人力资源服务业迎来的第一个业务风口是2007年至2008年《中华人民共和国劳动合同法》的颁布及实施，今天不少的人力资源公司是在当时发展起来的，产品以劳务派遣及人事代理为主。2019年社保税征的新政以及个人所得税法的修改，给行业带来了第二次风口。

新风口伴随新风险，新风险需要新的风控策略。这轮风控和风口一样，对于大家来说至关重要。因此，风口下谈风控，势在必行！

因此，“灵活用工”的解决方案推出前需要充分论证合规和风控问题，否则，有时候虽然抢占了市场先机，却给自己挖了个“大坑”，最后触碰了法律、政策红线，得不偿失。

此外，员工是公司重要的资产，在调整用工模式时，企业文化被稀释的问题，公司的控制权、服务品质、员工稳定性、员工价值感和认同感、公司的品牌等各个方面可能发生的负面影响问题，都需要同步考虑。

因此，人力资源产品只单纯考虑人力成本控制是远远不够的。方案最终要面对的是活生生的人，是企业的核心资产——员工。方案看起来再完美，落地时员工不认可，实施后就无法达到预期效果。忽略了人才发展和组织可持续发展问题的灵活用工产品方案，最终必定是要失败的。

君子审时度势，决定取舍，有可为而有可不为。孟子曰：“人有不为也，而后可以有为。”对于企业管理者而言，风口下更要懂得守住业务底线和法律、政策红线，时刻牢记什么可为、什么不可为。

魏浩征

劳达咨询集团及塞氏中国研究院创始人

上海人才服务行业协会副会长

2020年12月15日

目录

第一篇　新经济形势与灵活用工

第一节　新经济形势下的灵活用工

新时期，我国经济发展进入新常态，经济发展速度呈现从高速增长转向中高速增长态势；经济发展结构呈现从规模速度型粗放增长转向质量效率型集约增长模式；经济发展动力呈现从要素投资驱动转向创新驱动。这些变化，是我国经济向形态更高级、分工更优化、结构更合理的阶段演进的必经过程。我国经济发展进入新常态后，经济增长动力与经济下行压力并存，经济长期向好的基本面没有改变，经济发展仍具有巨大的韧性、潜力和回旋余地。

现阶段，经济下行压力加大，就业面临巨大挑战。2019 年 7 月 30 日中央政治局会议指出，当前我国经济发展面临新的风险和挑战，国内经济下行压力加大。2019 年年末，《人民日报》刊文提到，2019 年以来，受到世界经济增速下滑和国内增长动力转换尚未完全到位的影响，我国经济下行压力加大，经济运行面临的困难和风险增多；受世界经济增速放缓、全球动荡源和风险点显著增多，以及国内正处于转变发展方式、优化经济结构、转换增长动力的攻关期等影响，2020 年我国经济发展面临的形势依然严峻复杂。2020 年伊始，新冠肺炎疫情突然而至，来势汹汹，是新中国成立以来我国遭遇的传播速度最快、感染范围最广、防控难度最大的重大突发公共卫生事件，也是百年来全球发生的最严重的传染病。停工、停产、停学……新冠肺炎疫情给我国经济社会发展带来前所未有的冲击。同时，境外疫情持续蔓延，世界经济陷入衰退，不稳定、不确定因素显著增多，我国经济发展面临新的困难和挑战。

就业是民生之本，是经济的“晴雨表”，且长期处于政府工作突出位置。2018 年 7 月 31 日中央政治局会议首次提出“六稳”，就业问题成为“六稳”工作之首；2019 年 7 月 30 日中央政治局会议要求，全面做好稳就业、稳金融等“六稳”工作，做好高校毕业生、农民工、退役军人等重点群体就业工作。2020 年政府工作报告提出，加大“六稳”工作力度，保居民就业、保基本民生等“六保”任务。政府部门在不同场合多次要求扎实做好“六稳”工作，全面落实“六保”任务，充分体现了就业的重要性和政府支持、保障就业的决心。

政府全力促进就业，推动灵活多样的就业形式。2019 年年末，国务院发布 26 条促进就业意见，指出支持灵活就业和新就业形态，支持劳动者通过临时性、非全日制、季节性、弹性工作等灵活多样形式实现就业；研究完善支持灵活就业的政策措施，明确灵活就业、新就业形态人员劳动用工、就业服务等，抓紧清理、取消不合理的、限制灵活就业的规定。

2020 年 7 月 22 日，国务院总理李克强主持召开的国务院常务会议指出，确定支持多渠道灵活就业的举措，取消对灵活就业的不合理限制，激励互联网平台创造更多灵活就业岗位，适应企业灵活用工需要，发展零工市场，研究制定平台就业劳动保障政策。2020 年 7 月 31 日国务院发布《关于支持多渠道灵活就业的意见》提到，个体经营、非全日制及新就业形态等灵活多样的就业方式，对拓宽就业新渠道、培育发展新动能具有重要作用；对于互联网平台经济及新业态、新模式，实施包容审慎监管，鼓励其创造更多灵活就业岗位等。2020 年 9 月 30 日，人力资源和社会保障部办公厅发布《关于做好共享用工指导和服务的通知》，指出，企业之间开展共享用工，进行用工余缺调剂合作，对解决用工余缺矛盾、提升人力资源配置效率和稳就业发挥了积极作用。同时指出，需要加强对共享用工的指导和服务，促进共享用工有序开展，进一步发挥共享用工对稳就业的作用。

灵活就业和灵活用工，分属就业市场的两端。就业，一般理解是指法定年龄内的劳动者为获得报酬进行的劳动。从就业者（劳动者）角度来看，实现就业的形式是多种多样的，比如，与企业、个体经济组织、民办非企业单位等用工单位订立劳动合同；或建立非全日制用工关系；或通过招考成为国家机关、事业单位、社会团体的工作人员；或成立个体工商户、公司、合伙企业等自主创业；或者成为摄影师、作家、网络直播等自由职业者，等等。从企业角度来看，可以与就业者（劳动者）建立各种合作关系，以组织开展经营活动，这种互动场景我们笼统称为“用工”，包括但不限于订立劳动合同、劳务派遣、外包、非全日制等。那么，哪些属于“灵活用工”呢？结合上面的分析，我们不难看出，灵活就业范围大于企业用工，企业用工大于灵活用工。换言之，灵活就业不等于灵活用工，灵活用工是灵活就业实现的形式之一。

现阶段，灵活用工的概念在市场上已经被广泛使用，但什么是灵活用工，无论是在实践上，抑或是在理论上，目前并无定论。法律上没有对灵活用工进行定义，也没有明确过灵活用工究竟是指什么。

在人力资源服务市场上，各人力资源服务机构对于灵活用工的产品和服务内容表述亦存在不同。比如，中智（CIIC）上海官方网站显示，中智灵活用工服务是以服务外包的形式为企业提供“优质、高效、便捷”的项目管理和办公室文职服务。北京外服（FESCO）官网显示，灵活用工管理，包括外包和劳务派遣管理、非全日制用工与短期用工管理、灵活用工招聘流程外包三类业务。英格玛集团（Engma）官网显示，灵活用工，是指在规定工作任务或固定工作时间长度的前提下，企业根据有关雇佣关系制度的现行法律法规，通过使用兼职、自雇、短期合同等多种工作方式，完成既定工作内容，帮助企业实现人力资源队伍快速调整、精确匹配、弹性管理和敏捷适应环境变化。科锐国际（CAREER INTERNATIONAL）官网显示，灵活用工指针对招聘旺季、新项目、员工短期替补及编制紧张带来的人才短缺，提供短、中、长期项目及人员外包。通过岗位外包、服务流程外包，支持客户提升组织灵活性、降低风险。人瑞人才官网显示，减负、降本、增效，是灵活用工趋势下企业的最优选择。上海外服（FSG）官网显示，灵活用工服务，指全风险派遣、非全日制用工。万宝盛华大中华（ManpowerGroup Greater China）官网显示，万宝盛华大中华灵活用工服务，致力于为企业提供专业而灵活的外包服务，有效应对企业季节性、临时性、周期性的发展变革挑战。专注于提供销售及营销、IT 支持、行政管理、工程制造技术人员等岗位招聘和用工管理，响应快速，服务迅捷。

人力资源和社会保障部在《关于我国灵活就业情况的统计分析》中认为，灵活就业人员，主要由以下三部分构成：自营劳动者，包括自我雇佣者（自谋职业）和以个人身份从事职业活动的自由职业者等；家庭帮工，即那些帮助家庭成员从事生产经营活动的人员；其他灵活就业人员，主要是指非全时工、季节工、劳务承包工、劳务派遣工、家庭小时工等一般劳动者。《劳动报》将灵活用工中的“灵活”定义为，包含以非全日制用工为代表的时间上的灵活、以劳务派遣为代表的雇佣形式上的灵活、以业务外包为代表的服务形态上的灵活，以及以平台型用工为代表的就业形式上的灵活。

从劳动合同用工的视角来看，现阶段劳动合同用工是我国企业的基本用工形式，法律也是这样界定的。在整个劳动合同用工过程中，对于企业用工管理而言最难的三个问题是调岗、降薪、解雇。如果这三个问题能够获得有效解决，或者说都能很方便地解决，就可以称之为灵活用工。同时，灵活用工不等于不缴纳社保、不守法或违法，而是更加方便满足企业业务需求，即实现企业业务需求与用工供给的灵活对应关系。

第二节　我国灵活用工的发展历史

我国灵活用工的发展历史，需要结合我国的劳动用工制度发展历史来看，劳动用工制度是指国家对社会劳动力进行招收、使用方面所实行的管理制度。我国劳动用工制度的发展大致可以分为三个阶段，即固定工制度阶段、固定工制度与劳动合同制并行阶段、劳动合同制阶段。

第一个阶段，固定工制度阶段。建国初期处于固定工制度阶段，固定工是指国家对劳动者的就业实行统分统配，工作长期固定不变，一般不能离职。在固定工制度下，企业没有招工自主权，同样也不能辞退员工，即能进不能出。建国初期百废待兴，特定的社会经济环境，造成城市中的大量人口失业。为解决失业问题，1950 年 6 月，当时的政务院发布《关于救济失业工人的指示》规定，“在招雇新工人和职员时，原则上由当地劳动局设立之劳动所接受统一介绍”。1952 年政务院发布《关于劳动就业问题的决定》要求，逐步做到统一分配劳动力，同时要求“对于失业的和在业的职工家属中之劳动妇女及其他家庭劳动妇女，应尽可能根据原料和销路的条件，组织她们替工厂加工或进行其他手工业生产……”。固定用工形式成为当时企业的主要用工形式，从中我们不难看出，在固定用工形式之外，也存在类似“组织她们替工厂加工”的用工形式。

第二个阶段，固定工制度与劳动合同制并行阶段。能进不能出的固定用工制度，弊端是显而易见的，故 1957 年国家开始推行劳动合同制，在固定用工制度之外，推出长期合同、短期合同、亦农亦工合同。1957 年国务院政府工作报告提到，“在很长的时期内，劳动就业的主要方向仍然是参加农业劳动。手工业和服务性行业也将是劳动就业的一个辅助方面。最近上海、江苏、广东等地方劳动部门因地制宜地积极帮助将近一万多名失业人员参加了手工业、服务性行业和各种社会辅助劳动，这是一个好经验。今后还应该提倡由社会团体和群众自己想出各种办法，扩大就业范围，协助国家解决劳动就业问题。”1965 年国务院发布《关于改进对临时工的使用和管理的暂行规定》指出，“少用固定工、多用临时工，经济合理地使用劳动力；必须从社会上招用职工时，凡是临时性、季节性的工作，都应当使用临时工；已经使用固定工的临时性工作，应当逐步地改用临时工；招用临时工时签订合同；临时工的劳保待遇，暂按各地现行规定执行。”

可见，在这个时期，除了固定工、劳动合同制之外，也存在其他形式的用工，但是由于后来一段时期社会环境和背景的变化，多种用工形式统一为固定工，劳动用工制度回到了建国初期。

第三个阶段，劳动合同制阶段。十一届三中全会之后，国家试行劳动合同制，推动固定用工制度的改革。1983 年劳动人事部《关于积极试行劳动合同制的通知》要求，“招用合同制工人，必须签订劳动合同；常年性生产、工作岗位，需要长期使用的工人，可以签订长期合同，也可以签订短期合同（三、五年）；临时性、季节性的生产岗位，仍使用临时工和季节工，也可以签订合同。”1986 年国务院关于发布《改革劳动制度四个规定的通知》要求，“常年性工作岗位上的工人，除国家另有特别规定者外，统一实行劳动合同制。……可以招用五年以上的长期工、一年至五年的短期工和定期轮换工。不论采取哪一种用工形式，都应当按照本规定签订劳动合同。企业招用一年以内的临时工、季节工，也应当签订劳动合同。”1992 年劳动部《关于扩大试行全员劳动合同制的通知》要求，各省、自治区、直辖市以及计划单列市应选择部分地域试行全员劳动合同制，劳动合同制逐渐替代固定工成为企业用工的主要形式。1994 年 7 月 5 日通过并于 1995 年 1 月 1 日实施的《中华人民共和国劳动法》（以下简称《劳动法》）规定，建立劳动关系应当订立劳动合同，确定了全员实行劳动合同制。至此，劳动合同制成为企业的主要用工形式，并且通过立法给予明确，企业用工由计划转向市场。2008 年 1 月 1 日《中华人民共和国劳动合同法》（以下简称《劳动合同法》）实施，劳动合同制、劳务派遣、非全日制用工这三类用工形式在法律上有了清晰、规范的定义。

劳务派遣在国内的兴起与发展。20 世纪 70 年代末 80 年代初，为了解决外国驻华各机构用工的问题，北京外服（FESCO）应运而生，负责向外国驻华各机构办事处派遣相关服务人员，国内劳务派遣业务萌芽于此，中国人力资源服务行业亦发端于此。随着 2008 年《劳动合同法》的生效实施，劳务派遣进入一个快速发展阶段。根据全国总工会调查的数据显示，截至 2010 年年底，国内劳务派遣规模达到 6000 万人次，估算下来约占全国职工总人数的 20%。当然，这些数据并未获得相关部门的认可。2012 年《劳动合同法》针对劳务派遣内容进行了修订，明确劳动合同用工是基本用工形式，劳务派遣是补充形式，同时对经营派遣业务资质、使用岗位、比例等作出了规定。2014 年《劳务派遣暂行规定》实施，至此，劳务派遣业务进入下降调整阶段。

无论是因为劳动用工法律法规政策的调整，还是就业市场自身发展的趋势，或者企业趋利避害的选择，我们观察到，2014 年之后，企业采用外包用工的形式逐渐增加，市场上外包的类型各种各样，比如，人力资源外包（HRO），即企业将人力资源管理的工作全部或者部分委托第三方专业机构管（办）理，包括不限于招聘、薪酬调查、员工关系、培训、用工政策咨询等；商务流程外包（BPO），即企业将商务流程中的全部或者部分流程委托第三方操作，比如，包括不限于财务、行政、资产管理、营销等；信息技术外包（ITO），即企业将 IT 系统的全部或者部分外包给专业的信息技术服务公司。此外还存在岗位外包、劳务外包、工序外包、生产外包等类型的外包服务。

在这些外包服务兴起和发展的同时，互联网经济、共享经济等新业态蓬勃发展，根据国家信息中心发布的《中国共享经济发展年度报告（2020）》内容显示，共享经济的发展不仅成为经济增长的重要新动能，也成为就业增长，尤其是新型的、弹性就业的一个重要动力源泉，并成为反映经济就业形势和经济走势的一个风向标。初步估算，2019 年我国共享经济参与者约 8 亿人，其中服务提供者人数约 7800 万，平台企业员工人数约 623 万。共享经济推动了新就业形态的发展，由于共享经济灵活用工、弹性就业的特点，使得服务提供者能够以兼职形式获得收入，兼职成为共享经济领域具有代表性的就业形式。

2020 年伊始，因受到新冠肺炎疫情的影响，2 月 3 日，阿里巴巴集团旗下的盒马鲜生超市向云海肴、青年餐厅“借人”。随后，京东、苏宁、沃尔玛、联想等企业相继跟进，“共享员工”的模式成为社会热点话题，政府相关部门也同步跟进，肯定这种用工模式在疫情期间的积极作用。

如果以劳动合同用工为基点，临时工、季节工、短期工、定期轮换工、非全日制工、劳务派遣工、各类外包工、平台用工、共享用工……这些都可以称为灵活用工。换言之，在我国的用工制度发展历史过程中，灵活用工的形式一直存在，扮演着激活劳动者活力的角色，是主流用工形式的重要补充部分。

第三节　我国灵活用工的现状和问题

灵活用工的蓬勃发展，是市场对其本身价值和意义的认可。虽然，现阶段对于灵活用工的评价尚无定论，但这并不妨碍我们从劳动合同用工的视角去观察现行的各类用工形式，包括传统的非全日制用工、劳务派遣、实习生、退休返聘、劳务外包、兼职等；同时也包括随着新产业、新业态、新经济模式发展，显示出来的“不求人才为我所有，但求人才为我所用”的特点，产生了诸如平台用工、众包用工、网约工、共享员工等用工形式。非劳动合同用工形式已经产生了庞大的就业群体，但是，由于现有的法律、政策、行业、监管等多种原因，也存在各种问题。

（一）劳动者就业水平的差异性和社会保障的问题

站在劳动者的视角，我们观察到，劳动者在就业水平、就业质量方面存在比较大的差异性，存在着IT类等高知识、高技能、较尖端的就业；同时也存在着快递、餐饮、外卖等门槛比较低的就业。从数量上来看，灵活就业的群体规模在不断扩大，但是，从就业水平来看，目前灵活就业存在人员流动性高、劳动组织涣散、劳动和安全卫生条件较差等问题，有待解决。

从社会保障角度来看，我们观察到，灵活就业人员“三无”现象突出，即无劳动合同、无社会保险、无劳动保障。现行社会保障制度大多是针对劳动合同用工的，且具有法定性、强制性，不适用于灵活用工的情形和特点，灵活就业人员难以像劳动合同用工一样参加社会保险，给个人保障和职业安全带来隐患，长期存在这种现象也会造成社会问题。

（二）企业使用灵活用工目的多样性的问题

站在企业的视角，我们观察到，选择采用灵活用工方式时，通常会考虑预算、编制、成本、效率、灵活性、合规等因素。据此，我们把采用灵活用工的企业分为八大类型。

1. 预算管控型

预算管控型，是指企业因受制于人力成本、工资总额预算的限制，实际上又需要增加人员来维持生产经营活动的进行，就要采用其他形式的用工，这种情形在国企、集团下属分、子公司比较常见。这类企业关注的重点在于，用工产生的各项费用是否会计入人力成本、工资总额，各种类型的外包服务对这些企业比较有吸引力。

2. 编制管控型

编制管控型，是指企业因受制于人员编制的限制，或者因为岗位上员工患病、产假等原因无法正常劳动时，企业也无法通过新招募员工来完成工作。这就需要引入其他形式的用工，通常通过劳务派遣、非全日制用工、实习生、岗位外包等来满足需求，也可以通过服务外包来满足需求。

3. 成本管控型

成本管控型，是指企业主要基于管控“五险一金”的费用、工会费、残疾人就业保障金等政策成本支出，从而选择劳动合同用工、劳务派遣之外的其他用工形式。这类企业的关注重点在于政策成本的解决，在解决政策性成本方面各类外包业务会面临挑战，非全日制用工、实习生、退休返聘、兼职、劳务承揽等能够满足这类企业的需求。

4. 专业需求型

专业需求型，这类企业通常对成本不太敏感，当企业发展需要某类专业人才支持时，企业无外乎有两种解决渠道，即内部培养和外部招聘。内部培养面临的是周期长、投入成本高等问题；外部招聘则面临及时性、适应性的问题。现实中，企业对于某类专业人才的需要，可能是临时性、阶段性的，并非持续性的，加之内部培养、外部招聘都存在各种问题。在这种背景之下，借助第三方专业力量，则能够快速、有效地满足企业需求，成为最有效的解决方案。例如，信息技术外包（ITO）、知识流程外包（KPO）、法律顾问服务、管理咨询服务等。

5. 效率优化型

效率优化型，这类企业一般对成本的敏感度比较低，通常希望借助第三方提升管理的效率，把生产经营辅助类的事务全部或者部分交由第三方专业服务机构管理。例如，安保服务、保洁服务、餐饮服务、运输服务、物业服务等。

6. 员工激励型

员工激励型，是指企业在劳动合同用工形式下的薪酬激励手段已经不能满足员工的需求，需要通过改变与员工之间的劳动关系，以实现双方互利共赢、继续合作的目的。例如，合伙人模式、控股公司、内部创业孵化等。

7. 税务筹划型

税务筹划型，是指为了满足员工降低税赋的需求，企业与员工把双方的劳动关系调整为民事合作法律关系。例如，劳动关系解除之后，员工成立的个人工作室、合伙企业、个体工商户等组织形式。

8. 新业态用工

新业态用工，是指互联网和技术的发展，带来了经营模式的变革，同时也带来了用工模式的变革（包括且不限于工作时间、互动的模式、管理的模式、考核的方式等），致使以结果为导向、工作时间灵活、用工更加灵活成为现实。

实践中，越来越多的企业采用“劳动合同用工＋N”的模式，即在传统劳动合同用工形式之外，同时采用非全日制、劳务派遣、各类外包等组合式的用工形式。

（三）无论企业基于何种目的，采用灵活用工的形式，通常存在以下几类问题

1. 严重依赖协议的问题

实践中有些企业存在严重依赖协议的现象，即认为在用工时只要签好协议，双方约定好，就可以规避被认定为事实劳动关系的风险，就可以规避所有的法律风险。争议发生时，决定双方法律关系的并非协议，而是双方实际上是如何履行各自的义务、享有各自的权利，需要根据双方的权利和义务履行情况来判断双方的法律关系。

2. 管理混同的问题

管理混同，是指企业对劳动合同制人员、灵活用工人员采用相同的管理模式，包括且不限于薪酬管理、工作时间、休息休假、职工培训、劳动纪律、劳动定额等均适用于相同的管理规则、制度，等等。灵活用工人员承担的责任、义务与劳动合同制人员没有区别时，显然，他们有机会或者

大概率上，应当享有与劳动合同制人员相同的权利。故此，我们理解，灵活用工合规管理的第一步，就是需要解决管理混同的问题，否则，这种灵活用工只能是纸面上的灵活用工，遇到争议纠纷时，大概率还是会被认定为事实劳动关系。

3. 业务真实性缺失的问题

业务真实性缺失，是指企业并无实际的用工行为，或者用工的行为并不符合灵活用工的要求。从劳动法律的角度，这里会涉及混同用工问题，企业承担连带责任的风险；从财税法律的角度，这里通常会涉及虚开发票的问题，这是压红线的行为，即涉嫌违法犯罪的行为。

4. 风险管控意识薄弱的问题

在我们提供咨询服务的过程中，经常遇到与下面这个案例类似的场景：某企业在业务旺季，因为业务繁忙，人员短缺，于是决定从市场上雇佣临时工，进行货物的装卸。企业雇佣了 3 名临时工，双方口头约定，每完成一辆车的装卸工作支付人民币 500 元作为装卸费用。在装卸货物的过程中，其中一名临时工发生心源性猝死。死者家属就赔偿事宜与企业之间发生争议，从双方口头约定来看，双方应当属于承揽关系，换言之，风险应当自担；从证据来看，企业则很难举证双方系承揽关系，最终通过协商谈判，企业向死者家属支付人民币 20 万元赔偿。这就是典型的企业风险管控意识薄弱。

（四）司法实践中灵活用工争议与劳动关系认定泛化的问题

据观察，现阶段司法实践中，处理灵活用工争议与劳动关系认定时泛化的现象比较突出。这里有多方面的原因，一方面是现行法律法规对灵活用工调整涉及内容较少，即便是比较成熟的非全日制用工和劳务派遣用工调整的内容也不多，实践中有很多问题未做明确的规定；另一方面是上述内容提到的企业在采用灵活用工过程中存在过度依赖协议、管理混同、业务真实性缺失、风险管控意识薄弱的问题。灵活用工的不同形态、不同特点给现有的劳动保障法律带来了挑战，现行的劳动保障法律制定了许多劳动基准，但是这些劳动基准一般适用于劳动关系，部分内容最多延伸到非全日制用工、劳务派遣形式，对于其他灵活用工形式鲜有规定，缺少具体配套规定、实施操作办法和相关劳动行政执法保障。

我们观察到，司法实践中，灵活就业人员与企业之间发生纠纷时，有些地区主要依据认定劳动关系的标准进行审查。符合认定劳动关系标准的，则会被认定为事实劳动关系，企业承担劳动法项下的法律责任；有些地区通常按照双方之间约定的法律关系审慎地审查判定双方的关系。因此，灵活就业人员和企业之间发生的纠纷，不同地区的劳动仲裁、法院处理的方式及结果可能不同。

在此借用最高人民法院《第八次全国法院民事商事审判工作会议（民事部分）纪要》中关于劳动争议纠纷案件的审理中的一段话：劳动争议案件的审理对于构建和谐劳动关系，优化劳动力、资本、技术、管理等要素配置，激发创新创业活力，推动大众创业、万众创新，促进新技术新产业的发展具有重要意义。应当坚持依法保护劳动者合法权益和维护用工单位生存发展并重的原则，严格依法区分劳动关系和劳务关系，防止认定劳动关系泛化。

（五）灵活用工立法滞后性的问题

法律是社会规则，是一种由国家制定或认可并以国家强制力保证实施的社会规则。法律反映的是社会变化的情况，本身具有稳定性，如果朝令夕改，会让公众处于无所适从的境地。同时，社会是不断运动和发展的，尤其是当今社会，可谓日新月异，于是便出现了法律的滞后性，这是无法回避的问题。灵活用工的快速发展，同样会面临相关立法滞后性的问题，也有人说，灵活用工的蓬勃发展受益于立法的空白，或者发端于对于某些法律规定的规避，我们暂且不论这些观点是否正确，但是，两者之间必然存在千丝万缕的关系。

从立法实践来看，一般而言就是在现有实践中，面对出现的各类问题，有关部门会发布相关政策；再由相关政策，逐渐过渡到立法，条件成熟之后就制定相关的法律。这个过程一般比较漫长，以《工资支付暂行规定》为例，相关部门多年来一直想发布《工资支付条例》，历时十余年之久，但至今条件仍然不成熟。

随着灵活就业群体的不断扩大，灵活用工的形式多样化和持续发展，其在发展过程中出现的各类问题，未来势必先从政策层面进行规范，条件成熟之后再从立法层面进行规制，逐渐实现对灵活用工的依法管理。

第四节　我国灵活用工的挑战

灵活就业人员已经成为庞大的就业群体，灵活用工成为越来越多企业的选择和用工形式之一。我们的生活和工作离不开灵活用工，但是，由于现行的法律、政策、行业、岗位、监管等多种原因，我国的灵活用工存在诸多挑战。

（一）就业稳定性的挑战

就业的重要性，我们不再赘述。灵活就业的特点就是“灵活”，这是灵活用工的特点，对于灵活就业人员而言，就业是不稳定的。现行的劳动合同用工制度，体现出书面化、长期化、解雇保护的特征，由于灵活用工的绝大多数形式不属于劳动保障法律法规的调整范围，因此，现有法律政策无法为灵活就业人员提供就业的稳定保护，用工灵活的同时必然会导致稳定性不足。若仅仅关注、强调灵活，忽视就业的稳定性，灵活就业人员到了一定年龄之后，可能会出现“无业可就”的情形，这极有可能会成为影响社会和谐与稳定的因素。

劳资力量的不平衡性、灵活就业人员的工作低端性、灵活就业人员的工作可替代性强等因素，导致在实践中企业很随意地解雇灵活就业人员，解雇的随意、随时、零成本造成灵活就业人员普遍没有职业安全感，就业的稳定性受到挑战。

（二）社会保障制度带来的挑战

灵活就业人员普遍面临“三不”或“三无”现象的报道经常见诸报

端。“三不”是指劳动合同不签、社会保险不缴、劳动保障不到位。“三无”与“三不”类似，即无劳动合同、无社会保险、无劳动保障。众所周知，根据《劳动合同法》规定，企业自用工之日起即与劳动者建立劳动关系；建立劳动关系，应当订立书面劳动合同；已经建立劳动关系，未同时订立书面劳动合同的，应当自用工之日起一个月内订立书面劳动合同；自用工之日起超过一个月不满一年未与劳动者订立书面劳动合同的，应当向劳动者每月支付二倍的工资。

根据《中华人民共和国社会保险法》规定，企业应当依法缴纳各项社会保险费用。同时，劳动者依法享有各项劳动基准保护，包括且不限于最低工资标准、休息休假、劳动保护等。但是，这些大多数针对劳动合同制关系人员，不适用于灵活用工的情形和特点。那么，就会面临很多现实的问题，灵活就业人员工作期间受到意外事故伤害时，能否获得工伤待遇？患病就医时，能否享受医疗保险？女职工生育时，能否获得生育保险？失业时，能否获得失业金？退休时，未参加养老保险，如何获得保障？灵活用工是社会发展的趋势，但是，这些涉及灵活就业人员社会保障的问题比较突出，这种现象对现行社会保障制度的挑战不言而喻。若这些问题不能够得到妥善解决，必然会引发更多社会层面的问题。

（三）给企业管理带来的挑战

在企业用工的过程中，劳动合同制用工只涉及企业和劳动者双方，权利和义务主体只有两个。在许多灵活用工形式中，如劳务派遣、各类外包等，往往需要通过第三方的服务形式来用工，同时提供服务的第三方与劳动者之间有可能存在直接或者间接的关系，这时候在灵活用工过程中，形成三方主体，甚至四方、五方主体等，造成企业灵活用工过程中的多个主体、多重法律关系、多重手续和环节需要处理。同时，实践中，基于效率、质量等管理因素，企业往往需要对灵活用工人员进行直接的管理，或者进行间接的管理等。因此，在涉及多方主体管理的同时兼顾效率、质量等因素，对企业经营管理的挑战可见一斑。

（四）对司法实践的挑战

灵活用工过程中发生了争议纠纷，要么尊重双方之合意，按照双方之间的约定审查构成何种法律关系，划分各自的权利和义务；要么进行实质性审查，参照劳动关系认定标准进行审查，符合认定标准就按照劳动关系来处理。现实存在的问题是，由于采用的是灵活用工的形式，企业用工时无须支出产生的政策性成本，无论企业方或者劳动者，都会提高用工的价格，因为有更多的钱来支付报酬，即双方都从约定的灵活用工形式中获益。当双方发生争议时，若推翻当初的约定，按照劳动关系来审查处理，让企业承担劳动关系项下的义务，显然，不符合公平合理的交易原则，也有悖于诚实信用的契约精神。若尊重双方之合意，遵循契约精神进行审理，则会引发更加深层次的社会问题，比如，灵活就业人员工作期间发生意外事故，无法享有相关待遇，必然会成为影响社会稳定的因素。如何平衡企业和劳动者的权益？如何遵循契约精神同时兼顾社会效用？如何通过判断引导社会的发展和进步？这些问题对司法实践的挑战不言而喻。

第五节　我国灵活用工的趋势

（一）灵活用工的特点决定灵活用工未来发展的趋势，我们观察到灵活用工主要具有以下几方面的特点

1. 满足企业阶段性用工需求

实践中，有些企业用工并非连续性、周期性的，一项业务做完，可能间隔几个月才会有新业务，也有可能短期内有很多新业务。这样的背景之下，企业面临的人员——成本的压力、临时招聘人员——招聘的压力、业务结束时裁减人员——争议的风险等问题都可以通过灵活用工解决。

2. 解决企业季节性用工需求问题

比如，旅游业、农产品加工、水产、服装等带有明显季节性的企业，其订单或者业务只有在特定的季节才会出现。在这类企业用工的过程中，

通过提前的招聘和人员储备在一定程度上可以解决问题，但订单或业务高峰期过去，存在劳动关系的情况下人员裁减将面临比较大的压力，而灵活用工可以解决这些问题。

3. 降低企业用工成本

从企业的角度而言，在维持一定利润率的条件之下，在用工方面降低成本的想法无可厚非，因为企业是营利性组织，其存在的目的就是获得利润。但是，降低用工成本应当以不违反国家法律法规为前提，否则，表面上看短期内是降低了成本，但从长远来看可能会造成更大的损失。实务中，有些企业与员工签署劳动合同、建立劳动关系，但不给员工缴纳社保，那么，遇到员工患病、工伤时企业需要承担赔偿责任；遇到员工离职涉及社保争议时，需要补缴并缴纳滞纳金等。而在灵活用工的形态中，有些形态与企业之间构成民事上的法律关系，这时候就不存在因是否缴纳社保导致的法律责任。

4. 降低企业用工风险

在当前法律环境下，劳动关系依法建立、依法解除，即劳动关系是否建立根据法律来判定，双方劳动关系解除应当依据法定的事由和程序。工作时间、加班、带薪休假、经济补偿金、劳动保护等严格受到法律限制，不符合法律要求，则会面临员工的投诉、仲裁、诉讼，需要面对劳动监察处罚、劳动争议官司。从企业角度来看，在灵活用工的模式之下，这些风险绝大部分能够避免或者减少。

5. 提升企业运营效率

企业运营的效率很大程度上取决于各团队之间的分工配合和交付能力，在劳动关系下，需要对员工进行管理和考核，督促其完成公司交办的各项任务。在灵活用工的诸多形态中主要以结果为导向，评价的主要标准就看能否按时交付符合要求的成果。既管理过程又要管理结果的用工模式相对于只管理结果的用工模式，运营的效率会大大提升。

6. 提升企业用工的弹性

俗话说，企业人力资源管理有“三难”，即招人难、留人难、让人走更难。招聘的人不符合要求，达不到预期怎么办？员工对工作调配、薪酬调整不满意怎么办？员工不胜任工作或者人员冗余需要裁减怎么办？这些情况在有些企业是常态，但处理起来常常变成一种非常态，换言之，存在劳动关系的前提之下，企业的用工是没有弹性可言的。

据前瞻产业研究院发布的《2017—2022年中国劳务派遣行业市场前瞻与投资战略规划分析报告》数据显示，美国共有约2万家企业提供灵活用工服务，每周有超过320万名员工为灵活用工服务企业工作，还有更多零散的自由职业者未计入其中。2015年美国灵活用工市场规模便已超过1264亿美元，是我国2016年市场份额的近4倍。

据民间职介国际同盟（CIETT）数据显示，全球人力资源市场收入构成中，灵活用工占比高达70%，市场规模近3万亿元人民币。2017年，日本灵活用工在人力资源行业中占比已达42%，美国紧随其后，占比32%。而中国灵活用工的构成仅占到人力资源行业的9%，与日本和美国相比差距较大。日本与中国的人口结构相似，催生了Dip Corp这家主打灵活用工的公司，从2013年到2016年，短短3年时间其股票增长50倍，市值飙升至120亿元人民币。中国劳动人口数量是美国的4倍，日本的10倍，但灵活用工市场还未诞生巨头。由此，灵活用工市场被中国的人力资源公司视为下一个风口。2018年12月，专业招聘公司Michael Page（中国）发布《2018年中国灵活用工市场速览报告》，该报告调查了2642名受访者，96%的受访者有意向从事灵活用工工作。35%的受访者表示，在全职工作超过10年之后，他们会打算选择这一类工作形式。由此可见这一雇佣形式在中国市场的巨大潜力。

（二）“灵活用工”成为用工主流，将是大势所趋

1. 雇主对于降低成本、增强企业活力与创新力的需求与日俱增

于成本角度而言，传统的基于雇佣关系形成的标准劳动关系，面临社会保险、工时、假期、解雇保护等各种政策成本的压力，以及如何激励、如何留人的管理成本压力。

于企业创新能力而言，过于庞大的企业组织、过于僵化的管理要求、过于复杂的管理流程、过于固化的职能角色与岗位层级、过于僵化的雇佣

关系，无疑是一种负担。

基于平台、基于外包、基于各种合作的灵活用工，正好顺应了 VUCA 时代的发展趋势。

2. 雇员对于工作时间、工作地点、工作方式、工作自主性的需求在增加

与工业化时代相比，技术、移动互联网平台的发展带来了更多机会与挑战，市场已经发生根本性的改变。新生代的雇员大多是拥有相对自主能力的知识工作者，他们学习能力很强，获取信息、资源的成本很低，他们不再为养家糊口而工作，他们对组织的依赖程度越来越小，他们更加有资本选择自己喜欢的工作与生活。

数据显示，新经济带动其他行业增加值占 GDP 的比重达 8.1%，而新就业占总就业比重为 6.4%。灵活用工大大增强了劳动者就业的灵活性，不少出生于互联网时代的年轻人更加青睐有互联网背景的就业岗位，比如自由撰稿人、网络主播、私人教练、翻译等。在共享经济大潮下，从“单位人”到“平台人”的转变，是灵活用工市场不可逆转的趋势。

第二篇　灵活用工与合规管理

第一节　我国灵活用工的类型

现阶段，灵活用工的概念被广泛使用，灵活用工的形式不断涌现，无论如何表述灵活用工或者何种形式的灵活用工，都需要从现有的法律政策环境来进行认知。结合市场实践，我们可以将灵活用工的形式大致归纳如下：非全日制用工、劳务派遣、各类外包、平台用工、劳务用工、退休返聘、内（包）创业、实习生用工、共享员工。

（一）非全日制用工形式

1. 概念

非全日制用工，是指以小时计酬为主，劳动者在同一用工单位一般平均每日工作时间不超过 4 小时，每周工作时间累计不超过 24 小时的用工形式。实践中，俗称的兼职、小时工、临时工等，若企业对这些人员行使监督、劳动管理的权力，回归到法律层面对应的就是非全日制用工。换言之，兼职、小时工、临时工是符合非全日制用工形式的，在法律上需要按照非全日制用工处理。

2. 特征

工作时间上的双封顶，即每周累计不超过 24 小时，平均每天不超过 4 小时；工作报酬上的两个标准，即按照小时计酬标准，支付周期不超过 15 日标准；合作形式上的灵活性，任何一方随时可以终止用工关系；管理上的方便性，企业可以对非全日制人员的劳动过程进行管理。

3. 合同形式

企业采用非全日制用工形式的，可以与劳动者订立口头合同，也可以订立书面劳动合同。劳动者可以同时与多家企业订立非全日制劳动合同，但是，不能影响或侵害已经存在的非全日制用工关系。

4. 劳动保障

享有部分社保保障。企业采用非全日制用工形式的，应当为其缴纳工伤保险费；员工个人参照个体工商户缴纳养老保险，以个人身份参加医疗保险。实践中，有些省市同意非全日制人员单独购买工伤保险，有些省市认为不能单独购买工伤保险。享有最低工资标准保障、工伤待遇；不享有各类假期待遇、经济补偿等。

5. 争议处理

争议处理的常见方式有五类。非全日制人员劳动争议的处理同劳动合同制人员相同，即协商，双方协商一致解决纠纷；申请调解，双方可以向企业内部劳动争议调解组织、人民调解委员会（或类似机构）、劳动人事争议仲裁委员会申请调解；无法达成调解的，或者不愿意申请调解的，可以直接向劳动人事争议仲裁委员会申请仲裁；民事诉讼，对于仲裁结果有异议的，可以向有管辖权的人民法院起诉。除此之外，非全日制人员亦可向劳动行政部门进行投诉等。

6. 解除条件

非全日制用工的劳动者和企业，任何一方都可以随时提出终止用工，终止用工时应当通知对方。通知可以采用书面形式，也可以采用口头通知的形式。我们建议采用书面形式进行通知，包括电子邮件、短信、微信、EMS 邮寄书面的终止通知等。

7. 经济补偿

终止非全日制用工关系不需要支付经济补偿，若企业与劳动者约定需要支付补偿的，企业按照约定支付补偿。

8. 成熟度及风险管控评价

成熟度 ☆☆☆☆☆

风险管控 ☆

（二）劳务派遣用工形式

1. 概念

劳务派遣用工，指劳务派遣单位根据用工单位需要，将与自身签订劳动合同的符合用工单位条件的劳动者派遣到用工单位工作，被派遣的劳动者接受用工单位的管理、指挥和监督，劳务派遣单位向用工单位收取一定的管理费的特殊用工形式。劳动合同用工是我国企业的基本用工形式，劳务派遣用工是补充形式。

2. 特征

雇佣和使用相分离，这是劳务派遣用工形式的基本特征，即劳务派遣单位“招人不用人”，用工单位“用人不招人”。存在三种法律关系，一是劳务派遣单位与劳动者之间的劳动关系；二是劳务派遣单位与用工单位之间的劳务派遣关系；三是用工单位与劳动者之间的用工关系。至少有两种以上合同，一是劳动合同，适用于劳务派遣单位与劳动者；二是劳务派遣协议，适用于劳务派遣单位与用工单位。有些注重风险管控的用工单位，同时会与劳务派遣单位和派遣人员签署劳务派遣合同。

从派遣岗位来看，需要符合“三性”要求，即临时性、辅助性、替代性。临时性工作岗位是指存续时间不超过六个月的岗位；辅助性工作岗位是指为主营业务岗位提供服务的非主营业务岗位；替代性工作岗位是指用工单位的劳动者因脱产学习、休假等原因无法工作的一定期间内，可以由其他劳动者替代工作的岗位。从派遣人数来看，需要符合比例的限制，即企业使用的被派遣劳动者数量不得超过与用工单位订立劳动合同人数与使用的被派遣劳动者人数之和的10%。

3. 合同形式

固定期限劳动合同，劳务派遣单位与被派遣人员应当订立2年以上的固定期限劳动合同。一般而言被派遣人员不适用于无固定期限劳动合同，但司法实践中也存在其他情形，比如，北京市、广东省等地的司法实践中，也出现过支持派遣人员订立无固定期限劳动合同的裁判，以完成一定工作任务为期限的劳动合同。劳务派遣协议，劳务派遣单位与用工单位之间的协议，除了《劳动合同法》及相关法规明确规定的情形之外，其他内容由双方自行约定。我们建议企业在使用劳务派遣人员的过程中，可以与劳务派遣单位、被派遣人员订立劳务派遣合同，就派遣期间的劳动条件、劳动保护、工作要求、劳动报酬、加班工资、薪酬福利等事项进行约定。

4. 劳动保障

劳务派遣人员享有同工同酬、劳动条件、劳动保护、劳动报酬、加班工资、绩效奖金、社会保险、住房公积金、工资调整、休息休假等权利。由此可见，劳务派遣用工人员与劳动合同用工人员在劳动保障方面并无实质性的差异，因为劳务派遣用工是建立在劳动合同用工基础之上的用工形式。

5. 争议处理

争议处理的常见方式有五类。劳务派遣人员劳动争议的处理同劳动合同制人员相同，即协商，双方协商一致解决纠纷；申请调解，双方可以向企业内部劳动争议调解组织、人民调解委员会（或类似机构）、劳动人事争议仲裁委员会申请调解；无法达成调解的，或者不愿意申请调解的，可以直接向劳动人事争议仲裁委员会申请仲裁；民事诉讼，对于仲裁结果有异议的，可以向有管辖权的人民法院起诉。除此之外，劳务派遣人员亦可向劳动行政部门进行投诉等。

6. 经济补偿

劳务派遣单位解除或终止被派遣人员的劳动合同时，符合《劳动合同法》规定的情形和条件的，应当向被派遣人员支付经济补偿；若构成违法解除或终止被派遣人员劳动合同的，应当按照经济补偿金的 2 倍支付赔偿金。在用工过程中用工单位给被派遣人员造成损害的，应当与派遣单位承担连带赔偿责任。

7. 成熟度及风险管控评价

成熟度 ☆☆☆☆☆

风险管控 ☆☆

（三）各类外包用工形式

1. 概念

外包用工，是指用工单位（发包方）将其全部或者部分业务，或职能发包给外包单位（承包方），由该外包单位自行组织、安排人员按照发包方即用工单位的要求完成相应的业务或工作。

从服务外包产业来看，包括信息技术外包（ITO）、业务流程外包（BPO）、知识流程外包（KPO）。其中，信息技术外包，是指服务外包发包商委托服务外包提供商向企业提供部分或全部信息技术服务功能，主要包括信息技术的系统、应用管理及技术支持的服务。业务流程外包，是指服务外包提供商向客户提供特定服务业务的全面解决方案，以帮助客户减少或消除在该业务方面的费用和管理成本，从而使客户将全部精力集中于核心业务的一种服务提供方式。知识流程外包，是指围绕对业务诀窍的需求而建立起来的业务，把通过广泛利用全球数据库以及监管机构等的信息渠道获取的信息，经过即时、综合的分析研究，最终将报告呈现给客户，作为决策的借鉴。从人力资源行业服务端来看，岗位外包、业务外包、人才外包、人事外包是常见形态。

2. 特征

以“委托合同”之名完成“劳动合同”之实，用工单位无须承担用工责任，由承包方承担用工管理和责任；管事不管人，用工单位只能对外包服务的质量、成果等进行管理，不能直接对外包人员进行管理；民事法律与劳动法律的交织，发包方与承包方之间的关系适用民事法律，承包方与其工作人员的关系可能适用劳动法律法规，也有可能适用民事法律。多方主体参与，发包方、承包方、劳动者，甚至存在承包方二次发包等形为。

3. 合同形式

发包方与承包方之间合同关系的多样性，包括且不限于技术服务合同、技术咨询合同、技术开发合同、委托合同、承揽合同、运输合同、各类服务合同等。承包方与劳动者之间，根据用工形式的不同，存在劳动合同、非全日制合同、劳务承揽合同、各类服务合同等。

4. 劳动保障

从发包方的角度来看，无须直接对承包方的人员承担劳动法上的劳动保障义务；承包方作为用人主体与劳动者之间按照双方的法律关系承担义务。

5. 劳动争议处理

发包方与承包方之间的劳动争议适用于民商事纠纷处理的方式，双方可以协商、约定进行商事仲裁，或者向法院提起诉讼。当然，若管理不当或外包业务不合规，被依法认定为假外包的时候，可能面临承担混同用工的法律责任，即和承包方一起作为用工单位向劳动者承担连带赔偿责任。

6. 经济补偿

承包方与其使用的劳动者之间存在多种法律关系的可能性，属于劳动关系的，按照《劳动合同法》及相关规定执行；属于民事法律关系的，通常需要根据双方的约定执行。

7. 成熟度及风险管控评价

成熟度 ☆☆☆

风险管控 ☆☆☆

（四）平台用工形式

1. 概念

互联网及数字技术的发展催生了平台经济，在平台经济这种商业模式之下，虚拟或者真实交易场所的平台本身不生产产品，但是可以促成双方或者多方供求之间的交易，平台经营者收取恰当的费用或者赚取差价获得收益。企业方通过加入平台来实现自身的经营目的，劳动者通过加入平台承接企业方的业务获得相关报酬，这种互动的模式，我们称为平台用工形式，也有人称为“网约工”。

2. 特征

从参与主体来看，多方主体参与。用工需求方、平台经营方、用工供给方（企业、劳动者）、客户（消费者）等，可能会有三方、四方、五方当事人参与其中。从法律关系来看，平台经济参与的各方，可能存在民事法律关系与劳动法律关系混合交织的情况。从企业用工形式来看，在工作时间、日常管理、劳动纪律、劳动保护、薪酬支付等方面，与传统劳动合同用工人员截然不同。

3. 合同形式

用工需求方与平台经营方之间签署服务合作协议，简言之，用工需求方利用平台实现用工，就需要缴纳一定的“过路费”，这属于民事法律关系的范畴。平台经营方与用工供给方之间，可能存在多种合同形式，包括承揽合同、劳务合同、劳动合同等，具体采用哪一种，取决于平台经营方用何种形式来组织用工供给方。

4. 劳动保障

从劳动者的角度来看，正如媒体所报道的“三无”现象突出，即无劳动合同、无社会保险、无劳动保障。相关问题需妥善处理。

5. 争议处理

争议处理呈现复杂多样性的特征。因参与主体多样化，包含用工需求企业、平台经营企业、用工供给企业、劳动者、消费者，等等，各主体之间的民事法律关系与劳动关系相互交织，在民事法律关系项下亦同时存在构成多种具体民事法律关系的可能性。故一旦发生争议，需根据具体法律关系的特征处理争议，因此争议解决呈现多样化特征。

6. 经济补偿

从用工需求方角度来看，合规的平台用工形式，按照民事法律关系处理，一般不需要承担经济补偿的责任。

7. 成熟度及风险管控评价

成熟度 ☆☆☆

风险管控 ☆☆

（五）劳务用工形式

1. 概念

劳务用工形式，是指平等的民事主体之间一方向另一方提供劳务，另一方接受劳务并支付对价而形成的权利义务关系的一种用工形式，它属于民事关系中的一种。在劳务用工形式中，双方存在财产关系，并不存在隶属关系及管理与被管理的关系，劳动力供给方提供劳务服务，用工需求方支付劳务报酬，各方独立、地位平等。

2. 特征

从用工形式参与主体来看，在劳务关系中，提供劳务的一方可以是企业、自然人（劳动者）、其他经济组织等，即参与劳务关系的主体是多样化的。与劳动关系相比，用工企业在劳动力供给方上有更多的选择余地。

从劳务报酬支付来看，劳务关系双方法律地位是平等的，劳务报酬支付的形式、时间、方式由双方协商确定。在劳务报酬支付的形式上，一般遵循公平合理、等价有偿的原则，当然也可以是无偿的。在劳务报酬支付的时间上，可以预先支付，可以按阶段支付，也可劳务结束之后一次性支付。在劳务报酬支付的方式上，可以是人民币、实物、有价证券及同等价值的物品等。

从劳务关系的履行来看，劳务人员具有独立、自主的特性，一般不需要接受用工单位的管理，不需要受用工单位劳动纪律、规章制度的约束。

从法律责任承担方面来看，在劳务关系中，一般由劳务提供方独立承担法律责任，违反劳务约定的，需要承担违约和侵权等民事责任。

从适用法律来看，劳务关系作为一种民事法律关系，尊重劳务双方的意思自治，除违反国家法律、法规等强制性规定外，一般情况之下法律不做干预。因为劳务关系是平等主体之间的财产关系，适用民事法律规定，是否需要订立劳务合同或协议，由双方协商之后确定。

3. 合同形式

对于劳务关系，是否需要订立书面合同，法律未做强制性的要求，可以订立书面劳务合同，也可订立口头劳务合同。我们建议订立书面的劳务合同。

4. 劳动保障

不享有各类劳动保障，劳务人员在提供劳务过程中发生意外事故受到伤害的，按照民事相关法律规定处理。

5. 争议处理

劳务关系纠纷无须经过劳动仲裁前置程序，可直接起诉至人民法院。劳务关系作为一般民事法律关系，其诉讼时效一般为三年。

6. 经济补偿

按过错责任原则进行处理，劳务关系的任何一方仅在有过错的情况下，才承担民事责任。没有过错，就不承担民事责任。

7. 成熟度及风险管控评价

成熟度 ☆☆☆

风险管控 ☆☆☆☆

（六）退休返聘用工形式

1. 概念

退休返聘，是指企业与已经享受养老保险待遇或者领取退休金的人员建立用工关系，双方之间的关系按照劳务关系处理。这里需要注意的是，若劳动者属于企业停薪留职人员、未达到法定退休年龄的内退人员、下岗待岗人员以及企业经营性停产放长假人员，那么，此时双方不属于退休返聘（劳务关系），依法需要按照劳动关系处理；若劳动者已达到退休年龄，但是未依法享受养老保险待遇或者领取退休金，双方之间是否构成劳动关系或者劳务关系，司法实践中，各省市存在诸多差异。

2. 特征

劳动者主体的特定性，在退休返聘这类用工形式中，劳动者已经享有养老保险待遇或者领取退休金。这里需要明确的是，享有养老保险待遇或者领取退休金与退休年龄没有必然关系。双方合作具有灵活性，任何一方都可以随时或者按照约定解除用工关系。赔偿适用于过错原则，即用工过程中发生意外事故的，根据双方各自的过错承担责任，这与工伤事故的无过错责任截然不同。各项待遇的可约定性，即双方可以就劳动报酬、休息休假等事项进行自由约定。

3. 合同形式

与非全日制用工模式比较类似，双方可以订立口头的合同，也可以订立书面的合同。我们建议，双方最好订立书面的合同，就工作内容、劳动报酬、休息休假、解除条件、违约责任、过错赔偿等事宜进行约定，这样才有助于定分止争。

4. 劳动保障

简而言之，就是无劳动保障。在这种用工模式中，双方关系调整不适用于劳动保障法规，而是按照民事法律关系，主要遵循双方的约定来处理，损害赔偿责任按照各自的过错来承担。

5. 争议处理

退休返聘用工发生争议的，双方可以协商处理。协商不成的，任何一方都可以向人民法院提起诉讼。

6. 经济补偿

有约定从约定。

7. 成熟度及风险管控评价

成熟度 ☆☆☆☆☆

风险管控 ☆

（七）内（包）创业用工形式

1. 概念

内（包）创业即内部承包，是指相对于各类外包用工形式而言，企业将原本发包给外部承包方的事务，发包给企业自己的员工，俗称企业内部个人承包经营。现阶段，内（包）创业主要存在三种形式，第一种形式是企业与员工个人订立承包合同，同时继续维持劳动关系，这属于内部经营管理的一种方式调整；第二种形式是鼓励员工辞职，企业给予业务支持，员工成立公司作为企业的外包供应商；第三种形式是企业提供全方位的支持，包括且不限于业务、资金、技术、管理经验等，即市场上流行的企业内部创业孵化。第一种形式我们称为内包，后两种形式我们称为内创业。因为内部承包、内部创业，往往基于对劳动关系的调整或者对员工激励形式的调整，即对劳动合同用工形式的调整，因此，我们姑且称为内（包）创业用工形式。

2. 特征

内部承包主要具备以下特征：主体之间存在人身隶属关系。外包业务参与主体之间的法律地位是平等的，不存在管理和被管理，或者人身隶属的关系；内包则因为劳动关系继续存在，承包方（员工）需要接受企业的管理，比如，遵守日常管理制度、安全生产制度等。

内部承包是激励模式的一种形式。内部承包一般遵循独立核算、自负盈亏的原则。实践中，企业在推行内包的时候，承包方拥有比较大的经营管理自主权，对自己负责承包的业务成果好坏、盈亏承担全部或者相应的经济责任，这本身属于企业内部管理、考核奖惩的机制，属于员工激励模式的一种形式。

内部承包存在双重法律关系。企业和员工之间存在劳动关系，同时存在内部承包关系，对于劳动关系的认定标准比较清晰，但对于内部承包关系，是属于劳动关系的延伸进而适用《劳动法》进行调整，还是适用民法进行调整，司法实践中存在比较大的分歧。

连带赔偿责任。根据司法实践，内部承包不能免除企业对承包方（员工）作为用工单位的责任，同时承包方违法使用劳动者，给劳动者造成损害的，发包方和承包方承担连带赔偿责任。

内创业主要具备以下特征：自驱性。虽然我们称为内创业，实际上需要员工与企业结束稳定的劳动关系，从旱涝保收的打工者变成自负盈亏的创业者、经营者、老板，这就需要员工具备较强的自驱性。

平台优势。内创业所需要的市场和发展资源往往源于创业人员就职的企业，通常内创业成立的企业，往往是就职企业的配套或者产业链下游企业，这样内创业本身就有特定的平台优势。

风险性。俗语称“市场有风险，入行需谨慎”，虽然内创业具有天然的优势，比如，原企业在业务、资金、技术、管理等方面的支持，但是，经营、管理是综合性的活动，依然存在企业经营风险的问题。实践中，有些企业通过中止劳动合同、承诺创业失败后继续招用等方式，以减少员工创业的后顾之忧。

3. 合同形式

内部承包不影响劳动关系的履行，但是双方之间可以就劳动合同约定的内容进行变更，包括且不限于工作时间、地点、内部承包期间的薪酬福利待遇等。

内创业会涉及对原来劳动关系的处理，同时，成立之后的企业和员工就职单位之间形成民事法律关系，根据具体合作的形态确定合同的类型，可能是委托代理合同，可能是承揽合同，也可能是劳务合同、技术服务合同等。

4. 劳动保障

内部承包人员按照《劳动法》相关规定享有劳动关系项下的各类劳动保障。对于内创业的人员，老板、股东、合伙人可协商决定对其进行劳动保障的形式。

5. 争议处理

内部承包人员与企业之间的劳动争议，按照劳动关系来处理。因内部承包合同发生的争议，司法实践中存在诸多的分歧，一般情况下，法院会按照民事法律关系进行审查处理。当然，也有法官认为，这属于企业经营管理内部的事务，不属于法院受理的范围。

内创业人员在离职之前与企业之间的劳动争议，按照劳动关系来处理。内创业人员与企业解除或终止劳动关系之后，成立的企业与原单位之间的争议，按照民事纠纷处理。

6. 经济补偿

参照上述争议处理的路径，这里不做赘述。

7. 成熟度及风险管控评价

成熟度 ☆☆☆☆☆

风险管控 ☆☆☆

（八）实习生用工形式

1. 概念

实习生用工形式包含两种类型：第一种类型是在校生利用课余时间勤

工助学或者为了提升就业能力，为企业提供劳动的一种用工形式；第二种类型是职业学校学生实习，即实施全日制学历教育的中等职业学校和高等职业学校学生按照专业培养目标要求和人才培养方案，由职业学校安排或者经职业学校批准自行到企（事）业等单位进行专业技能培养的实践性教育教学活动，包括认识实习、跟岗实习和顶岗实习等形式。前者适用于民事法律相关规定，权利和义务由双方自行约定；后者适用于《职业学校学生实习管理规定》，企业需要按照《职业学校学生实习管理规定》来用工。

2. 特征

劳动者主体的特定性，即必须是国内院校的在校生，已经毕业、等待入学的人员或者在国外院校就读的人员，不属于在校生的范畴。

实习工作内容的局限性、临时性。一般而言，实习生一般从事辅助性、临时性、可替代性比较强的工作。实践中，对于技术性强、涉密类岗位及关键岗位，企业通常不会采用实习生用工的形式。

法律关系的非典型性。实习生用工关系不同于劳动关系，与劳务关系亦不相同，劳务关系之间双方主体地位是平等的，不存在管理和被管理的关系，而实习则需要置于企业的管理之下；同样不同于雇佣关系，雇佣关系和劳务关系同属民事法律关系，即参与主体之间地位是平等的，不存在人身依附性、隶属关系。实习关系，是根据双方意思自治构建的一种民事法律关系，适用《中华人民共和国民法典》关于合同的相关规定。

实习形式的特定性。对于第二种类型的实习，主要分为认识实习（学生由职业学校组织到实习单位参观、观摩和体验，形成对实习单位和相关岗位的初步认识的活动）、跟岗实习（不具有独立操作能力、不能完全适应实习岗位要求的学生，由职业学校组织到实习单位的相应岗位，在专业人员指导下部分参与实际辅助工作的活动）和顶岗实习（初步具备实践岗位独立工作能力的学生，到相应实习岗位，相对独立地参与实际工作活动）三类。

3. 合同形式

第一种类型的实习，与非全日制用工形式类似，双方可以订立口头的实习协议，也可以订立书面的实习协议。我们建议订立书面的实习协议，就实习的时间、休息休假、实习报酬、实习协议的解除、事故赔偿等事宜事先做出约定。

第二种类型的实习，应当订立三方实习协议，即职业学校、实习单位、学生三方。协议内容主要包括三方基本信息，如实习的时间、地点、内容、要求与条件保障；实习期间的食宿和休假安排；实习期间劳动保护和劳动安全、卫生、职业病危害防护条件；责任保险与伤亡事故处理办法，对不属于保险赔付范围或者超出保险赔付额度部分的约定责任；实习考核方式；违约责任；顶岗实习的还应当包括实习报酬及支付方式。另外需要注意的是，未满18周岁的学生参加跟岗、顶岗实习的，还需要取得监护人签字的知情同意书。

4. 劳动保障

第一种类型的实习，主要遵照意思自治的原则进行处理，即由双方根据需要进行约定。这里需要注意的是，如果约定所有风险由实习生自担，这种约定通常会因免除自身责任、加重对方责任、排除对方权利而被认定为无效。

第二种类型的实习，人数方面的保障，顶岗实习的人数不能超过企业职工总数的10%，不能高于同类岗位在岗员工总数的20%。基本权利的保障，企业不能接受一年级在校生顶岗实习，不能接受未满16周岁的学生跟岗、顶岗实习，不能通过中介机构或有偿代理组织、安排和管理学生实习工作等。

实习时间的保障。应遵守国家关于工作时间和休息休假的规定。不得安排学生从事高空、井下、放射性、有毒、易燃易爆以及其他具有较高安全风险的实习，或在法定节假日实习、加班、上夜班。

实习报酬的保障。顶岗实习报酬，原则上不低于本单位相同岗位试用期工资标准的80%，并按照实习协议约定，以货币形式及时、足额支付给学生。

实习安全的保障。企业应当健全安全生产责任制度，执行安全生产标准等，同时，配备必要的安全保障器材和劳动防护用品，加强对实习学生的安全生产教育培训和管理。

人身伤害赔偿的保障。强制购买实习责任险，学生实习期间受到意外伤害的，由保险公司进行赔付。无法进行赔付的部分，由实习单位、职业学校及学生按照实习协议约定承担责任。

5. 争议处理

因实习协议履行或实习过程中发生意外事故产生争议的，可以协商解决。无法协商一致的，可以向人民法院提起诉讼。

6. 经济补偿

有约定遵从约定。

7. 成熟度及风险管控评价

成熟度 ☆☆☆☆☆

风险管控 ☆

（九）共享用工形式

1. 概念

共享用工，是指不改变原用工单位和劳动者之间的劳动关系，在征求劳动者意见，与劳动者协商一致，且不以营利为目的的前提之下，用工主体之间将闲置劳动力资源进行调配并共享至具有用工需求缺口的用工主体，进行用工余缺调剂合作，解决用工余缺矛盾，提升人力资源配置效率的一种用工形式。

这种用工形式并非新型的用工形式，在劳动合同制用工形式中，企业“借调”“借用”员工，或者临时支援的情形并不是常态，因此并未被社会所广泛认知。新冠肺炎疫情发生之后，共享用工成为社会各方关注的热点话题。

2. 特征

通过共享劳动力，实现各方共赢。对于劳动力有富余的企业来讲，能够减少劳动力空置时的人力成本；能够快速满足劳动力空缺企业的用工需求，同时劳动者获得工作机会及劳动报酬。

不具有营利性。企业不能以营利为目的借出员工，企业之间不得以“共享用工”之名，进行违法劳务派遣。

具有特定性、局限性。因为不具有营利性，企业长时间借出员工的基础就不复存在。一般而言只有遇到突发事件，如新冠肺炎疫情，导致企业停工停产，或生产淡季出现人员富余，或行业性/季节性用工等特殊情形时，才会催生共享用工。同时，就岗位性质而言，通常流动性强、任职门槛低、可替代性强的岗位有利于共享。

具有应急性、灵活性等特征。正如上述所言，因为不具有营利性，所以共享用工很难具有长期连续性。

3. 合同形式

共享用工的企业之间订立合作协议，根据人社部发布的《关于做好共享用工指导和服务的通知》要求，共享用工企业之间，订立合作协议时，需要明确双方的权利义务关系，约定调剂劳动者的数量、时间、工作地点、工作内容、休息、劳动保护条件、劳动报酬标准和支付时间与方式、食宿安排、可以退回劳动者的情形、劳动者发生工伤后的责任划分和补偿办法以及交通等费用结算等。

原用工单位与劳动者劳动关系不变，需要订立劳动合同变更协议，明确劳动者新的工作地点、工作岗位、工作时间、休息休假、劳动报酬、劳动条件以及劳动者在缺工企业工作期间应遵守缺工企业依法制定的规章制度等事宜。

4. 劳动保障

共享用工期间，缺工企业合理安排劳动者工作时间和工作任务，保障劳动者休息休假权利，提供符合国家规定的劳动安全卫生条件和必要的劳动防护用品，及时将劳动者的劳动报酬结算给原企业。

原企业按时足额支付劳动者劳动报酬并为劳动者缴纳社会保险费用，且不得克扣劳动者的劳动报酬和以任何名目从中收取费用。

工伤事故责任。劳动者在共享用工期间发生工伤事故的，原企业承担工伤保险责任。

5. 争议处理

共享用工企业之间应当建立内部劳资纠纷协商调解机制，协商化解劳资纠纷。共享员工可以通过向劳动行政保障部门进行举报投诉，或者申请劳动人事争议仲裁维护合法权益。对于劳动人事争议仲裁裁决有异议的，也可向人民法院提起诉讼。

6. 经济补偿

经济补偿适用于《劳动合同法》及相关规定。

7. 成熟度及风险管控评价

成熟度 ☆☆

风险管控 ☆☆

第二节　灵活用工合规管理“四层递进矩阵”方法论

灵活用工合规管理，是指企业在采用灵活用工模式时，根据企业用工相关的法律、法规及政策的要求，防控、化解用工风险的一套管理政策和机制。矩阵（数学术语）是指按照长方陈列排列的复数或者实数的集合，源自方程组的系数及常数所构成的方阵。简言之，矩阵是一系列数据的组合，在这些数据组合之间存在内在的逻辑关系，不同的数据组合会运算出不同的结果。

从合规风险管理的角度来看，企业、劳动者、法律政策、书面合同等元素均可视为数据，把这些数据排列组合在一起将会产生不同的用工模式；一旦数据组合配错，则无法产生预期的结果，这时候就会存在法律风险。按照这样的思路，我们将灵活用工时的各项主要元素（数据）做如下排列（见图2－1）。

企业、劳动者、书面合同、劳动规章、薪酬制度、法规政策、质量、效率、成本等数据（元素）并非可以随意组合，需要遵循一定的内在逻辑，这种内在逻辑包括用工实践、法律关系、量化风险、管理工具四个维度（见图2－2）。即从用工实践、法律关系、量化风险、管理工具四个维度，对各项数据（元素）进行组合，这样才能得到我们想要的灵活用工形式，同时也是我们俗称的“合法”的或者“无法律风险”的用工形式。

灵活用工模式＝

企业1 企业2 企业3 企业4……
劳动者1 劳动者2 劳动者3 劳动者4……
书面合同1 书面合同2 书面合同3 书面合同4 ……
劳动规章1 劳动规章2 劳动规章3 劳动规章4……
薪酬制度1 薪酬制度2 薪酬制度3 薪酬制度4……
法规政策1 法规政策2 法规政策3 法规政策4……
质量1 质量2 质量3 质量4……
效率1 效率2 效率3 效率4……
成本1 成本2 成本3 成本4……
……

图 2－1　灵活用工主要元素排列

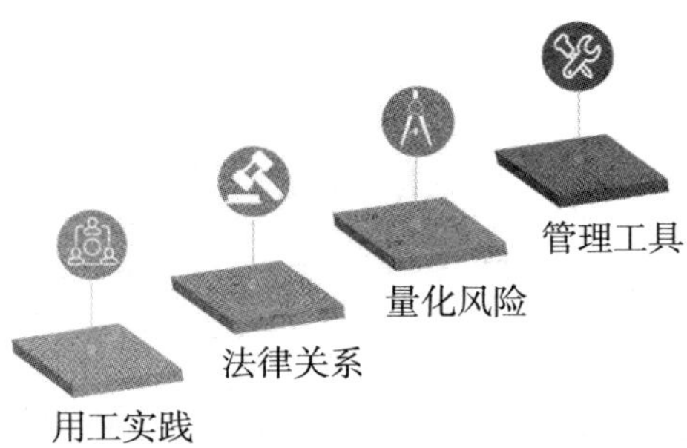

图 2－2　灵活用工各元素排列内在逻辑的四个维度

灵活用工“四层递进矩阵”方法论，是指针对灵活用工的各类元素，以用工实践为起点，识别双方的法律关系，把这种法律关系项下的各类风险进行量化，进而通过书面合同、制度、流程等管理工具，层层递进后，构建灵活用工形式的一种机制。

灵活用工“四层递进矩阵”方法论的起点是用工的客观性，即用工的真实性，客观存在的用工事实，是灵活用工合规管理的起点。我们观察到，实践中，有些企业在灵活用工合规管理时以书面合同为起点，认为只要订立书面合同就可以规避用工过程中的法律风险，双方协商一致之后订立的书面合同就不会产生法律上的风险，这是灵活用工合规管理中的误区。从合规管理的角度来看“没有书面合同是万万不能的，但书面合同也不是万能的”，决定双方法律关系的并非书面合同，而是用工的客观事实，正如网约工劳动争议第一案，“私厨起诉‘好厨师 App’要求确认劳动关系案”中判决书所言，“劳动关系的建立固然要尊重双方当事人的意思自治，但不同于一般的民商事法律关系，劳动法律关系中当事人的意思自治要受到《劳动法》《劳动合同法》等法律法规及劳动行政部门颁布的规范性文件的严格限制，劳动关系是由强制性规范予以认定的范畴，不能仅凭当事人的书面约定就排除劳动关系，仍要结合双方的合作模式和劳动者的具体工作内容予以确定”。

灵活用工“四层递进矩阵”方法论的核心是厘清灵活用工各参与方之间的法律关系，即从用工的客观事实出发，厘清灵活用工各参与主体之间的权利和义务关系。同样，我们可以用厘清之后的法律关系指导、调整用工的事实。企业在采用灵活用工方式时，最可怕之处在于，不知道风险从哪里来，哪些方面会踩到法律的红线。2020 年 8 月，媒体曝出消息，各省（区、市）陆续有灵活用工公司被税务局调查，如果出现税款、发票等问题，企业将会被税务机关追缴税款和进行处罚，甚至可能会因发票问题涉嫌刑事犯罪。2019 年，上海市闵行区居民顾女士通过个税 App 发现其在国外读书的女儿，被浙江省一家人力资源公司“雇佣”，随后报警。上海市闵行区警方调查发现，浙江省这家人力资源公司为某企业提供“劳务服务”并代开劳务增值税发票时，冒用了顾女士女儿和其他学生共计 596 人的身份信息。随后，这家人力资源公司的负责人张某、彭某等因涉嫌虚开发票被上海市闵行区公安分局刑事拘留。通过这则案例我们不难看到，无论是劳务服务，还是灵活用工服务，或是其他服务，脱离客观事实造成的风险不言而喻。

灵活用工“四层递进矩阵”方法论的要点基于对法律关系的正确认知，从而对各项法律风险进行评估量化。在对灵活用工的法律风险进行评估量化时，通常需要以劳动合同用工（劳动关系）作为标杆，对标劳动关系项下各方的权利和义务，如表 2－1 所示。

表 2－1　　　　常见的对标项目（1）

序号	对标项目	序号	对标项目
1	未签劳动合同双倍工资	15	一次性工亡补助金
2	基本养老保险	16	丧葬补助费
3	基本医疗保险	17	供养亲属抚恤金
4	工伤保险	18	一次性伤残补助金
5	失业保险	19	一次性工伤医疗补助金
6	生育保险	20	一次性伤残就业补助金
7	住房公积金	21	失业保险待遇损失
8	加班工资	22	医疗保险待遇损失
9	未休带薪年休假工资	23	工伤保险待遇损失
10	病假工资	24	生育保险待遇损失
11	产假工资	25	养老保险待遇损失
12	工伤假（停工留薪期）工资	26	经济补偿金
13	其他有薪假期工资	27	经济赔偿金
14	伤残津贴	28	非因工死亡待遇

灵活用工“四层递进矩阵”方法论的管理工具是基于用工的事实、法律关系、量化的风险基础之上，形成的制度、流程、标准、合同等系列的管理工具。

1. 用工实践

用工实践，是指灵活用工的各参与主体，实际上是如何享有权利和履行义务的。简言之，就是各参与主体之间互动的形式是什么样的。我们观察到，实践中灵活用工各方参与主体之间互动的形式可以归纳如下。

劳动过程管控型。企业方面基于对质量、效率管理的需要，对劳动者的劳动过程进行管控，包括且不限于制定、发布适用于灵活用工人员的劳动规章、薪酬制度、奖惩制度、安全生产等各项管理制度，旨在通过对这些制度的执行，实现质量、效率层面的目标。

劳动成果管控型。与劳动过程管控型的企业不同，这类企业不关注灵活用工人员提供劳动的过程，也不会制定、发布适用于灵活用工人员的各项管理制度，仅关注劳动成果是否达成，即灵活用工人员提供的劳动成果是否符合事先约定的交付成果。

劳动时间管控型。有些企业关注的重点在于劳动时间（工作时间），这类企业通常会通过考勤制度、奖惩制度等对灵活用工人员的劳动时间进行管控。

节点管控型。基于质量、效率管理的需求，有些企业仅对某些影响质量、效率的关键节点进行管控，比如，灵活用工人员的工作地点，必须接受企业的安排；企业对灵活用工人员进行指派、调度；灵活用工人员必须接受企业的奖惩；灵活用工人员不能拒绝“接单”等。

混同管控型。即把灵活用工人员与劳动合同人员混合在一起使用，对劳动过程、劳动成果、工作时间等进行全面的管控。

通过灵活用工“四层递进矩阵”方法论来判断，我们很容易得出这样的结论，不同管控类型的灵活用工，会产生不同的法律关系，管控方式越接近的灵活用工实质上越是趋同。换言之，叫什么名字不重要，重要的是做什么事情。即我们在方法论中强调的，用工的客观事实是合规风险管理的起点，离开这个起点就谈不上合规风险管理。

2. 法律关系

从法律关系主体的角度来看，是指法律关系的参加者，即依法享有权利和承担义务的当事人。在灵活用工的法律关系中，可能存在两方或多方主体。企业方包括且不限于用工需求单位、劳务派遣单位、承包单位、平台经营单位等；劳动者方包括适龄劳动者、在校生、退休返聘人员等；用工需求方包括但不限于在我国境内的各类企业、个体经济组织、民办非企业单位、会计师事务所、律师事务所等组织和基金会等，以及国家机关、事业单位、社会团体等。

从法律关系的内容来看，是指灵活用工的参与方，依法享有的权利和承担的义务。比如，在非全日制用工形式中，用工单位对劳动者享有监督、管理的权利，同时承担支付劳动报酬的义务等；劳动者享有获得劳动报酬的权利，同时承担根据用工单位要求提供劳动的义务等。在灵活用工的权利和义务设置过程中，应当遵循对等的原则，即权利和义务是相对的，没有无权利的义务，也没有无义务的权利，如果存在加重对方义务、排除对方权利的情形，这种约定在法律上存在被认定为无效的风险。换言之，在灵活用工形式上，如果企业把各类风险转嫁给劳动者，在法律上这种目的通常难以实现。

从法律关系的客体来看，是指灵活用工各方享有权利和承担义务的载体，即俗称“做了什么事”“有什么样的成果”，与我们上述提到的用工实践密切相关。换言之，如果某种类型的灵活用工，仅有纸面的权利和义务，而并无实际的用工行为，即权利和义务的载体不存在，那么，这种虚构的法律关系，必然会存在法律上的风险。

3. 量化风险

对标劳动关系项下的常见风险及经济成本，我们做如下的量化处理（见表2－2）。换言之，如果操作不当，灵活用工被认定为事实劳动关系，则需要承担以下的成本支出（以北京市为例）。

表2－2　常见的对标项目（2）

序号	对标项目	计算公式	序号	对标项目	计算公式
1	未签劳动合同双倍工资	11×月工资×2	7	住房公积金	比例按照5%～12%确定，单位和个人按照1：1的配比缴纳
2	基本养老保险	单位缴纳16%	8	加班工资	月工资/21.75×n×(1.5/2/3)
3	基本医疗保险	单位缴纳10%	9	未休带薪年休假工资	月工资/21.75×n×3
4	工伤保险	单位缴费比例0.2%～1.9%	10	病假工资	最低工资的80%
5	失业保险	单位0.8%	11	产假工资	正常出勤工资发放
6	生育保险	单位缴纳0.8%，个人不缴纳	12	工伤假（停工留薪期）工资	在停工留薪期内原工资福利不变

续表

序号	对标项目	计算公式	序号	对标项目	计算公式
13	工伤医疗待遇	包括治疗工伤的医药费用、康复费用，以及住院伙食补助、交通费、护理费、外地就医的食宿费	16	丧葬补助金	当地社会平均工资×6
14	伤残津贴	一级伤残：本人月工资×90% 二级伤残：本人月工资×85% 三级伤残：本人月工资×80% 四级伤残：本人月工资×75% 五级伤残：本人月工资×70% 六级伤残：本人月工资×60%	17	供养亲属抚恤金	配偶：死者本人工资×40%（按月支付）； 其他亲属：死者本人月工资×30%（每人每月）
15	一次性工亡补助金	全国城镇居民人均可支配收入×20	18	一次性伤残补助金	一级伤残：本人月工资×27个月 二级伤残：本人月工资×25个月 三级伤残：本人月工资×23个月 四级伤残：本人月工资×21个月 五级伤残：本人月工资×18个月 六级伤残：本人月工资×16个月 七级伤残：本人月工资×13个月 八级伤残：本人月工资×11个月 九级伤残：本人月工资×9个月 十级伤残：本人月工资×7个月

续表

序号	对标项目	计算公式	序号	对标项目	计算公式
19	一次性工伤医疗补助金	五级伤残：本人月工资×10个月 六级伤残：本人月工资×8个月 七级伤残：本人月工资×6个月 八级伤残：本人月工资×4个月 九级伤残：本人月工资×2个月 十级伤残：本人月工资×1个月	24	生育保险待遇损失	生育医疗费用
20	一次性伤残就业补助金	五级伤残：本人月工资×50个月 六级伤残：本人月工资×40个月 七级伤残：本人月工资×25个月 八级伤残：本人月工资×15个月 九级伤残：本人月工资×8个月 十级伤残：本人月工资×4个月	25	养老保险待遇损失	以劳动者到达退休年龄时上年度某省（有的是按市级的工资标准）在岗职工月平均工资，然后根据缴费比例再乘以未缴的年限，以此计算养老保险待遇损失的标准
21	失业保险待遇损失	失业保险×24个月	26	经济补偿金	每工作满一年支付1个月工资，不满6个月的支付半月工资，已满6个月的支付1个月工资
22	医疗保险待遇损失	0～∞	27	经济赔偿金	经济补偿金的2倍
23	工伤保险待遇损失	0～∞	28	非因工死亡待遇	丧葬补助金和抚恤金

4. 管理工具

灵活用工的风险管控工具包括三大类：管理制度、业务路程、操作指引。管理制度是指基于成本、效率、质量的管理需要，在用工单位管理制度的基础上转化为对灵活用工人员的一套工作质量、服务水平等监督、考核、验收的制度，或者转化成发包方针对外包人员的一套管理制度。这是用工单位进行间接管理的重要途径，是解决用工单位顾虑的重要举措，也是防控法律风险的重要工具。

业务流程是指灵活用工人员开展工作的一系列程序、标准、要求等。这些业务流程需要按照管理制度转化的思路进行转化，转化成一套对服务质量、效率监督、考核、验收的标准。

操作指引，亦可称为内部操作手册，包括但不限于对灵活用工供应商的选择、监督、考核、评价的标准；管理制度、业务流程转化时的操作流程；灵活就业人员意外事故处理的流程；灵活就业人员劳动争议的处理流程等。换言之，操作指引就是企业采用灵活用工的具体操作形式。

第三节　非全日制用工与合规管理

非全日制用工是灵活用工的典型形式，实践中，在人力资源服务机构为企业提供的灵活用工产品中，经常会见到非全日制用工的形式。从合规管理的角度，非全日制用工是成熟度比较高的灵活用工形式，现行劳动法律法规政策也对非全日制用工的合规管理提供了诸多的参考依据。

（一）用工场景与模型

1. 用工场景

以肯德基的兼职为例，肯德基全球总部设在美国肯塔基州的路易斯维尔市，是世界知名的鸡肉餐饮连锁品牌，1952 年由创始人哈兰・山德士先生创建，隶属于百胜餐饮集团。肯德基自1987年在北京前门开设第一家餐厅到现在，来到中国已经30多年了。如今，肯德基已在中国1200多个城市和乡镇开设了5000余家连锁餐厅，遍及中国内地的各省、直辖市和自治区。

我们在一家专业兼职招聘的网站看到如下信息。

肯德基兼职

招聘人数：10

上班地点：广州白云中医学院站

时间要求：能工作六个月以上，每周至少3天

工作种类：长招

上班时段：报名后通知

结算方式：工资结算

基本工资：14.5元/小时

工作详情

招聘岗位：前台、台配、厨房

工作内容：前台负责点餐、配餐、烹炸小食，接待顾客及岗位清洁；台配负责汉堡、米饭等的产品制作及清洁工作站；厨房负责半成品的烹炸与烤制，清洁厨房工作站的卫生

工作时间：7：00—24：00，可以灵活安排

工作要求：年满18周岁，具有吃苦耐劳精神、服务精神；全职每周提供5~6天的上班时间，一个月满167小时以上；兼职每周提供至少3~4天的上班时间，一个月80小时以上；有团队合作能力和责任心

招募对象：主要是勤工俭学的学生，真正想靠自己努力改变生活的人，以及需要长期兼职的朋友

福利待遇：时薪14.5元（晚班22点后到第二天早上7点17.5元/小时）；享受早晚班津贴，全职法定节假日4倍工资，享有五险一金福利，满167小时享受300元津贴，兼职法定节假日3倍工资；世界500强企业培训体系；班表每周排定，如有特殊情况可以提前沟通

调整；同龄人众多，扩大自己的交友圈；升迁发展：服务员→训练员→储备经理→副经理→餐厅经理→更高职位；每年一次的员工旅游；和谐友爱的团队

这是非全日制用工的典型应用场景。从工作内容上来看，工作内容相对比较简单、任职条件低、可替代性强；从工作时间上来看，工作时间比较灵活，可以通过排班表或工时管理系统等进行分割，同时不会影响服务的质量、效率，平均每天工作时间不超过 4 小时，每周累计不超过 24 小时；从计薪方式上来看，按照小时进行计薪；从管理的角度来看，可以进行排班、培训等管理活动。

2. 用工模型

非全日制用工形式，适应了企业灵活用工和劳动者自主就业的需要，是企业用工形式的重要组成部分。从非全日制用工的参与主体、法律关系、权利、义务等核心元素来讲，非全日制用工的模型如图 2－3 所示。

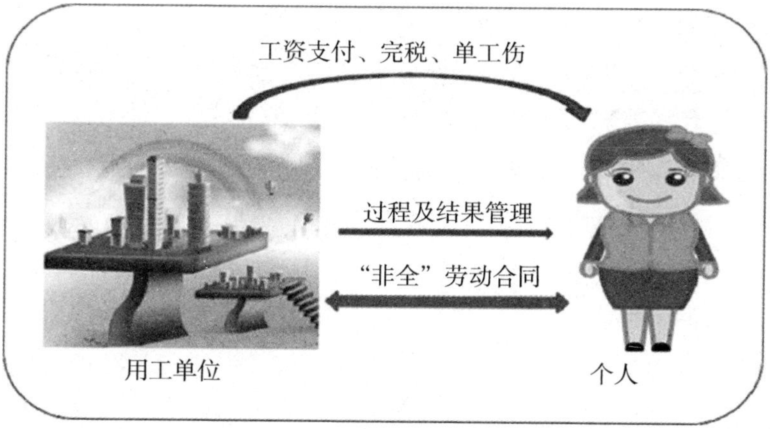

图 2－3　非全日制用工模型

对模型中的各项元素，我们做如下分析，以便于企业、人力资源服务机构对非全日制用工形式的理解。

用工单位。包括但不限于我国境内依法注册登记的企业、企业依法注册登记的分支机构、企业授权的分支机构、个体经济组织、民办非企业单位、律师事务所、会计师事务所等组织；国家机关（国家权力机关、国家

行政机关、司法机关、国家军事机关、政协机关等）；事业单位（医院、学校、科研机构等）；社会团体（党派团体、工会、共青团、妇联、工商联等）。

个人。即适龄劳动者，16 周岁以上至法定退休年龄之内。男职工退休年龄是 60 周岁；女职工退休年龄是 50 周岁，从事管理岗位、技术岗位的是 55 周岁。

非全日制劳动合同。正如上文所言，可以订立书面形式的，也可订立口头形式的，我们建议订立书面形式的非全日制劳动合同。非全日制劳动合同的内容，详见本节合规管理工具中的内容。

过程及结果管理。非全日制用工属于劳动关系用工的一种特殊形式，根据法律规定，用工单位可以对劳动过程及结果进行管理，即企业的各项管理制度可以直接适用于非全日制人员，包括但不限于考勤制度、奖惩制度等。

工资支付、完税。按照小时计薪，不能低于所在地最低小时工资标准，支付周期不超过 15 天，适用工资薪资所得来完税。

工伤。用工单位应当按照国家有关规定为建立劳动关系的非全日制劳动者缴纳工伤保险费，以防控用工过程中工伤事故赔偿的风险。实践中，无法通过社会保险部门参加工伤保险的，建议用工单位购买雇主责任险，以防控工伤事故中的赔偿风险。

（二）典型问题与风险

非全日制用工因灵活而备受企业推崇，但我们通过实践总结发现，大部分企业在运用非全日制用工的过程中并没有发挥出非全日制用工的灵活性，反而因此造成了较多的用工风险。例如，受制于内部财务流程的限制，用工单位可能无法按至少每 15 日支付一次工资的要求支付，而只能按月支付。由于实际履行不完全符合非全日制用工的要求，发生争议的时候，用工单位可能会被认定为与劳动者建立了全日制劳动关系，并进而被判定承担更重的法律责任，如向劳动者支付经济补偿金、加班费、奖金，补缴社会保险、公积金等。鉴于以上，本节通过实际案例，总结在非全日制用工模式下，哪些是不能触碰的红线，一旦触碰就会给用工单位带来法律风险。

1. 工作时间能否突破法定标准的问题

工作时间是高危因素，一旦触碰，仲裁员或法官极可能否认非全日制用工约定的效力。《劳动合同法》第六十八条规定，非全日制用工每天工作不超过4小时，每周工作不得超过24小时。但反观实践，很多企业在使用非全日制员工的时候忽视对工作时间的严格管控，大多数企业都是形式上签订非全日制劳动合同，但实质依然是全日制用工。我们发现仲裁员或法官对工作时间的把握尺度十分严格，一旦超过法律规定的非全日制用工的工作时间，仲裁员或法官将双方之间的关系认定为全日制用工的可能性非常大。

【典型案例】原、被告于2015年4月1日建立劳动关系，2017年3月双方签订《非全日制用工劳动合同书》，合同约定甲方（被告）聘用乙方（原告）在运作部球童岗位工作，工作期限为9个月，自2017年3月1日至2017年11月30日。合同约定工作时间为每日工作时间不超过4小时、每周累计不超24小时，甲方（被告）每半月（15天）发放工资。

2018年至2019年，原、被告连续订立前述《非全日制用工劳动合同书》，合同期限均为每年3月1日至11月30日，合同其余条款同上所述。原、被告在履行《非全日制用工劳动合同书》过程中，被告存在安排原告工作的时间超过每日4小时的情形。根据被告发布的《某市西郊AB场管理制度》，自2019年9月28日起，AB场18洞击球时间尽量控制在4小时30分以内。原告的实际工作还包括铺沙、收拾场地、发球杆等工作。2019年10月25日，被告向原告出具《解除劳动关系通知》，载明因原告等5人拒绝听从部门主管的工作安排，经劝导仍不服从，根据《某市西郊乡村体育俱乐部有限公司员工手册》规定，即日起解除劳动关系。原告因与被告就确认劳动关系产生争议，于2019年10月16日向市劳动人事争议仲裁委员会提出仲裁申请，请求确认双方自2015年4月至2019年10月15日存在全日制劳动关系。

仲裁委于2019年11月29日作出大劳人仲裁字（2019）第1355－1359号仲裁裁决：驳回原告的仲裁请求。原告不服该仲裁裁决，遂诉至法院。

【判决结果】 人民法院认为：非全日制用工作为一类特殊的用工形式，其实质标准是工作时间的长短和工作报酬的计算方式。在本案中，判断原、被告之间的用工关系是否为非全日制用工关系，应从前述两个方面进行认定。

一方面关于原告在被告处实际工作时间的认定，虽然被告提交的员工考勤表所记载的原告每日工作时间不超过4小时，但根据已查明的事实，被告公布的管理制度中载明“击球时间尽量控制在4小时30分钟内”，而这仅是顾客的击球时间，原告的工作时间除前述4.5小时外，至少还包括了铺沙、收拾场地等时间，故其实际工作时间必然存在超过法律规定的4小时的情形。

另一方面关于被告向原告发放工资的方式，根据被告提交的工资结算表及被告在劳动人事仲裁机构庭审陈述，原告的计酬方式均不是按小时计酬；且被告向原告支付工资的周期也存在超过《劳动合同法》第七十二条第二款规定的“15日”的情况。

综合原告的实际用工时间和报酬计算方式，原、被告的用工关系并不符合非全日制用工关系的特征，双方非全日制用工关系不成立。

因此，如果用工单位与员工签订非全日制用工劳动合同，那么在工作时间上应当严格按照法律规定来安排。并且，用工单位应当留存工作时间的相关证据，如员工的签到表、员工签字认可的打卡记录等。否则，将来发生争议时，用工单位将承担就工作时间举证不能的不利后果。

2. 发薪周期能否约定按月支付的问题

发薪周期是危险因素，可能会与其他因素结合，导致仲裁员或法官否认非全日制用工约定的效力。实践中，很多用工单位由于内部财务流程的限制，对非全日制劳动者也采取按月支付薪酬的方式。这种操作存在一定风险，仲裁员或法官有可能结合实际案情，认定双方之间为全日制用工。

【典型案例】 叶某与某公司多次签订非全日制用工协议，并在协议中约定计薪标准为月工资标准，并以一个月为工资支付周期。法院认为该情形不符合非全日制用工的表现形式。本案中，叶某与某公司签订的虽然是《劳务合同书（非全日制用工及实习工适用）》，但从叶某的银行交易明细看，工资系按月发放，不符合非全日制用工劳动报酬结算周期的规定。综上，一审法院认定叶某与某公司建立的是全日制用工关系。

但针对企业与非全日制员工约定按月支付劳动报酬的约定也有相反的判决，如天津市滨海新区人民法院在（2016）津0116民初第80871号判决书中认为：虽然被告发放工资并未按照《劳动合同法》第七十二条第二款“非全日制用工劳动报酬结算支付周期最长不得超过15日”规定实行，但是，该规定并不能成为否认非全日制劳动合同的必要条件，更不能以此为由否定作为完全民事行为能力人的原、被告双方所签订的《非全日制劳动合同》的效力，原告的工资流水的变化以及当庭陈述，均能证明原告的工资与工作的小时数存在直接关系，因此，原告主张全日制劳动关系的诉请，于法无据，本院不予认可。本院认为，原、被告双方应认定为非全日制用工劳动合同关系。

综上所述，关于发薪周期能否约定的问题不能一概而论。根据司法判例可知，法院在审查双方之间是否属于非全日制劳动关系的时候并非单纯根据工作时间或发薪周期，而是综合公司用工实践的方方面面，若其他条件均符合非全日制用工模式，那么，按月支付劳动报酬的约定不足以阻碍双方之间成立非全日制劳动关系的事实。

但整体而言，工作时间与发薪周期是两条“红线”，两个因素都有一定的“一票否决权”，突破任何一个都将面临被认定为全日制用工的法律风险。建议用工单位严格遵守非全日制用工关于工作时间和发薪周期的规定，以最大限度地降低法律风险。

3. 能否不缴纳工伤保险费的问题

根据《劳动法》《中华人民共和国社会保险法》《工伤保险条例》等法律法规规定，用工单位应依法为建立劳动关系的非全日制用工人员缴纳工伤保险费。如用工单位未履行上述义务，一旦非全日制用工人员在用工期间受伤并构成工伤，则用工单位应按照法律规定承担其全部工伤保险待遇，包括但不限于工伤医疗费、住院伙食费、伤残津贴、伤残补助金等。此外，该工伤员工如据此提出解除劳动合同并向劳动仲裁委员会申请劳动仲裁要求用工单位承担不缴纳工伤保险费的责任，则用工单位要承担相应的后果——按照法律规定向工伤员工支付经济补偿金；若该工伤员工向社会保险主管部门投诉用工单位，社会保险主管部门经查证认定投诉属实后有权责令用工单位补缴工伤保险费用，并自欠缴之日起按日加收滞纳金，用工单位逾期不缴纳的，社会保险主管部门有权对用工单位处以高额罚款。

综上，用工单位未按照法律规定为非全日制员工缴纳工伤保险费用的，不仅会面临承担高额经济损失的风险，还可能面临行政处罚并承担相应的行政责任。

4. 法定节假日加班是否支付加班费的问题

关于非全日制员工在法定节假日工作，企业是否需要支付加班费的问题也是实践当中常见的问题，关于该问题各地有不同的规定。

（1）北京：按照法定节假日最低小时工资确定加班费

《北京市工资支付规定》第十八条：用工单位招用非全日制工作的劳动者，可以不执行本规定第十四条的规定，但用工单位安排其在法定休假日工作的，其小时工资不得低于本市规定的非全日制从业人员法定休假日小时最低工资标准。

（2）江苏：不视为加班

江苏省高级人民法院《劳动争议案件审理指南》非全日制用工加班准则处理：《劳动合同法》第六十八条规定，非全日制用工，是指以小时计酬为主，劳动者在同一用工单位一般平均每日工作时间不超过 4 小时，每周工作时间累计不超过 24 小时的用工形式。据此规定，非全日制不能简单以工作时间来判断是否属于加班，应当将工作时间看作是否属于非全日制用工的重要判断标准。因此，经协商一致，劳动者从事非全日制工作的，无论是法定休息日，还是法定节假日工作的，均不认定为加班。对于每周超过24小时的非全日制用工，不是支付加班费的问题，而是认定非全日制用工不成立，认定为全日制用工，按全日制用工适用《劳动法》《劳动合同法》的有关权利和义务的问题。

（3）湖北：不视为加班，另有约定的除外

《湖北省高级人民法院民事审判工作座谈会会议纪要》（2013年9月）第24条：考虑到非全日制用工和不定时工作制的特殊性，原则上非全日制用工和不定时工作制不宜认定存在加班费，但双方当事人在劳动合同中对支付加班费有约定的，依照当事人的约定处理。

由此可见，企业若使用非全日制员工并安排其在法定节假日加班的，关于是否支付加班费的问题首先要关注当地的法律规定及司法裁判口径。其次，若该类问题在合同中另做约定，大多会被仲裁机关或法院支持。故企业在起草非全日制合同的时候一定要根据自身实际制定条款，切忌照搬模板。

5. 法律风险管控建议

（1）工作时间要严格管控

由于非全日制用工最显著的特征就是工作时间的限制，即每周工作时间累计不得超过24小时。如果用人单位违反上述规定安排劳动者每周工作时间超过24小时，裁判机关将据此认定双方建立全日制劳动关系，用工单位将面临巨大的法律风险，因此，必须严格执行每周24小时的工作时间上限。

根据我们的实践经验，建议企业严格考勤，根据双方非全日制劳动合同中约定的工作时间严格出勤，最好每天不超过4小时，若每天超过4小时务必控制出勤天数，每周总计不得超过24小时。每次员工出勤确保在出勤单签字确认或者按照公司要求定点打卡，经双方确认的考勤记录是解决纠纷的最好证据，可以证明企业是否严格执行了非全日制用工劳动时间的法律规定。此处要注意，如果员工每天出勤均超过4小时，每周超过24小时，此时员工在出勤表上签字、打卡是对用人单位非常不利的证据。

（2）严格按照每15天支付一次劳动报酬的规定支付工资

虽然前文通过案例分析的方式论述了一定条件下用工单位可以与非全日制员工约定按月支付工资的情形，但该方式仍然具有很大的不确定性，企业准备长期使用非全日制用工模式的情况下，最好调整发薪周期，严格按照每15天支付一次劳动报酬的规定支付工资。如果企业改变财务制度确实困难，可以通过与员工约定按月支付劳动报酬进行适当变通，但仍然要坚持以按小时计酬为主，并且在非全日制劳动合同中要明示清楚，要求员工签字确认，防止员工事后反悔。

（3）公司一定要为非全日制员工缴纳工伤保险费

用工单位应当按照国家有关规定为建立劳动关系的非全日制劳动者缴纳工伤保险费。非全日制劳动者发生工伤，依法享受工伤保险待遇；被鉴定为伤残五级至十级的，经劳动者与用工单位协商一致，可以一次性结算伤残待遇及有关费用。

（4）非全日制合同中明确约定法定节假日工作是否需要支付加班费

各地在非全日制员工是否享受，以及如何享受法定节假日待遇上形成了不同意见。分支机构较多的用工单位很难一一甄别与及时调整。为避免不必要的争议，建议企业在与劳动者订立非全日制用工协议时，一并就法定节假日报酬的给付标准进行明确约定。

（三）财税问题与风险

非全日制用工具有管理灵活、时间灵活等特点，大多适用于人员流动性大的餐饮、酒店、线下教育培训等劳动力密集型企业。用人单位采用此种模式，无须为非全日制劳动者缴纳社保、公积金等，降低了企业的用工成本。但是，1994年国家税务总局发布的《征收个人所得税若干问题的规定》中明确规定，企业在使用非全日制用工时，应依法为建立劳动关系的非全日制用工人员办理个人所得税汇算清缴。否则，企业可能面临如下风险。

1. 未依法按时进行个人所得税汇算清缴的问题

从税收筹划角度考量，非全日制用工人员个人的税务成本取决于用工关系的定性。《征收个人所得税若干问题的规定》明确了非全日制用工人员的收入是按照劳务收入还是按工资薪金收入缴纳个人所得税的问题。用人单位与非全日制用工人员如不存在人身依附关系，非全日制用工人员独立自主提供劳务的情况下，取得的劳务报酬应按照劳务收入缴纳个人所得税。相反，如果用人单位与非全日制用工人员之间存在管理与被管理关系，后者需按照前者的要求提供劳务，前者按月向后者发放工资薪金，则用人单位应按照工资薪金为非全日制用工人员代扣代缴个人所得税。

根据《中华人民共和国个人所得税法实施条例》第二十五条和《国家税务总局关于个人所得税自行纳税申报有关问题的公告》的规定，取得综合所得应当办理汇算清缴，包括下列四种情形：①从两处以上取得综合所得，且综合所得年收入额减除专项扣除的余额超过 6 万元；②取得劳务报酬所得、稿酬所得、特许权使用费所得中一项或者多项所得，且综合所得年收入额减除专项扣除的余额超过 6 万元；③纳税年度内预缴税额低于应纳税额；④纳税人申请退税。基于上述税收法规政策规定，非全日制用工人员如果属于上述四种应当办理综合汇算清缴情形的，应依法按时办理个人所得税综合所得汇算清缴。否则，可能承担补缴税款，缴纳滞纳金，甚至罚款等风险。

2. 用工成本企业所得税税前扣除不合规风险

根据 2014 年《企业会计准则第 9 号——职工薪酬》第三条规定，职工“是指与企业订立劳动合同的所有人员，含全职、兼职和临时职工，也包括虽未与企业订立劳动合同但由企业正式任命的人员”，如董事会成员、监事会成员等。在企业的计划和控制下，虽未与企业订立劳动合同或未由其正式任命，但为其提供与职工类似服务的人员，也纳入职工范畴，所以劳务用工人员同样属于职工范畴。从企业所得税角度来看，企业为非全日制用工人员支付的报酬属于工资薪金的，可以据实税前扣除。

3. 税务风险管控建议

（1）依法代扣代缴个人所得税

企业向个人支付款项时，符合个人所得税代扣代缴情形的，均具有扣缴义务，除“经营所得”以外的其他8个应税项目，扣缴义务人应当依法办理全员全额扣缴申报（不论纳税人是否属于本单位人员）。

①扣缴义务人向居民个人支付工资、薪金所得时，应当按照累计预扣法计算预扣税款，并按月办理扣缴申报。

②扣缴义务人向居民个人支付劳务报酬所得、稿酬所得、特许权使用费所得时，按次或按月预扣预缴税款。

③支付工薪所得的扣缴义务人应当于年度终了后2个月内，向纳税人提供其个人所得和已扣缴税款等信息。纳税人年度中间需要提供上述信息的，扣缴义务人应当提供。

④扣缴义务人应当在次月15日内缴入国库，并向税务机关报送《个人所得税扣缴申报表》。

根据《中华人民共和国税收征收管理法》的规定，因纳税人、扣缴义务人计算错误等失误，未缴或者少缴税款的，税务机关在3年内可以追征税款、滞纳金；有特殊情况的，追征期可以延长到5年。此种模式下，存在被主管税务部门追缴税款并处以罚款的风险。

同时，对于积极履行代扣代缴义务的企业，国家给予一定的手续费优惠。根据《个人所得税扣缴申报管理办法（试行）》规定，对扣缴义务人按照规定扣缴的税款，按年付给百分之二的手续费。不包括税务机关、司法机关等查补或者责令补扣的税款。

根据最新《中华人民共和国个人所得税法》，个人所得税税目包括九类，如表2－3所示。

表2－3　　个人所得税税目

序号	税目	含义	潜在应用场景
1	工资薪金所得	指个人因任职或者受雇而取得的工资、薪金、奖金、年终加薪、劳动分红、津贴、补贴以及与任职或者受雇有关的其他所得 公司职工取得的用于购买企业国有股权的劳动分红；股票期权的行权等	全日制劳动关系；具有人身依附性质的非全日制用工

续表

序号	税目	含义	潜在应用场景
2	劳务报酬所得	个人独立从事各种非雇佣的劳务取得的所得，包括：设计、装潢、安装、制图、化验、测试、医疗、法律、会计、咨询、讲学、翻译、审稿、书画、雕刻、影视、录音、录像、演出、表演、广告、展览、技术服务、介绍服务、经纪服务、代办服务、其他劳务 个人在公司（包括关联公司）任职、受雇，同时兼任董事、监事的，应将董事费、监事费与个人工资收入合并，统一按工资、薪金所得项目缴纳个人所得税；个人担任公司董事、监事，且不在公司任职、受雇取得的董事费收入属于劳务报酬所得	小时工；兼职；临时劳务人员等
3	特许权使用费所得	个人（包括权利继承人）提供专利权、商标权、著作权、非专利技术以及其他特许权的使用权取得的所得	—
4	稿酬所得	个人作品以图书、报刊形式出版、发表取得的所得	—
5	经营所得	①个体工商户从事生产、经营活动取得的所得——业主为纳税人；个人独资企业投资人、合伙企业的个人合伙人来源于境内注册的个人独资企业、合伙企业生产、经营的所得 ②个人依法从事办学、医疗、咨询以及其他有偿服务活动取得的所得 ③个人对企业、事业单位承包经营、承租经营以及转包、转租取得的所得 ④个人从事其他生产、经营活动取得的所得	个人利用产业园区政策注册个人独资企业，将个人工资薪金所得或者劳务所得等转化为个人独资企业经营所得

续表

序号	税目	含义	潜在应用场景
6	利息、股息、红利所得	个人拥有债权、股权而取得的利息、股息、红利所得	员工内部创业
7	财产租赁所得	个人出租不动产、机器设备、车船以及其他财产取得的所得	—
8	财产转让所得	个人转让有价证券、股权、合伙企业中的财产份额、不动产、机器设备、车船以及其他财产取得的所得	员工内部创业
9	偶然所得	个人得奖、中奖、中彩票以及其他偶然性质的所得	企业与个人签订竞业禁止协议，企业向个人支付的不竞争款项为偶然所得

（2）依法代扣代缴企业所得税

在计算企业所得税时，企业发生的合理的工资薪金支出，准予扣除。非全日制用工有如下几种处理方式：如果劳动者为已办理税务登记的增值税纳税人，其支出以发票作为税前扣除凭证；对方为依法无须办理税务登记的单位或者从事小额零星经营业务的个人，其支出以税务机关代开的发票或者收款凭证及内部凭证作为税前扣除凭证，收款凭证应载明收款单位名称、个人姓名及身份证号、支出项目、收款金额等相关信息，作为企业所得税税前扣除依据；如果非全日制用工人员无法提供发票，企业据实扣除应保留劳动者身份信息，依据内部凭证，比如工资表、用工合同等资料进行税前扣除。

（四）合规管理工具

非全日制用工人员劳动合同

甲方（用工单位）名称：

统一社会信用代码：

法定代表人：

经营地址：

联系电话：

乙方（劳动者）姓名：

居民身份证号：

户口所在地：

现住址：

联系电话：

根据《中华人民共和国劳动合同法》有关非全日制用工的条款和其他相关规定，甲乙双方遵循平等自愿、协商一致的原则签订本合同。

一、本合同有效期自____年____月____日起至____年____月____日。

二、乙方接受甲方安排至________处担任________岗位。

甲方根据工作要求可对乙方进行必要的职业技能培训。

乙方应当努力提高职业技能，按岗位要求完成工作任务。

三、乙方每周工作____日；每日工作________小时。

四、甲方按小时计酬方式支付乙方劳动报酬，标准为每小时________元。支付周期与支付日期为方案________。

方案 A：为减少劳动报酬每 15 日支付一次的烦琐工作，乙方同意甲方向乙方支付劳动报酬的周期从 15 日一次改为每月支付 1 次劳动报酬。甲方每月____日前支付乙方上一个自然月的劳动报酬。

方案 B：甲方向乙方支付劳动报酬的周期为每月 2 次。

第一次为每月____日支付乙方当月 1 日至 15 日的劳动报酬。

第二次为每月____日支付乙方上一个月的 16 日至月末的劳动报酬。

五、关于工伤保险办理，甲乙双方一致同意选择方案________。

方案 A：甲方应当依法为乙方缴纳工伤保险费用，其余社会保险乙方应当以个人身份缴费参加社会保险，如未参保，自行承担未缴社会保险的后果，与甲方无关。

方案 B：因政策原因，甲方无法在甲方所在地为乙方缴纳单工伤保险，甲方为乙方缴纳雇主责任险，乙方应当以个人身份缴费参加社会保险，如未参保，自行承担未缴社会保险的后果，与甲方无关。

六、甲方根据生产岗位需要，按照国家有关劳动安全卫生规定对乙方进行安全卫生培训和职业培训。

七、甲乙双方发生劳动争议，可以协商解决，也可以依照法律规定通过申请调解、仲裁或提起诉讼解决。

八、乙方保证本合同履行不得影响乙方与第三方先订立、正在订立、后订立的劳动合同或其他合同的履行。

乙方保证乙方与第三方先订立、正在订立、后订立的劳动合同或其他合同的履行不得影响本合同的履行。

乙方保证不因在甲方工作，致使甲方受到由于乙方原因而产生的法律或其他纠纷的影响，如发生一切纠纷由乙方自行承担一切责任。

上述情形导致甲方因此承担责任的，可向乙方追偿，乙方承担最终责任。

九、如乙方原因造成甲方或第三方损失的，由乙方承担全部责任，甲方可追究乙方的法律责任；如甲方已向第三方承担责任的，甲方有权向乙方追偿，乙方应当承担甲方所有责任，涉及金额的，承担甲方金额损失的 100% 。

十、甲乙双方任何一方均可以提前____日通知另一方解除本合同。

十一、甲乙双方约定的其他事项：______________________________。

十二、本劳动合同一式二份，甲乙双方各执一份。

十三、本劳动合同自甲乙双方签字、盖章之日起生效。

甲方（公章）　　　　　　　　　　　　乙方（签字）：

法定代表人或授权代表（签字）：

签订日期：____年____月____日

第四节　劳务派遣用工与合规管理

目前市场上，有些人力资源服务机构将劳务派遣用工作为灵活用工的一种形式。从劳务派遣用工的适用岗位来看，若用在临时性工作岗位、替代性工作岗位上，在用工期限上具有灵活性，若用在辅助性工作岗位上，则这种灵活性会降低。从用工单位关注的调岗、调薪、解雇方面来看，劳务派遣用工显然不具有这方面的灵活性。从与劳动合同用工对比的角度而言，因为第三方劳务派遣单位的介入，增强了与劳动者博弈的力量，相对而言劳务派遣用工具有一定的灵活性。劳务派遣用工的灵活性，我们可以简单理解为，用工单位支付一定的服务费用，借助第三方劳务派遣公司的力量来实现用工过程中想要的灵活性。从合规管理的角度来看，劳务派遣用工形式是灵活用工中成熟度比较高的形式，现行《劳动合同法》及相关规定，对于劳务派遣用工的规制比较完善，可以构建比较完备的合规管理机制。

（一）用工场景与模型

1. 用工场景

恒丰公司随着业务量与规模的不断扩大，一边要向客户提供高品质的服务，需要大量专业人员，尤其对客服工作人员的要求相对比较高；一边是这一员工群体流动率大，招聘和保留专业人员成为恒丰公司面临的棘手问题。

在这样的背景下，恒丰公司决定与人力资源服务公司合作，在收集了若干家人力资源服务公司信息之后，通过公司历史、成功实践、合作伙伴、实地拜访等方式对各家人力资源服务公司的服务能力进行调查。综合考虑后，决定与某人力资源服务公司合作，该公司提供的解决方案是人力资源派遣服务。

派遣期限根据岗位不同分为 1 ~ 3 年不等，派遣岗位涵盖了客户经理、大堂经理、大堂副经理、后勤人员等多个岗位。因为这些岗位的工作需要大量员工，且都属于非核心业务岗位，对岗位任职人员专业素质要求相对不高，具有辅助性、可替代性，符合派遣岗位的条件。

针对派遣员工，派遣公司组织了入职、派遣管理模式、企业文化、各项规章制度和岗前专业技能等培训。发放《派遣员工手册》，规范员工在派遣服务期间的日常行为。同时，设置驻点管理人员，负责处理派遣员工的相关事宜。为了增强派遣员工的归属感，派遣公司会组织生日会、户外文娱活动、定期体检等活动。

这是劳务派遣用工的典型场景，即派遣岗位符合“三性”要求、用工单位关注派遣单位的用工合规、派遣单位协同做好员工关系管理。我们观察到，实践中，很多企业在使用劳务派遣人员时，并不重视岗位的“三性”问题以及人数比例的问题，显然，这样使用劳务派遣员工可能面临被劳动行政部门责令整改，拒绝整改的给予每人5000元以上1万元以下罚款的风险；对于派遣员工亦缺少企业文化的引导、忽视员工福利及关怀体系的建设等。

2. 用工模型

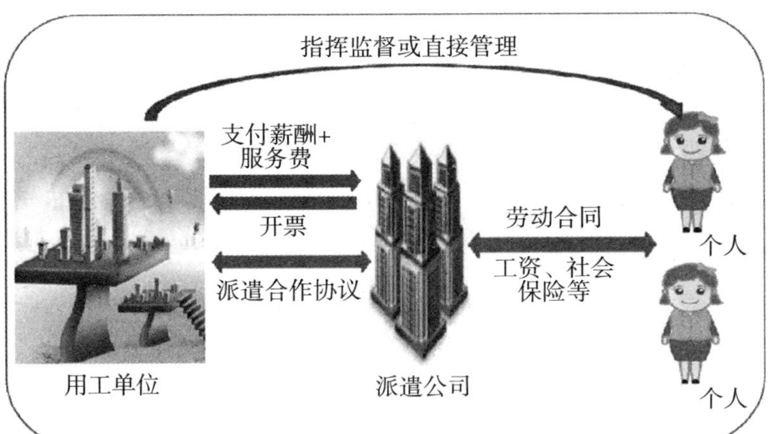

图2－4　劳务派遣用工模型

对于图2－4中的各项元素，我们做如下分析。

用工单位。在劳务派遣用工形式中，用工单位对劳务派遣员工进行指挥监督或直接进行管理。在劳动保护方面，用工单位执行国家现行的各项劳动标准，包括但不限于卫生标准、安全标准、生产标准等。在劳动条件方面，用工单位应当提供在劳动过程中所必需的物质条件和精神条件，比如，生产设备、生产资料、工作环境等。在劳动保护方面，用工单位应当提供保障派遣人员安全和健康的措施，包括但不限于劳动安全、工作时间与休假、女职工保护等。在工作要求和报酬方面，用工单位应当告知劳务派遣人员工作的要求，告知劳动报酬的数额、支付方式等。在加班费、绩效奖金、福利待遇方面，劳务派遣人员因工作而享有的加班费、绩效奖金、福利待遇等事项，用工单位可以支付给劳务派遣单位，也可以直接支付给劳务派遣人员。在培训方面，用工单位应当对劳务派遣人员提供岗位工作所必需的技能培训。在工资调整方面，用工单位连续用工的，应当实行正常的工资调整机制。禁止二次派遣，用工单位不得将劳务派遣人员再派遣到其他用工单位。

派遣公司。即劳务派遣人员的用工单位，劳务派遣单位应当符合行政许可的设立条件，即注册资本不得少于人民币 200 万元，有开展业务所需要的固定经营场所和设施，并获得劳动行政部门对经营劳务派遣业务的许可。在劳动合同方面，派遣公司负责与劳务派遣人员签订劳动合同，且劳动合同期限不能低于 2 年。在工资支付方面，劳务派遣单位应当按月支付工资，劳务派遣人员被退回无工作期间，劳务派遣单位应按照当地最低工资标准支付工资。在告知义务方面，劳务派遣单位应当如实告知劳务派遣人员劳务派遣协议的内容。

个人。即劳务派遣人员，一般是指与劳务派遣公司订立劳动合同的人员。劳务派遣人员与用工单位的劳动者享有同工同酬的权利，实践中，一般理解是相同岗位的基本工资、劳动保护、劳动条件等应该相同，基于个人能力、业绩的奖金、福利等可以有所差异；劳务派遣人员可以在劳务派遣单位或者用工单位依法组织或参加工会。

劳务派遣关系。劳务派遣单位与用工单位之间的关系，双方应当订立劳务派遣协议。劳务派遣协议性质上属于民事合同，协议内容包括但不限于：派遣岗位、人员数量、派遣期限、劳动报酬和社会保险费用的数额与支付方式、违反协议的责任等。

开票。用工单位按照劳务派遣协议向劳务派遣公司支付各项费用，劳务派遣公司出具发票，发票的类型包括普通发票、增值税专用发票。在纳税方式上，可以取得全部价款和价外费用作为销售额，按照一般计税方法计算缴纳增值税或选择差额纳税，以取得的全部价款和价外费用，扣除代用工单位支付给劳务派遣人员的工资、福利和为其办理社会保险及住房公积金后的余额为销售额纳税。选择差额纳税的纳税人，向用工单位收取用于支付给劳务派遣员工工资、福利和为其办理社会保险及住房公积金的费用，不得开具增值税专用发票，可以开具普通发票。

（二）典型问题与风险

1. 使用派遣员工超“三性”、超“比例”，是否必然导致派遣合同无效，派遣员工能否据此主张与用工单位存在事实劳动关系

企业之所以选择劳务派遣主要着眼于“灵活”且能节省用工成本，但实践当中很多企业仍旧采用的是粗放式派遣，比如在岗位选择上呈现粗放式，派遣人数上呈现野蛮式等情况。根据《劳务派遣暂行规定》，劳务派遣只适用“临时性、辅助性或替代性”的岗位，劳务派遣用工数量不得超过企业用工总量的10%。以上这些规定是选择劳务派遣的前提，若企业忽视这些强制性规定使用派遣员工，派遣员工能否据此主张劳务派遣合同无效，并要求确认和用工单位间存在劳动关系？

关于该问题有两种截然不同的观点。一种观点认为无效，主要代表为江苏、重庆、辽宁等地。他们认为案涉劳务派遣用工方式违反了《劳动合同法》的规定，严重损害了劳动者的合法权益，属于以合法形式掩盖非法目的行为，应认定为无效。进而直接认定用工单位和派遣员工存在事实劳动关系。另一种观点认为有效，主要代表为广东、上海、福建等地。他们认为劳务派遣仅能在“临时性、辅助性或者替代性的工作岗位”使用的条款为管理性、强制性规定，并非效力性、强制性规定，故而即使劳务派遣违反“三性”，也不影响派遣合同的效力。

通过上述分析我们可知，用工单位违反劳务派遣用工范围和用工比例规定用工的，其劳务派遣合同并不当然无效，在不同地区、不同时期也许有不同的判断，比如在广东省范围内，该种劳务派遣合同有效。但即使前述劳务派遣合同有效，也不代表用工单位无须承担行政责任，有关主管部门仍可就其违法劳务派遣行为进行处罚。

笔者认为，在涉及劳务派遣合同无效的情形下，即使认定用工单位与派遣人员存在事实劳动关系，也不能得出用工单位须向劳动者支付未签订书面劳动合同的二倍工资，劳动者与劳务派遣公司签订的相关劳动合同均将视为劳动者与用工单位签订的劳动合同。但从合法合规的角度而言，不建议企业超“三性”、超“比例”使用派遣人员，企业切勿心存侥幸心理。

2. 招聘主体不明的问题

劳务派遣的特殊用工关系，导致劳务派遣单位对用工单位的用人要求并不完全了解，本该由劳务派遣单位作为招聘主体，实践中普遍存在“由用工单位先行招聘劳动者，再由劳务派遣单位与该劳动者签订劳动合同，并建立劳动关系”的操作模式。有的还在劳务派遣协议中注明“劳务派遣单位根据用工单位的实际需求，代实际用工单位招聘劳动者”之类的条款，一个“代”字导致招聘主体不明确，一旦发生纠纷，法院可能以“以合法形式，掩盖非法目的”为由，认定用工单位与劳务派遣人员之间并非劳务派遣关系，而是事实劳动关系，导致用工单位承担过多的义务与责任。

3. 用工单位和派遣单位的规章制度内容冲突的问题

劳务派遣单位作为劳动者法律上的用工单位，为了规范劳动者的工作行为，有权制定规章制度，劳动者也有义务遵守执行。而用工单位为了自己的生产经营能够正常有序地进行，制定规范劳动者的规章制度，也无可厚非。关键问题是，一旦这两家单位的规章制度发生冲突，该如何处理?对此，法律法规尚未做明文规定。

4. 派遣员工同工同酬问题

《劳务派遣暂行规定》颁布已有 7 年，这 7 年间劳务派遣用工发展如何？通过大数据检索发现，近年来劳务派遣员工主张同工同酬的案件数量日渐增长，虽然该类案件劳动者胜诉的较少，但也从中发现越来越多的劳务派遣人员对本身的工资待遇表现不满，认为自身“被不公平对待”。究其原因，主要是法律虽然规定了同工同酬，但同工同酬本身标准的认定还存在很大争议。

原劳动部《关于〈中华人民共和国劳动法〉若干条文的说明》（劳办发〔1994〕289号）第四十六条对“同工同酬”的解释为“指用工单位对于从事相同工作，付出等量劳动且取得相同劳动业绩的劳动者，应支付同等的劳动报酬”。按照这个解释，“同工”需要满足三个要件，即工作岗位与内容相同，劳动量相同，劳动业绩相同。但很多行业劳动量和劳动业绩的衡量有一定难度，工作岗位内容也不能够直接清晰对比。鉴于此，劳务派遣人员主张与同岗位劳动者工作相同，从而主张工资差额，就难以被认定。

【典型案例】 江苏省无锡市中级人民法院在（2018）苏02民终第4003号判决书中认为：……本案中，陈某在入职时间、工作经验、熟练程度、职位及岗位职责、教育背景等方面均与赵某、戴某、袁某存在差异，因此不能说陈某与赵某、戴某、袁某属于同工的范畴。贝安公司也提交了铣床工岗位袁某的工资清单，经对照、比较，陈某与其他员工的主要差距是在有效工时数、加班工资两项。由于贝安公司并未对员工进行定额，故有效工时的计算完全与每人的熟练程度、生产合格产品数量有关，也就是贝安公司根据员工的实际能力和劳动业绩进行综合考量。因此，贝安公司根据单位规定计算陈某的工资并不违反相关法律规定。陈某要求与赵某、戴某、袁某同工同酬，没有法律依据，不予支持。

“同酬”即相同或相等的报酬，包括劳动者获得的各种形式的工资、奖金和津贴。但实践中，主流观点认为这里的“酬”是狭义的，即指劳动报酬，不包括福利。根据《劳动合同法》第六十二条和《劳务派遣暂行规定》第九条的规定，用工单位需要支付的福利待遇被限定在与工作岗位有关的福利待遇。如果是与工作岗位无关，仅与身份有关的福利待遇并不属于用工单位应支付的范畴。

5. 逆向派遣问题

逆向派遣的主要表现形式有：①企业要求本单位的原有员工解除劳动

合同，然后和企业指定的某一家劳务派遣单位重新订立劳动合同后，派回企业继续工作；②企业自己设立劳务派遣单位向本单位或者所属单位派遣劳动者。

逆向派遣是劳动法律法规所禁止的行为。因此，最高人民法院将“劳动者仍在原工作场所、工作岗位工作，劳动合同主体由原用工单位变更为新用工单位”列为“劳动者非因本人原因从原用工单位被安排到新用工单位工作”的情形之一，两家用工单位之间的工作年限应当合并计算。基于此，《劳动合同法》中明文规定，用工单位不得设立劳务派遣单位向本单位或者所属单位派遣劳动者。

综上所述，企业在自设人力资源公司时，或者需要将现有人员转为劳务派遣人员时应避免出现逆向派遣的风险。

【典型案例】1999 年 12 月 1 日，任某到 A 公司担任驾驶员。2005 年 10 月 A 公司在市政府主导下改制为 B 公司。任某与 B 公司先后签订了两份劳动合同，在此期间任某一直在 B 公司担任驾驶员。2012 年 3 月，在 B 公司的指定下，任某与 C 公司（劳务派遣公司）签订劳动合同并被派遣至 B 公司下属关联公司任职。

2013 年 12 月 25 日，任某向人民法院起诉，请求确认自 1999 年 12 月 1 日起与 B 公司之间存在劳动关系，并确认任某与 C 公司签订的劳动合同无效。任某在诉讼中还要求 B 公司与任某签订无固定期限劳动合同。

该案经一审、二审审理，法院认为：《劳动合同法》第六十七条的立法目的在于规范用工单位不得将已经建立劳动关系的劳动者以劳务派遣的形式逆向派遣至本单位为劳务派遣人员。本案中，B 公司在未与任某解除或终止事实劳动关系的情况下，安排 C 公司与任某签订劳动合同，并将任某派遣至本单位从事工作岗位、地点均无任何变化的驾驶员工作。B 公司的行为违反了《劳动法》相关规定，与劳务派遣的立法目的背道而驰，其本质是 B 公司借此来规避法律责任。该逆向派遣行为颠倒了劳务派遣单位、用工单位与劳动者之间的关系，改变了劳动者劳动关系的归属，且损害了劳动者的利益，故应当认定任某与 C 公司签订的劳动合同无效。最终人民法院判决：①任某与C公司签订的劳动合同无效；②任某与B公司自1999年12月1日起建立了劳动关系；③B公司于判决生效之日起30日内与原告任某签订无固定期限劳动合同。

6. 派遣员工转劳动合同用工时工龄转接问题

在劳务派遣用工中也存在劳务派遣员工转为用工单位直接雇佣员工的情形，对于劳务派遣员工转为劳动合同员工的，劳动者在劳务派遣单位工作年限是否要计入用工单位？该问题首先要区分来回转签的原因，即是员工主动，还是用工单位主导员工被动转签导致的单位更换。

根据《中华人民共和国劳动合同法实施条例》第十条的规定，“劳动者非因本人原因从原用人单位被安排到新用人单位工作的，劳动者在原用人单位的工作年限合并计算为新用人单位的工作年限”。并结合《最高人民法院关于审理劳动争议案件适用法律问题的解释（一）》第四十六条的进一步规定“劳动者仍在原工作场所、工作岗位工作，劳动合同主体由原用人单位变更为新用人单位”的，应当认定属于“劳动者非因本人原因从原用人单位被安排到新用人单位工作”。

因此，若是劳务派遣用工转为直接用工，系劳务派遣单位安排，且不能证明是劳动者主动从劳务派遣单位辞职重新应聘到用工单位的，工龄应当合并计算。若是员工主动为之，则工龄分别计算。

7. 法律风险管控建议

（1）选择正规的派遣单位，派遣岗位和派遣比例是硬性规定，不可逾越

首先，选择劳务派遣单位时，要进行资质审查、资信调查等工作，选择信誉较好、规模较大、抗风险能力较强的派遣单位进行合作。

其次，确定劳务派遣协议内容时，要明确派遣员工必须符合“三性”，要明确约定好劳务派遣单位的责任。履行劳务派遣协议时，应要求对方提供劳动合同复印件，并核对原件。

最后，要严格督促派遣单位切实保障派遣员工的合法权益。比如应定期抽查工资发放及五险一金的缴纳情况。谨防因劳务派遣单位不规范操作导致劳动者遭受损失，进而由用工单位承担连带责任风险。

【典型案例】 李某2018年3月6日入职A公司（劳务派遣单位），后被派遣至B公司（用工单位）。2018年3月7日李某在用工单位B公司车间发生工伤事故，后被鉴定为九级工伤。A公司及B公司均未为李某缴纳社会保险、未支付工伤待遇。李某遂向法院提出诉讼请求：①确认2018年4月28日至2018年11月1日李某与A公司存在劳动关系；②判令A公司及B公司共同向李某支付2018年3月7日至2018年9月6日停工留薪期间工资17748元；③判令A公司及B公司共同向李某支付一次性伤残补助金45722元、一次性工伤医疗补助金50802元、一次性伤残就业补助金50802元；④判令A公司及B公司共同向李某支付2018年3月6日至2018年11月1日解除劳动关系经济补偿金2219元。

关于B公司应否承担连带责任问题，法院认为：根据《劳动合同法》第九十二条的规定，用工单位给被派遣员工造成损害的，劳务派遣单位与用工单位承担连带赔偿责任。李某被鉴定为九级工伤，A公司及B公司均未为李某缴纳社会保险、未支付工伤待遇，李某遂向法院提出，因A公司与B公司均未为其缴纳社会保险和支付工伤待遇，导致其在受到工伤后无法享受工伤保险待遇，且自己受伤后A公司与B公司均未足额支付自己受伤期间的工资，故A公司应支付停工留薪期间工资、一次性伤残补助金、一次性工伤医疗补助金、一次性伤残就业补助金、解除劳动关系经济补偿金，B公司对此承担连带赔偿责任。

（2）明确被派遣员工的招聘主体

企业在使用被派遣员工前，应首先确认劳务派遣单位与被派遣员工之间已签订劳动合同，以确认他们之间已建立劳动关系。如未签订劳动合同，应督促其尽快签订书面劳动合同，并要求他们送交一份书面劳动合同至用工单位所在地劳动主管部门存档备查，避免与被派遣员工形成事实劳动关系。用工单位应尽量避免直接参与被派遣员工的招聘过程，用工单位认为确需自己出面招聘的，为避免发生招聘主体不明而带来的法律风险，应要求劳务派遣单位出具授权书，授权用工单位代为招聘，并在招聘时向应聘者出具授权书以明示派遣单位的基本情况。用工单位不可接受劳务派遣单位以辞退名义退回劳务派遣员工的请求或直接以开除和辞退名义退回劳务派遣员工。

（3）书面约定制度冲突解决办法

用工单位如果想让本单位的规章制度对被派遣员工有约束力，应当注意三点：

第一，在签订劳务派遣协议前互相告知对方乙方的规章制度，避免冲突。

第二，在劳务派遣协议中明确约定，被派遣员工应同时遵守劳务派遣单位和用工单位的规章制度，当规章制度发生冲突时，约定以某一方的规章制度为准。

第三，在劳动合同中明确约定，被派遣员工应当遵守用工单位的规章制度，用工单位可以据其规章制度处罚被派遣员工，被派遣员工因为严重违反用工单位的规章制度被退回的，劳务派遣单位有权解除劳动合同。

（4）劳务派遣协议、劳动合同约定符合同工同酬规定

虽然劳动者主张同工同酬，但在司法实践中较难获得支持，而同工同酬是《劳动合同法》明确赋予劳动者的权利。同工同酬的核心作用实际上是反歧视，从用工合规角度讲，企业应当将自主权限定在不歧视的范围内，在日常管理中注意符合同工同酬相关规定。比如，用工单位应注意劳务派遣协议、劳动合同的相关约定符合同工同酬规定，在规章制度中明确规定各个岗位的职责、薪酬发放的依据，这样如果发生同工同酬争议，用工单位举证对同岗位实行了同一套劳动报酬分配办法，相关操作都以规章制度为依据，且规章制度中有关薪酬发放制度的设计清晰合理，那么在此类案件中胜诉的可能性较大。上述做法也有利于用工单位日常有序管理，保证公平性，提高劳动者的工作积极性。

（5）规范流程摆脱逆向派遣嫌疑

要避免逆向派遣的用工嫌疑，企业要确保使用派遣的岗位符合“临时性、辅助性或替代性”原则，且在使用劳务派遣前，应先和员工解除正在履行的劳动合同，并依法办理完毕相关离职手续，包括但不限于退工、结清补偿、停保或转移社保关系等。

（6）劳务派遣员工转合同制员工时，对于工龄是否承接问题应约定清楚

企业在使用劳务派遣员工的时候为了增强员工的归属感和积极性往往会设置各种激励政策，比如，劳务派遣员工表现突出且年限达到一定标准的可以转为正式劳动合同制员工，这样的事情多见于事业单位或国有企业中。若企业打算采用这样的方式实现人才梯队建设，务必要和劳务派遣公司约定清楚，不可直接转化劳动合同主体，应引导员工先办理离职或采用竞聘上岗等方式，并和员工就工龄是否合并计算问题约定清楚，防止日后再起争议。

（三）财税问题与风险

劳务派遣用工涉及三方主体，即被派遣员工、劳务派遣单位与用工单位。从企业所得税角度来看，劳务派遣用工需分别考虑用工单位与劳务派遣单位的企业所得税；从增值税角度来看，劳务派遣单位属于一般纳税人或小规模纳税人直接导致缴纳增值税的税率不同；从个人所得税角度来看，被派遣员工的工资支付方式及支付主体决定了劳务派遣单位或用工单位谁是被派遣员工个人所得税的扣缴义务人。劳务派遣用工涉及的税务问题十分复杂，也困扰了很多企业的财务工作者、HR，稍有不慎，用工单位和劳务派遣单位就可能面临税收风险，甚至可能面临刑事风险。

1. 被派遣员工个人所得税处理不当导致的税务风险

劳务派遣单位、被派遣员工以及用工单位在个人所得税问题上如果存在处理不当的情形，则可能导致税务风险。首先，由于劳动报酬支付在实践中较为混乱，工资薪金支付方可能未履行代扣代缴义务；其次，扣缴义务人对支付给被派遣员工的劳动报酬，适用的个人所得税税目认识不清，导致适用错误的税目、扣除费用以及税率，代扣代缴错误的税额；最后，在被派遣员工负有自行申报纳税义务的情形下，其未按照法律规定的期限及地点进行纳税申报。

“金税三期”的应用与普及使发票异常的企业无处遁形，劳务派遣单位应重点关注税务合规风险，以免触碰红线，带来违法风险。

2. 增值税处理不当，企业成本增大

劳务派遣属于现代服务业，如果劳务派遣单位属于一般纳税人，采用“扣税法”，其进项发票较少，进项不能及时抵扣销项，容易造成较大的税务负担。故劳务派遣单位增值税一般纳税人税务处理具有选择权：劳务派遣单位可以按照一般计税方法计算缴纳增值税，则取得的全部价款和价外费用为销售额；也可以选择差额纳税，以取得的全部价款和价外费用，扣除代用工单位支付给被派遣员工的工资、福利和为其办理社会保险及住房公积金后的余额为销售额，按照简易计税方法用5%的征收率计算缴纳增值税。

小规模纳税人提供劳务派遣服务，可以按照财政部、国家税务总局《关于全面推开营业税改征增值税试点的通知》的有关规定，以取得的全部价款和价外费用为销售额，按照简易计税方法用3%的征收率计算缴纳增值税；也可以选择差额纳税，以取得的全部价款和价外费用，扣除代用工单位支付给劳务派遣员工的工资、福利和为其办理社会保险及住房公积金后的余额为销售额，按照简易计税方法用5%的征收率计算缴纳增值税。选择差额纳税的纳税人，向用工单位收取用于支付给被派遣员工工资、福利和为其办理社会保险及住房公积金的费用，不得开具增值税专用发票，可以开具普通发票。

3. 构成虚开增值税发票类犯罪

税收是我国财政收入的主要来源，发票是维护社会经济秩序的重要工具。《中华人民共和国刑法》中规定了虚开增值税专用发票罪以及虚开普通发票罪。虚开发票罪中的“虚开”，一般是就发票项下有无真实货物交易而言的。具体在劳务派遣用工中，有无真实应税劳务派遣业务的发生是判断劳务派遣单位是否虚开发票的主要依据之一。在司法实践中，往往从劳务派遣单位和用工单位之间是否签署了劳务派遣协议、是否存在相关劳务人员和工资单等方面判断“实际劳务派遣业务的发生”。如果不具有真实劳务派遣业务或者业务真实性不被认可，则劳务派遣单位所开具的发票应认定为虚开，劳务派遣单位可能构成虚开增值税发票类犯罪。

4. 税务风险管控建议

（1）依法代扣代缴个人所得税

如果劳动者的工资由一方支付，实际支付给被派遣员工劳动报酬的单位或个人为个人所得税扣缴义务人；如果劳动者的工资由双方支付，被派遣员工在派遣单位和用工单位两方取得了工资薪酬收入的，实际支付的单位或个人为扣缴义务人。

（2）避免触及虚开发票红线

虚开发票的行为包括：①为他人、为自己开具与实际经营业务情况不符的发票；②让他人为自己开具与实际经营业务情况不符的发票；③介绍他人开具与实际经营业务情况不符的发票。劳务派遣单位应据实为用工单位开具符合服务内容的发票，同时，用工单位同样需要注意相关风险，避免构成虚开发票的违法犯罪行为。

（3）合理运用税收优惠政策

根据国家税务总局《关于促进残疾人就业税收优惠政策相关问题的公告》第一条规定："以劳务派遣形式就业的残疾人，属于劳务派遣单位的职工。劳务派遣单位可按照《财政部 国家税务总局关于促进残疾人就业税收优惠政策的通知》（财税〔2007〕92 号，以下简称《通知》）规定，享受相关税收优惠政策。"

2020 年 1 月 1 日后，安排残疾人员就业，在企业所得税政策方面又有了新的变化，即根据财政部《关于调整残疾人就业保障金征收政策的公告》的规定，用工单位依法以劳务派遣方式接受残疾人在本单位就业的，由派遣单位和接受单位通过签订协议的方式协商一致后，将残疾人数计入其中一方的实际安排残疾人就业人数和在职职工人数，不得重复计算。

（四）合规管理工具

劳务派遣协议

甲方：（用工单位）

统一社会信用代码：

法定代表人：

联系电话：

乙方：（派遣单位）

统一社会信用代码：

法定代表人：

联系电话：

根据《中华人民共和国民法典》《中华人民共和国劳动合同法》等有关法律、法规的规定，甲乙双方就乙方为甲方提供劳务派遣服务相关事宜，根据平等互利、诚信合作的原则，经协商一致，签订本协议。

一、定义

1.1　甲方：即接受乙方派遣员工的用工单位。

1.2　乙方：即为甲方提供劳务派遣服务的人力资源公司。甲方了解并同意如服务范围涉及乙方所在地以外的地区，乙方有权委托其关联企业或其授权机构提供该地区的服务项目。乙方了解并同意关联企业或其授权机构违反本协议所产生的责任后果由乙方承担。

1.3　派遣员工系指由甲方确定并接受、与乙方建立劳动关系被派遣到甲方工作的劳动者。

1.4　总费用系指乙方按照本协议约定为甲方提供劳务派遣服务，由甲方按照本协议约定支付给乙方的各项费用之总和，包括但不限于工资、社会保险费用、住房公积金、服务费等，其中：

1.5　工资系指由乙方直接支付给派遣员工的全部劳动报酬，或由乙方委托甲方支付给派遣员工的全部劳动报酬。工资总额的组成内容按照国家规定确定。

1.6　服务费系指根据甲乙双方在本合同中约定由甲方每月按所使用乙方派遣员工的人数和收费标准向乙方支付的费用。

二、服务内容与流程

2.1　乙方劳务派遣服务内容如下：

（1）提供一对一专业的劳务派遣服务。

（2）与派遣员工签订劳动合同，告知规章制度。

（3）办理用工/录用、退工/离职手续。

（4）代为办理、开具各种证明、政审等相关事宜。

（5）提供员工办理各种手续所需资料的指南，督促员工实施。

（6）办理社会保险与住房公积金，新建/转入/转出/终止/调整社会保险及住房公积金，申请工伤认定，办理工伤待遇、生育待遇、失业待遇，经办涉及养老保险、失业保险、医疗保险、工伤保险、生育保险、住房公积金的其他服务；提供各地社会保险、住房公积金的咨询、答疑等。

（7）发放工资、代扣代缴个人所得税。

（8）办理各地劳动用工年检、社保年检等。

（9）办理员工人事档案的调集、转移、保管等事宜。

（10）办理残疾人就业保障金。

（11）处理劳动仲裁、劳动诉讼。

（12）协助甲方处理派遣员工非诉纠纷。

（13）如派遣员工在甲方工作期间其行为对甲方或相关第三方造成损失，乙方可按甲方要求协助甲方对派遣员工造成甲方或相关第三方的经济损失进行追索。

（14）提供各地有关人事和劳动管理方面的信息及最新颁布的政府政策和规定。

2.2　甲方接受乙方派遣员工，应当在派遣起始日前10日确认派遣员工的姓名、身份证号、性别、劳动合同起止日期、劳动合同工资、试用期、试用期工资、工时、社会保险与住房公积金缴纳地与基数、服务费等内容，甲方通过书面形式向乙方发出“派遣员工用工信息表”（见附件）对上述内容予以确认。

2.3　乙方根据服务项目明细与“派遣员工用工信息表”按月计算生成“付款通知单”，内容包含社会保险费用、住房公积金等代收代付费用和服务费；“付款通知单”由乙方于每月____日发出，甲方收到“付款通知单”后，应在____日内确认并在收到“付款通知单”当月____日前将当期总费用付款至乙方账户中（如遇法定节假日则提前）；甲方收到“付款通知单”后____日内如有异议，应及时向乙方提出，甲方未予确认或异议的视为甲方确认。

2.4 甲方确认每月____日发放派遣员工上一个自然月的工资（如遇法定节假日，自动提前）。甲方应在每月工资发放日前的____个工作日提供工资发放明细、支付工资给乙方，由乙方按照个人所得税法规定代扣代缴员工个人所得税。如甲方自行支付派遣员工工资的应当与乙方另行签订补充协议。

2.5 甲方收到派遣员工的解除劳动合同通知后应及时通知乙方，并提供派遣员工的书面解除劳动合同通知。不能提供的，由此产生的责任由甲方承担。

2.6 派遣员工依据《中华人民共和国劳动合同法》第三十八条的规定解除劳动合同时，甲乙双方应根据过错程度承担相应责任。

2.7 甲方应提供派遣员工在疾病、非因工负伤期间以及因工负伤、死亡、患职业病的情况下享受的国家和当地政府规定的各种待遇并经与乙方结算后由乙方发放。如派遣员工发生工伤，甲方应在知道工伤发生之时起 24 小时内通知乙方，以便乙方及时办理工伤申报事宜。若由于甲方原因，造成乙方无法办理工伤认定与理赔，甲方应当承担赔偿责任。

2.8 派遣员工患职业病或因工负伤，甲方应当承担法律规定用工单位的义务和责任。

2.9 派遣员工患职业病或因工负伤，伤残等级被评定为七级至十级的，劳动合同期满，甲方不同意继续派遣的，应通过乙方按照规定支付一次性伤残就业补助金、经济补偿等法定费用后，乙方可以与该派遣员工办理终止劳动合同手续。

三、费用及结算

3.1 服务费用从派遣员工派遣开始日所在的月份开始计算，按月计费，不足一个月的按照一个月计算，每人每月人民币____元。

3.2 如根据地方政府的规定，应于月初缴纳员工当月社会保险或住房公积金的，甲方应在乙方首次服务的当月预交下月的总费用，即两个月的总费用（当月总费用以及预付下月总费用）。

3.3　服务费属于人力资源服务营业性收费，应开具营业性发票；而工资、社保等代付费用属于代收代付费用，应根据当地税务规定开具代收代付发票。

3.4　乙方收到甲方款项后应当于____日内开具相应发票给甲方。

3.5　本协议期限内每逢一个新的社会保险、住房公积金年度，甲方向乙方支付的总费用中有关社会保险费、住房公积金的付费标准，应按照当地政府颁布的社会保险费用、住房公积金调整比例做相应的调整。

3.6　乙方收款银行账号如下：

账户名称：

开户行：

账　号：

3.7　甲方发票信息如下：

户　名：

开户行：

账　号：

纳税人识别号：

电　话：

四、甲方权利与义务

4.1　甲方有权享受本合同和附件约定的由乙方提供的服务。

4.2　甲方可以根据自身需要与派遣员工另行签订其他协议，以约定双方的权利和义务，但协议内容不得与本协议、乙方规章制度、派遣员工劳动合同相悖。

4.3　甲方有权依法制定企业各项劳动管理的规章制度，并通过一定的方式向派遣员工公示或告知，但规章制度不得与本协议、乙方规章制度、派遣员工劳动合同相悖。

4.4　甲方应按照本协议约定的服务内容和日期按时、足额向乙方支付各项费用。

4.5　甲方应严格按照法律规定合法用工，包括但不限于提供劳动条件、劳动保护和执行工时规定、加班规定、假期规定、工资支付、女职工保护规定等。

4.6　派遣员工在甲方工作期间，甲方应承担法律、法规或地方政府相关规定中有关用工单位对派遣员工所负有的义务和责任，包括但不限于工资、社会保险、住房公积金、法定福利等费用。

4.7　甲方应将本协议中直接涉及派遣员工利益的内容，向派遣员工如实告知。

4.8　甲方确认派遣员工的派遣期限与劳动合同期限一致，但不得低于二年。

五、乙方权利与义务

5.1　乙方应当向甲方提供甲乙双方约定的服务。

5.2　乙方有权对甲方侵害派遣员工合法权益的行为进行交涉并提出意见和要求。如乙方已经对甲方的违法或不合理行为提出书面意见而甲方不予采纳时，甲方应独自承担其行为引起的法律责任。在甲方不予采纳达到2次，乙方有权通知甲方解除本协议并将派遣员工撤回，甲方应承担由此给乙方造成的损失，该损失包括乙方于本协议解除后依法必须为撤回派遣员工承担的一切合理费用。

5.3　乙方应在接到甲方书面通知后，在派遣员工入职之日起一个月内订立书面劳动合同，甲方应给予相应的协助。如出现派遣员工劳动用工手续不符合规定致使无法签订劳动合同、无法缴纳社会保险、派遣员工拒绝订立劳动合同、派遣员工不提供入职所需材料、拒绝填写派遣员工登记表等情形之一的，乙方应及时通知甲方，乙方可拒绝与该派遣员工订立劳动合同，由甲方自行处理。

5.4　对甲方提出的要求存在法律风险的，乙方可进行用工风险提示，为甲方提供合理化建议。

5.5　乙方应按照本协议的约定，在收到甲方支付的总费用后，及时足额向派遣员工支付工资和相关的费用，并按照国家和地方规定及时为派遣员工缴纳社会保险及住房公积金。

六、派遣员工退回

6.1　派遣员工有《中华人民共和国劳动合同法》第三十九条规定的情形，甲方可以立即退回派遣员工，并书面通知乙方，由乙方通知派遣员工，但甲方应提供相应证据。甲方因此种情形退回派遣员工时无须支付经济补偿金。

6.2　派遣员工有《中华人民共和国劳动合同法》第四十二条规定的情形，甲方不得退回派遣员工，但有劳动合同法第三十九条规定情形的除外。

6.3　根据《中华人民共和国劳动合同法》第四十五条的规定，派遣期满时，员工有《中华人民共和国劳动合同法》第四十二条规定情形之一的，甲乙双方应依法顺延本协议期限，同时乙方应依法与员工顺延劳动合同期限，直至《中华人民共和国劳动合同法》第四十二条规定的情形消失为止。

6.4　根据《中华人民共和国劳动合同法》第四十条第一项、第二项的规定，甲方可以退回派遣员工，但应当提前三十五日书面通知乙方或提前五日通知乙方，并通过乙方向派遣员工支付相当于员工上一个月的工资。同时甲方应通过乙方向派遣员工支付经济补偿金，如发生依法需支付医疗补助费的情形，甲方还应依法支付医疗补助费。乙方可据此与派遣员工办理解除劳动合同的相关手续。

6.5　在派遣期限内，如果不符合上述条件，甲方希望退回派遣员工的，乙方可协助甲方与派遣员工进行沟通协商，甲方、乙方与员工达成一致后则甲方将派遣员工退回乙方。

6.6　在派遣期限内，如果不符合上述条件，甲方不得将派遣员工退回乙方。甲方违法违约退回派遣员工的，应当承担所有法律后果，包括但不限于：赔偿派遣员工损失；在派遣员工无工作期间，乙方继续为派遣员工缴纳社保和住房公积金并按工作地最低工资标准向派遣员工支付劳动报酬，该费用由甲方承担，每月随服务费由甲方一并支付给乙方；在劳动合同期满时员工仍然无工作的，乙方应终止劳动关系并支付经济补偿金，经济补偿金由甲方承担。

6.7 派遣员工在通过乙方派遣到甲方工作以前已经在甲方工作的（包括劳务派遣的形式）工作年限，与通过乙方派遣之后的工作年限合并计算，所产生的法律后果如经济补偿、赔偿、医疗期等由甲方承担。

6.8 派遣员工派遣期满的处理。

6.8.1 甲方应提前____日以书面形式通知乙方是否继续接受员工派遣。

6.8.2 甲方决定继续接受派遣员工派遣的，应与乙方明确员工派遣期限等内容。

6.8.3 甲方决定不接受派遣员工派遣的，甲方应按照派遣员工在甲方的工作年限，通过乙方向派遣员工支付经济补偿金，如发生依法需支付医疗补助费的情形，甲方还应依法支付医疗补助费。

七、协议变更与解除

7.1 本协议在履行中，如国家和地方新颁布了法律法规等有关规定，应以新颁布的规定为准。法律政策变化导致按本协议约定继续履行显失公平时，须按照公平原则就协议条款进行协商达成变更、补充协议，任何一方不得拒绝变更协议条款。

7.2 甲方提出解除本协议的，应当根据员工在甲方的工作年限通过乙方向员工支付经济补偿金和附加费，附加费标准为：（最低工资＋社保＋住房公积金）×（24－员工已经派遣的月数）。但员工主动解除与乙方劳动关系的除外。

7.3 甲方提出解除本协议的，总费用应当支付至最后一个派遣员工办理离职手续完毕。

八、违约责任

8.1 因任何一方违法或违反本协议约定给员工造成损失而使另一方承担连带责任时，已经承担赔偿责任的一方有权向有过错的另一方追偿。

8.2 甲方迟延支付服务费的，乙方有权按应付款的1‰/天收取滞纳金；甲方迟延支付工资、缴纳社保等的损失由甲方承担；如甲方迟延支付总费用（包括但不限于工资、社保、住房公积金、服务费等），在乙方提出支付要求后甲方在10日内仍未履行支付义务的，乙方有权通知甲方解除本协议并将员工撤回，甲方应承担由此给乙方造成的损失，该损失包括乙方于本协议解除后依法必须为撤回员工承担的一切费用。

8.3　乙方在甲方按时足额付款的前提下迟延或未足额支付工资、缴纳社会保险费、住房公积金等费用的，因此造成的法律后果由乙方承担；在甲方提出支付与缴纳要求后如乙方超过10日内仍未履行支付和缴纳义务的，甲方有权通知乙方解除本协议，乙方应承担由此给甲方及员工造成的损失。

8.4　本协议生效后，甲方擅自解除本协议的，应当承担由此给乙方造成的损失，并向乙方支付违约金，违约金的计算标准为乙方服务期限内月服务费最高金额的3倍。违约金自解除协议之日起10个工作日内付清。乙方擅自解除本协议的，由乙方向甲方支付违约金，违约金的计算标准为服务期限内月服务费最高金额的3倍。违约金自解除合同之日起10个工作日内付清。违约金不足以弥补甲方损失的，乙方应予以赔偿，由此导致的与派遣员工之间的一切费用、争议由乙方负责承担和解决。

8.5　如员工依据本协议派遣行为而发生劳动纠纷提起仲裁、诉讼，甲乙双方均负有举证责任，并承担劳动人事争议仲裁委员会和人民法院判定各方应承担的责任后果。若甲方提供的证据不能得到仲裁机构或法院的支持或未提供证据，导致乙方需要支付该员工经济补偿、代通知金、赔偿金、加班工资、应休未休年休假劳动报酬、工资、年终奖、高温津贴等费用的，甲方应承担向员工支付相应费用的责任。若乙方提供的证据不能得到仲裁机构或法院的支持或未提供证据，导致甲方需要支付该员工经济补偿、代通知金、赔偿金、加班工资、应休未休年休假劳动报酬、工资、年终奖、高温津贴等费用的，乙方应承担向员工支付相应费用的责任。

8.6　由甲方违法违规行为导致员工提起仲裁、诉讼的，经乙方提示后甲方不予改正的，甲方应当承担由此产生的相关费用，此费用包括但不限于律师费、差旅费、诉讼费等费用。

九、其他条款

9.1 甲方联系方式如下：

送达地址：

本协议负责人：

联系电话：

电子邮箱：

9.2 乙方联系方式如下：

送达地址：

本协议负责人：

联系电话：

电子邮箱：

9.3 甲乙双方应当根据本协议 9.1 条、9.2 条约定发出任何形式的文书、通知、函告、资料等，也包括协议履行期间、协议争议发生后所有诉讼、仲裁阶段的相关文书和资料，若导致相关文书或诉讼、仲裁法律文书无法实际送达，应自行承担相应的法律后果，并视为该相关文书或诉讼、仲裁法律文书已有效送达，文书退回之日即为送达之日。

9.4 甲乙任何一方如需变更本协议 9.1 条、9.2 条的内容，应提前十日向另一方发出通知，告知另一方变更后的内容，未告知的一方承担相应责任。

9.5 甲乙双方均保证自身已经披露了签署和履行本协议所应向另一方披露的全部信息，且披露内容真实、准确、无遗漏。

9.6 本协议的签署和履行不会与本协议任何一方已经签署的协议或需承担的任何义务相冲突，且不会与本协议任何一方以外的第三方形成任何法律和商业上的冲突。

9.7 本协议引起的或与本协议有关的任何争议，甲乙双方应当友好协商解决，若协商不成时，则任何一方可向被告方所在地人民法院提起诉讼，并由违约方向守约方、过错方向无过错方、败诉方向胜诉方承担由此所产生的额外费用，额外费用包括但不限于出差费、律师费、鉴定费、公告费、公证费、保全费、翻译费、执行费等费用。

9.8　本协议自____年____月____日起生效，至双方约定的解除协议的条件出现时或双方协商一致解除时或派遣员工在甲方派遣期结束时终止。

9.9　本协议附件一份。附件是本协议不可分割的组成部分。

9.10　本协议一式两份，经甲乙双方签字盖章后生效，双方各执一份，具有同等法律效力。

甲方（章）：　　　　　　　　　　乙方（章）：

法定代表人或授权代表（签字）：　法定代表人或授权代表（签字）：

日期：　　　　　　　　　　　　　日期：

附件1：　　　　　派遣员工用工信息表

序号	派遣员工姓名	身份证号	联系电话	联系地址	性别	入职年月	月工资　元	工时	劳动合同起止期	试用期限	劳动合同履行地	社会保险缴纳地	社会保险基数与比例	住房公积金基数与比例	工资开户银行	工资银行账号	乙方服务费	备注

附件 2：

退回被派遣劳动者通知

派遣单位：____

贵司派遣至我司工作的被派遣劳动者姓名：________性别：________身份证号：________，在派遣期间出现________（事实与理由）情形，我司依据《中华人民共和国劳动合同法》（或《劳务派遣暂行规定》）第________条“________”规定，于____年____月____日将被派遣劳动者________退回贵司。相关事实材料见附件，如所附材料被劳动仲裁、法院、行政执法机关认定不能证明相关事实的，由我司承担不利法律后果。请贵司根据《中华人民共和国劳动合同法》（或《劳务派遣暂行规定》）办理退回后的相关手续。

特此通知。

用工单位：____________

____年____月____日

附件 3：

协商一致解除劳动合同协议

甲方（派遣单位）：

统一社会信用代码：

法定代表人：

联系电话：

乙方（派遣员工）：

身份证号：

现住址：

联系电话：

丙方（用工单位）：

统一社会信用代码：

法定代表人：

联系电话：

根据《中华人民共和国劳动法》等有关规定，经甲、乙、丙三方平等自愿协商一致，现就解除甲乙双方劳动合同、终止乙丙双方用工关系事宜达成以下协议。

一、甲乙双方在____年____月____日签订的劳动合同于____年____月____日解除，乙丙双方用工关系同日终止。

二、甲方（或丙方）根据国家和地方有关规定，按乙方在甲方的工作年限（包括乙方在与甲方建立劳动关系前在丙方的实际工作年限）和乙方在协商解除劳动合同前12个月的月平均工资收入，支付乙方相当于____个月月平均工资收入的经济补偿金收入人民币（大写）：____元。

三、甲方（或丙方）于劳动合同解除之日支付乙方____月份的工资____元，年终奖____元，加班工资____元。

四、根据规定乙方社会保险和住房公积金缴纳至____年____月。

五、乙方应于____年____月____日前根据丙方要求完成工作交接等离职手续，归还所有属于甲方和丙方的文件、资料和财物，否则，由此造成甲方或丙方损失的，乙方将承担全部赔偿责任。

六、在乙方履行了本协议第五条约定的义务后____个工作日内，甲方（或丙方）按照本协议第二条约定的全部金额（代扣代缴个人所得税后）一次性支付给乙方。

七、乙方承诺不得披露、使用或者允许他人使用甲方及丙方的商业秘密，不从事任何损害甲方或者丙方利益和名誉的行为。

八、甲乙双方、乙丙双方别无其他争议，乙方承诺不再对本协议提出任何仲裁、诉讼申请或者其他要求。乙方承诺对本协议内容保密，若乙方泄露本协议任何部分的内容，乙方须将第二条约定的全部费用返还丙方。

九、本协议一式三份，经甲、乙、丙三方盖章签字后即日生效，甲、乙、丙三方各执一份，具有同等法律效力。

甲方（公章）：（派遣单位）　　　　乙方（签字）：（派遣员工）
法定代表人或授权代表（签字）：　日期：
日期：

丙方（公章）：（用工单位）
法定代表人或授权代表（签字）：
日期：

第五节　外包用工与合规管理

（一）用工场景与模型

1. 用工场景

场景一：国际知名航运公司东方海外和埃森哲之间签订了外包协议。根据协议，东方海外重要的财务职能将外包给埃森哲。这个为期 8 年的合同规定今后东方海外账户资金的结存、取款、对账都由埃森哲来处理。协议做出创新力度最大的一方面是关于东方海外授权埃森哲参与其成本控制的规定，这将有利于东方海外节省财务成本，提高营收水平。东方海外认为，与埃森哲的协议是集团公司致力于财务管理流水化作业方面前进的一大步。埃森哲的介入，将有助于提高东方海外财务处理的效率，预计东方海外在未来 8 年内财务管理的费用每年递减 30%。东方海外还认为，其核心业务是物流运输，而不是财务处理，埃森哲在财务管理方面有专业特长，把集团公司的财务管理外包给埃森哲，符合市场经济比较优势的原则，同时有利于集团公司把金融管理职能全部集中到为公司创造价值的核心活动上来。埃森哲则认为凭借其优秀的操作经验、为人称道的管理流程和管理工具，将有助于东方海外缩减成本、改善现金流和提高服务品质。①

场景二：索尼在美国拥有14000名员工，但人力资源专员分布在7个地点，尽管投资开发PEOPLESOFT软件，但索尼仍不断追求发挥最佳技术功效，索尼最需要的是更新其软件系统，来缩短其预期状态与现状之间的差距。

在索尼找到翰威特之前，索尼人力资源机构在软件应用和文本处理方面徘徊不前，所有人力资源应用软件中，各地统一化的比率仅达到18%，索尼人力资源小组意识到，他们不仅仅需要通过技术方案来解决人力资源问题，还需要更有效地管理和降低人力资源服务成本，并以此提升人力资源职能的战略角色。

正是基于此，索尼决定与翰威特签订外包合同，转变人力资源职能。翰威特认为这将意味着对索尼电子的人力资源机构进行重大改革，其内容不仅限于采用新技术，翰威特还可以借此契机帮助索尼提高人力资源数据的质量、简化管理规程、改善服务质量并改变人力资源部门的工作日程，进而提高企业绩效。

在这样的新型合作关系中，翰威特提供人力资源技术管理方案和主机、人力资源用户门户并进行内容管理。这样索尼可以为员工和经理查询所有的人力资源方案和服务内容提供方便。此外，翰威特提供综合性的客户服务中心、数据管理支持及后台软件服务。

索尼与翰威特合作小组对转变人力资源部门的工作模式寄予厚望。员工和部门经理期望更迅速、简便地完成工作，而业务经理们则期望降低成本和更加灵活地满足变动的经营需求。

此项目的最大节省点在于人力资源管理程序和政策的重新设计及标准化。并通过为员工和经理提供全天候的人力资源数据、决策支持和交易查询服务，使新系统大大提高效能。经理们将查询包括绩效评分和人员流动率在内的员工数据，与先进的模式工具进行整合和分析。这些信息将有助于经理制订更加缜密、及时的人员管理决策。经理们可以借此契机提高人

① 该场景资料来源于网络信息整理。

员及信息管理质量，进而对企业经营产生巨大的推进作用。

项目启动后，索尼与翰威特通力合作，通过广泛的调查和分析制订了经营方案，由此评估当前的环境并确定一致的、优质的人力资源服务方案对索尼经营结果的影响。

索尼实施外包方案之后，一些结果已经初见成效。除整合、改善人力资源政策之外，这一变革项目还转变了索尼80%的工作内容，将各地的局域网、数据维护转换到人力资源门户网的系统上。数据接口数量减少了2/3。新型的汇报和分析能力将取代原有的、数以千计的专项报告。

从未来看，到第二年，索尼的人力资源部门将节省15%左右的年度成本，而到第五年时，节省幅度将高达40%左右。平均而言，5年期间的平均节资额度可达25%左右。

索尼现在已经充分认识到通过外包方式来开展人力资源工作的重要性，因为可以由此形成规模经济效应并降低成本。此外，人力资源外包管理将人力资源视为索尼公司网络文化的起点。人力资源门户将是实施索尼员工门户方案的首要因素之一。索尼也非常高兴地看到，通过先行改造人力资源职能来进行电子化转变。①

这是两起比较典型的外包业务场景，我们可以称为“专业的人做专业的事”，或者说“不培养专业的人也能做专业的事”。简而言之，企业需要做某些事情时，又不想通过直接用工的形式来进行，同时希望事情做得比较专业，这时候就可以通过外包的形式来进行。从人员招聘到在职培训、从薪酬福利设计到员工关系管理、从产品设计到生产制造、从产品销售到售后服务等，企业经营过程中的方方面面都可以通过外包的形式来实现。

2. 用工模型

对于图2－5分包用工模型中的各项元素，我们做如下分析。

用工单位（发包方）。将自身的业务（事务）通过承包的形式交由

① 该场景资料来源：豆丁网 https：//www. docin. com/p－1772519819. html。

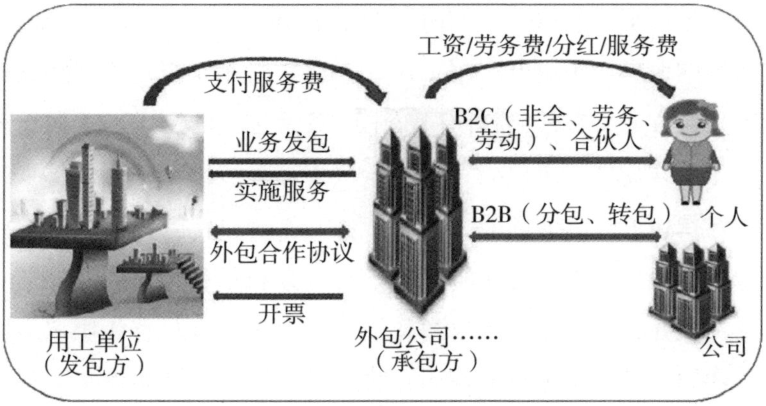

图 2－5　分包用工模型

承包方来完成，承包方的资质、业务能力、用工形式、用工风险管控能力、劳资纠纷处理能力等，往往是发包方重点关注的事项，尤其是用工风险管控能力和劳资纠纷处理能力。虽然从法律角度而言，这些属于承包方与其工作的事宜，但是会影响发包方的正常经营，甚至是品牌和社会声誉。

外包公司（承包方）。根据外包合作协议的约定完成承包的各项事务，同时享有收取外包服务费用等权利。我们观察到，实践中对于承包方而言，最大的挑战就是业务能力能否对应承包业务的需求，介入发包方业务越深需要的业务能力越强，比如，生产制造类岗位的外包，若承包方不懂生产制造的管理，显然这种外包容易滑向劳务派遣。

分包、转包。分包，就是承包方找其他人和自己一起完成承包的业务；转包，就是承包方把承包的业务转让给其他人，即把外包合作协议中的权利和义务转让给他人。承包方能否进行分包、转包，决定权在发包方，实践中，发包方一般会在承包协议中就此进行约定，当然，我们也建议就此进行约定。众所周知，中间环节越多风险就越大，对应的管控难度和成本都会增加。

个人。承包方为完成承包业务的需要组织安排的人，不同于劳务派遣法律强制规定劳务派遣单位与劳务派遣人员必须签订至少 2 年期限的劳动合同。承包方的用工形式是多样的，包括且不限于劳动合同用工、非全日制用工、劳务用工、合伙等。采用劳务派遣用工形式时，应当注意避免出现二次派遣的情形。承包方的用工形式，通常受制于发包方，实践中，关注合规的发包方通常在外包合作协议中会对承包方的用工形式做出要求和限制。用工的合规性、风控能力亦是承包方综合能力的体现，越来越多的发包方关注承包方这方面的能力。

外包合作协议。外包合作协议是指发包方和承包方之间就外包业务及服务达成一致并约定相互之间权利和义务的协议。外包合作协议应当包含哪些核心内容？从用工单位的视角，将劳动合同制、劳务派遣、外包三者相比较，劳动合同制是用自己的人做自己的事；劳务派遣是借派遣公司的人做自己的事；外包是借助承包方完成自己的事。由此可见，劳动合同制、劳务派遣，解决的是人员的问题，外包解决的是事务。从法律依据上来看，外包合作协议依据《中华人民共和国民法典》及相关法律规定来确定，而非《中华人民共和国劳动法》及相关法律规定，既然适用的法律依据明显不相同，那么，外包人员的管理形式、实践，与劳动合同制、劳务派遣亦不能相同。

发票。企业提供人力资源外包服务的，承包方应按“经纪代理服务——人力资源外包服务”科目开具发票，有以下三种发票开具方式：全额开具普通发票；分别开具增值税专用发票和普通发票；通过差额征税模块开具增值税专用发票。

（二）典型问题与风险

1. 被认定为假外包真派遣的问题

劳务外包可起到比劳务派遣更好的风险隔离效果，同时对于用工成本的降低有着更为明显的作用。但根据《劳务派遣暂行规定》第二十七条，“用工单位以承揽、外包等名义，按劳务派遣用工形式使用劳动者的，按照本规定处理”。因此，用工单位直接对外包员工进行管理，支付工资，缴纳社保等行为，极有可能被认定为劳务派遣，从而失去其优势，甚至可能面临离职员工的高额索赔。

【典型案例】 2018 年 7 月 6 日，黄某通过 A 公司招聘入职，并被 A 公司安排在与其存在外包关系的 B 公司任操作工，黄某日常接受 A 公司及 B 公司的管理，并由 A 公司安排住宿。2018 年 7 月 27 日，黄某在 B 公司处受伤，因支付医疗费双方发生争议，黄某诉诸法院要求确认其与 B 公司自 2018 年 7 月 6 日起存在劳务派遣用工关系。

法院认为，企业可以通过业务外包等方式，降低用工成本，实现工作效率的提高，但不得以“劳务外包”之名，行“劳务派遣”之实，排除自身法定责任，侵害劳动者的合法权益。

本案根据法院查明的事实可以体现出：第一，B 公司与 A 公司协议约定的“承包服务费”计算基础为劳动者每月的工时而不是工作成果；第二，B 公司对黄某直接进行工作管理、安排和指挥；第三，黄某的生产资料均由 B 公司提供；第四，黄某的工作属于 B 公司业务的组成部分；第五，A 公司负责招录黄某并进行劳动关系的管理。据此，B 公司与 A 公司签订的虽名为“劳务外包协议”，但黄某、B 公司与 A 公司的关系符合劳务派遣单位派遣劳动者、用工单位实际用工这一劳务派遣关系的特征，且 A 公司具有劳务派遣经营资质，法院依法认定，本案中黄某、B 公司与 A 公司之间系劳务派遣关系。①

综上可知，劳务外包和劳务派遣的核心区别在于对员工的管理。用工单位对劳务派遣员工可以按照本单位的规章制度进行管理，但对外包人员不能进行管理。若将外包人员按照本单位劳动合同制员工一样管理，被认定为“假外包、真派遣”的风险很大。

2. 承包方非法用工，发包方是否需要承担责任

由于劳务外包不同于劳务派遣，发包方不与员工签订劳动合同，不存在劳动关系。员工工资福利的支付应该由承包方自行承担。但是在现实中，用工单位即劳务提供商没有按相关的规定与员工签订劳动合同，员工的薪酬、社会保险、福利、安全卫生等得不到相应的保障，一旦出现问

① 案例来源于中国裁判文书网，民事判决书（2019）苏 01 民终第 1698 号。

题，员工申请仲裁，发包方不可避免地会被牵扯其中。

另外，若发包方将业务发包给自然人或没有相应资质的承包单位，不具备用工单位资质的承包人雇佣的雇员，在上下班途中受到非本人主要责任的交通事故伤害的，或者存在《工伤保险条例》第十五条规定的视同工伤的情形，发包人也应当对此承担工伤保险责任。

3. 承包企业泄露商业秘密的法律风险

承包单位和发包单位的合作，需要信息共享以便于沟通协调，通常在劳务外包中，发包方会将除了发包工程以外的一些事项告知承包方，而这些告知的信息往往可能涉及发包方的商业秘密，因此在发包合同中要明确约定承包方的保密义务，包括保密人员范围、涉密信息的范围、保密期限、违约金、损失赔偿等，加大承包方违约成本。

4. 法律风险管控建议

（1）避免被认定为“假外包、真派遣”

首先，劳务外包协议一定要具体、明确，对验收标准与验收周期要有具体的条款专门描述，同时约定操作规程、服务质量，并签署“工作任务说明书”，细化目标和任务，明确项目关键节点，建立工作内容汇报制度，确保需求一致。比如，协议名称建议为“服务外包”等，进而与劳务派遣区别开来，避免使用“派遣”等字眼。服务外包协议中，标的为“服务”，而非“人”，应当与劳务派遣严格区分，建议约定为“乙方为甲方提供……服务”，不应约定为“乙方提供人员”。

其次，服务外包协议的费用结算标准应当为服务内容完成情况（服务质量、工作量等），而不应当以服务人员的数量为标准，避免使用“元/（人·月）”的表述，也不应当有这样的表述：“服务费中包含劳动者的劳动报酬、社会保险等”。因为这可以解释为外包公司应当依法支付其人员工资、缴纳社会保险。同时避免用工单位直接向外包人员支付任何费用，减少不必要的误会。

最后，发包单位与外包公司的委托合同要合理确定具体的管理界限。避免对外包人员进行直接管理，如因基于消防、安全生产、产品服务质量、工作场所秩序等方面管理需要而对外包单位的员工行使部分指挥管理权的，在合同中明确此类管理不影响外包公司与员工的劳动关系。另外，对可能导致员工身份确认模糊的其他事项，如工作服、差旅费用报销、邮箱配置等尽量避免以用工单位的名义进行。

（2）明确外包机构的选聘指标及责任分担

对于外包方员工的劳动保护要作为一项重要指标去评定，在选择外包机构的时候应有硬性指标，前期要有书面的承诺，项目实施过程中要定期抽查。同时督促外包方为相关人员购买雇主责任险；明确承包过程中发生的人员和财产损失均由外包方自行承担。

（3）承包方要签订保密协议约定违约责任

在双方的外包协议中应当加入保护商业秘密条款，对于双方在业务合作过程中，承包方知悉的商业秘密范围要进行限定并设定保密期限以及约定违约责任。

（三）财税问题与风险

外包用工主要可分为人力资源外包与劳务外包，劳务外包模式下的发包方与承包方之间为民事合同关系，可参照“承揽合同”与之对应，即承揽人按照定作人的要求完成工作、交付工作成果，定作人给付报酬的合同关系。承揽包括加工、定作、修理、复制、测试、检验等工作。相关纳税税目主要由具体的服务性质决定，因此所涉财税问题相对比较简单，在此不再展开论述。而人力资源外包模式涉及的税务及账务处理问题十分复杂，在增值税征税范围选择上为“经纪代理服务”。纳税人提供人力资源外包服务，必须实行差额征税，这不是可选择或者不可选择的问题，差额征税是唯一选择。

纳税人提供人力资源外包服务，正确的开票方式有三种。

（1）纳税人开具全额的增值税普通发票。

（2）纳税人将代付代缴部分开具一张增值税普通发票，差额开具一张增值税专用发票。

（3）纳税人使用税控系统差额开票功能开具差额的增值税专用发票。

如果纳税人提供人力资源外包服务，未按照上述方式开票，错误地全额开具增值税专用发票，则会造成发包方增值税进项虚增，涉嫌偷税、漏税，造成国家增值税收益流失。

税务风险管控建议

人力资源外包业务涉及的增值税发票管理问题仍是税务风险重点防范领域，如果提供人力资源外包服务的纳税人只收取服务费，不提供代付代缴业务，其收取的服务费可以全额开具专用发票。外包用工模式税务合规应严格按照表2－4所列税率进行差额纳税。

表2－4　外包用工模式纳税税率

纳税人性质	计税方法	销售额	税率
一般纳税人	一般计税方式（差额）	以取得的全部价款和价外费用，扣除代为向客户单位员工发放的工资和代理缴纳的社会保险、住房公积金后的余额为销售额。可以抵扣进项税额	6%
	简易计税方式（差额）	以取得的全部价款和价外费用，扣除代为向客户单位员工发放的工资和代理缴纳的社会保险、住房公积金后的余额为销售额。不可以抵扣进项税额	5%
小规模纳税人	简易计税方式（差额）	以取得的全部价款和价外费用，扣除代为向客户单位员工发放的工资和代理缴纳的社会保险、住房公积金后的余额为销售额	3%（2020年3月1日至12月31日按1%）

（四）合规管理工具

业务外包合同

合同编号：

甲　方（发包单位）：

统一社会信用代码：

法定代表人：

联系电话：

乙　方（承包单位）：

统一社会信用代码：

法定代表人：

联系电话：

甲方因经营管理与业务发展需要，经与乙方平等协商，决定委托乙方提供业务服务。双方就业务外包合作相关事宜，依据《中华人民共和国民法典》等相关法律规定签订本合同。

一、合同期限和履行地区

1.1　本合同履行期限自____年____月____日起至____年____月____日。

1.2　本合同履行期限届满前六十日，双方应协商是否延续本合同。期限届满后双方均未提出终止意愿，且甲方仍然继续使用乙方服务的，视为双方同意以本合同约定的权利义务为条件继续延续合作关系。

1.3　本合同履行地区为：____________________。

二、业务外包基本内容和服务流程

2.1　【服务内容】乙方根据甲方的业务需要，在本合同约定范围内向甲方提供业务外包服务，业务外包的业务内容如下：

____。

2.2　【甲方提出需求】甲方应首先与乙方明确业务需求目标及具体要求，并以书面形式确认。甲方所提出的具体目标和要求应当具有客观可考量性。

2.3　【乙方响应需求】甲方将业务需求目标和对项目工作组的具体要求告知乙方后，乙方应及时回复确认能否满足。乙方确认能够满足的，应在____个工作日内开始进行业务准备工作；乙方认为甲方的需求难以满足的，应向甲方说明原因并提出合理化建议。

2.4　【项目工作组成员】项目工作组成员（以下简称“项目人员”），应当是与乙方建立劳动关系的乙方人员。

2.5　【工作组的管理】为甲方提供业务外包服务的项目工作组由乙方进行业务管理指挥，因业务所需确有必要的，甲方可以进行业务指导。甲方对项目人员进行业务指导时，不得要求其从事本合同约定范围之外的活动。

2.6 【依约付费】甲方应当按照本合同及相关约定及时足额向乙方支付服务费。

2.7 【工作组的确定】甲方认为乙方选定的项目人员不能达到业务要求的，可以向乙方提出意见，乙方认为甲方意见合理成立的，可调换项目人员。

2.8 【业务培训】____方应对业务外包服务项目工作组进行相关业务培训，具体的培训内容包括：______________________________。

2.9 【日常服务时间】乙方对其项目人员执行标准工时制，甲方需要乙方项目人员在标准工时制以外的时间加班的，由此给乙方额外增加的加班工资等人工成本由甲方承担。乙方保障其项目人员享有依法休假的权利，因甲方业务所需致使项目人员不能享受法定假期的，甲方应当承担乙方由此增加的相应成本支出（如休假期间的工资等人工成本）。

2.10 【服务质量考核】甲方可以对乙方项目工作组提出客观可行的服务质量要求，并有权根据经双方书面确认一致的服务质量标准对乙方项目工作组的服务质量进行考核。

2.11 【服务质量未达标的处理】甲方认为乙方项目工作组的服务质量未达到服务质量标准，或者项目人员不能达到甲方所需的业务要求的，应当将相关证据提供给乙方备案；被证明属实的，乙方可做出相应调整。

三、服务费及结算

3.1 【月总服务费计算方法】甲方应每月向乙方支付服务费，月总服务费由以下四项构成：

（1）项目工作组直接成本（全部项目人员的工资总额 + 全部社会保险费和住房公积金总额 + 全部福利费用总额）。

（2）业务运营费用［“项目工作组直接成本 × ____%”或按____元/（人·月）的标准计算］。

（3）其他费用：乙方因向甲方提供服务而可能发生的差旅费、市场费、违约金、经济补偿金、人员安置费及法律政策规定必须向项目人员支付的其他费用。

（4）税金及附加费（项目工作组直接成本 + 业务运行费用）×税费率。

月总服务费为前款四项之和：项目工作组直接成本 + 业务运营费用 + 其他费用 + 税金及附加费。

3.2　【计费周期】月总服务费的计算周期为____。

3.3　【结算流程】甲方应在每月____日前将当月的____项目人员服务时间统计表、项目工作组考核表等资料交给乙方，乙方在收到上述资料后应对相关内容进行核实确认。乙方确认上述资料内容无误的，应据以核算月总服务费并制作付款通知单交予甲方。甲方应在每月____日前根据付款通知单将当月的服务费预付至乙方账户。预付费用与实际发生费用有差异的，双方在次月调查，多退少补。

3.4　【收款账户】乙方收款账户信息为：

户　名：

开户行：

账　号：

3.5　【财务票据】乙方在收到甲方全部服务费____日内向甲方出具相应的增值税专用发票。

甲方发票信息为：

户　名：

开户行：

账　号：

纳税人识别号：

电　话：

3.6　【税费承担】本合同应纳税金的税种和税率以有关税务法规或税务机关的核定为准；履行本合同的税金及附加费由甲方承担。

四、违约责任

4.1　【违约责任】任何一方不履行合同义务或者履行合同义务不符合约定，给对方造成损失的，损失赔偿额应当相当于因违约造成的损失，包括合同履行后可以获得的利益，但不得超过违反合同一方订立合同时预见到或者应当预见到的因违反合同可能造成的损失。

4.2 【乙方责任】乙方未履行本合同约定义务，应承担由此给甲方造成的损失。

4.3 【逾期付款】甲方无正当理由未及时、足额向乙方支付服务费的，除足额支付外，还应按应付款金额____%的标准每日加付违约金。甲方延迟支付服务费超过____日的，乙方有权即时解除本合同。

4.4 【违约强令责任】甲方要求乙方调换项目人员的理由须符合双方达成的约定或相关法律的规定。甲方无合约合法理由，强令项目人员超出约定范围工作或者强令其停止工作的，甲方应承担由此引发的不利后果。

4.5 【聘用禁止】在本合同有效期限内及履行完毕后一年内，甲方不得以任何形式聘用、雇佣或通过其他第三方机构间接使用乙方项目人员，如有违反，甲方应按每人____元的标准向乙方支付违约金。

五、其他

5.1 【保密】甲乙双方应对获知的对方商业秘密和保密信息负保密义务，未经对方书面同意，不得将对方的商业秘密和保密信息用作他用。保密信息包括但不限于本合同报价、合同文本、合作资料、技术资料及项目人员的基本信息等。

5.2 【权利义务转让禁止】未经对方的许可，任何一方不得将其在本合同约定范围内的权利或义务转让给第三方。

5.3 【预防性责任概括】任何一方因其行为不当，致使对方或对方工作人员的合法权益受到损害的，均应承担相应的法律责任。

5.4 【档案保存】甲乙双方应当将履行本合同过程中形成的各种文件资料、数据档案、电子信息等保存至少2年以上备查。

5.5 【合同协商变更与解除】甲乙双方协商一致，可以以书面形式变更或解除本合同。

5.6 【争议管辖】因履行本合同发生争议，协商不成的，任何一方可向人民法院提起诉讼。

5.7 【未尽事宜】本合同未尽事宜，双方可另行商议并以补充协议的形式书面确认。

5.8 本合同自双方签字盖章之日起生效，一式____份，双方各执____份。

甲方（盖章）： 乙方（盖章）：

法定代表人或授权代表签字： 法定代表人或授权代表签字：

____年____月____日 ____年____月____日

补充协议

甲方：

统一社会信用代码：

法定代表人：

联系电话：

乙方：

统一社会信用代码：

法定代表人：

联系电话：

一、甲乙双方于____年____月____日签订了期限自____年____月____日起至____年____月____日的“业务外包合同”（以下简称“主合同”），经双方协商，对主合同做如下补充和变更。

二、乙方仅为甲方提供代为办理入、离职手续、签订劳动合同、缴纳社会保险等基础人事外包服务，主合同第2.1条中的其他相关服务内容改由甲方自行完成。

三、为甲方提供业务外包服务的项目工作组成员（以下简称“项目人员”）由甲方自行寻找并甄选确定，甲方确定人选后通知乙方。对于符合乙方入职条件的人选，乙方在____个工作日内为其办理劳动关系的相关手续，并安排该人员作为项目人员为甲方服务；对于不符合乙方入职条件的人选，乙方有权不予为其办理劳动关系的相关手续，甲方不得通过乙方使用该人员。

四、乙方对其项目人员执行标准工时制，甲方需要乙方项目人员在标准工时制以外的时间加班的，由此给乙方额外增加的加班工资等人工成本（如加班费等）由甲方承担。甲方需要项目人员实行特殊工时制的，甲方应向劳动行政部门申请特殊工时制审批，乙方可给予必要的配合，甲方经申请特殊工时制审批并获许可后方可要求项目工作组实施特殊工时制。

五、乙方保障其项目人员享有依法休假的权利，因甲方业务所需致使项目人员不能享受法定假期的，甲方应当承担乙方由此增加的相应成本支出（例如，休假期间的工资等人工成本）。项目人员依法休医疗期病假、婚丧假、产假、年休假、工伤（职业病）医疗期的，休假期间的工资、社保、住房公积金等其他法律政策规定应支付的福利待遇，均由甲方承担。

六、如项目人员在为甲方服务期间患职业病或者发生因工伤亡事故，甲方应按法律规定及当地相关标准承担职业病及工伤治疗休养期间的工资、社会保险、住房公积金以及工伤保险支付范围之外的其他相关费用。工伤鉴定后，对于一级至六级伤残的人员，甲方应将该人员转为甲方正式工作人员并留用至其退休；七级至十级伤残的人员，该人员的劳动合同期满或经其本人自愿提出离职的，甲方可以不再继续留用。甲方还应当按照《工伤保险条例》的规定承担由此给乙方增加的其他费用支出，例如需支付工伤人员的一次性伤残就业补助金等。

七、甲方应当按照相关法律规定足项足额承担项目人员的社会保险费和住房公积金等费用，如甲方未依法足项足额提报缴费数据资料和承担缴纳相关费用，由此产生的纠纷和不利后果均由甲方承担。如项目工作人员需将人事档案存放到乙方集体户里，甲方需另行支付乙方存档费，存档费标准为每人每月____元。

八、项目人员在为甲方服务期间被证明存在《中华人民共和国劳动合同法》第三十九条和第四十条第一项、第二项规定的情形的，甲方可将该人员退回乙方，并将相关证据提供给乙方备案。甲方以项目人员存在《中华人民共和国劳动合同法》第四十条第一项、第二项情形为由将人员退回的，应提前35日书面通知或者额外支付1个月工资，并承担《中华人民共和国劳动合同法》规定的经济补偿金。

九、除双方另有约定的情形外，甲方不得将项目人员退回乙方。否则，由此引发的纠纷和不利后果（包括但不限于乙方与被退回的项目人员维系劳动关系期间的工资、社保、公积金；解除或终止劳动合同的经济补偿金或赔偿金等）均由甲方承担。由于甲方原因引发劳动争议的，甲方应承担举证责任，并承担由此引发的不利后果或实体责任；如乙方先行向项目人员承担了相关责任的，有权向甲方追偿。

十、项目人员有《中华人民共和国劳动合同法》第四十二条情形之一的，甲方不得以《中华人民共和国劳动合同法》第四十条情形或者服务使用期限已满为由将该人员退回乙方，甲方应当留用该人员直至《中华人民共和国劳动合同法》第四十二条所列情形消失，且不以主合同是否存续为限。

十一、甲方提出解除主合同及本协议，或者主合同期满终止，或者项目人员劳动合同期满终止，或者由于甲方原因导致劳动合同解除或终止违法的，甲方应当按照《中华人民共和国劳动合同法》等相关规定的标准承担项目人员解除或终止劳动合同的经济补偿金或赔偿金。

十二、甲方主张项目人员已向甲方提出辞职等事由要求退工、或提出要求乙方给该员工办理社保公积金减员手续等其他事务的，甲方应当向乙方提供该员工的辞职手续或其他相关事由的证明，如果甲方不能提供该员工辞职手续或其他事由的相关证明导致后续与员工发生劳动争议的，由甲方承担由此给乙方造成的不利后果和赔偿费用。

十三、如甲乙双方协商一致由甲方直接向员工支付工资的，甲方在支付之后应向乙方提供员工的工资支付明细清单和支付凭证，以便乙方留存备查。

十四、如甲乙双方合作关系解除时项目人员的劳动合同期限未满，甲乙双方共同协作以下列三种方式安置项目人员。

（1）甲乙双方协作将项目人员的劳动关系转移至甲方或者甲方的下一任外包合作单位。

（2）对于无法进行劳动关系转移的项目人员，甲乙双方共同协作与项目人员协商解除劳动关系，甲方承担应向项目人员支付的解除或终止劳动合同的经济补偿金。

（3）对于既无法转移劳动关系也无法协商解除劳动关系的项目人员，甲方应承担甲方退工后乙方依法与该员工维系劳动关系期间的最低工资、社保和住房公积金费用，直至该人员再次被安排工作任务或劳动合同期满终止，若劳动合同期满终止，依照法律规定需要支付经济补偿金的，甲方按照该项目人员为甲方工作的年限向乙方支付该人员的解除劳动合同的经济补偿金。

十五、如项目人员属于应享受相关法律政策规定的其他福利（例如高温补贴、医疗补助费、独生子女费、煤火费、一次性伤残就业补助金等）的范围，则由甲方承担支付。乙方项目人员因出差产生的差旅费、住宿费、出差补助等费用亦由甲方承担。

十六、对于在甲乙双方签订本合同前就已经在为甲方提供服务，而后将劳动关系转签至乙方的项目人员，甲方认可其工作年限应当合并计算；在乙方与该项目人员解除或终止劳动关系时，甲方应当按照该项目人员合并计算后的工作年限承担乙方与该项目人员解除或终止劳动关系的经济补偿金或赔偿金。

十七、甲方每月____日前向乙方提供人员增减情况及当月总人数。甲方未按约定日期及时向乙方提供人员增减情况致使当月多发生或少缴纳社保、公积金等相关费用的，由甲方承担。

十八、如遇法律规定或政策调整、社保或住房公积金缴费基数或缴费比例上调，致使乙方服务成本上升的，甲方同意乙方对服务费做出相应幅度的上调。

十九、甲方允许乙方根据自身经营战略需要将主合同及本协议的部分义务另行委托第三方完成，但乙方应就第三方的完成结果对甲方承担连带责任。

二十、为保障乙方能够及时足额向项目人员支付工资、缴纳社会保险及公积金等费用，同时分摊经营风险，甲方同意在____时向乙方交付____万元作为履约保证金（履约保证金的标准或计算方法为：____________）。

履约保证金可由乙方用于以下用途。

（1）在甲方未依约及时足额支付服务费时，垫付项目人员的工资、社会保险、公积金、福利等费用。

（2）向项目人员支付应付的经济补偿金、赔偿金、一次性伤残就业补助金及法律政策规定的其他费用。

（3）充抵甲方应付乙方的服务费、违约金。

二十一、履约保证金多退少补。合作期间内履约保证金发生实际支付的，甲方应在次月及时补足；合作终止后，乙方应当无息返还甲方。

二十二、乙方对甲方交付的履约保证金必须专款专用，不得挪作他用。

二十三、本协议未做增补或变更的约定，仍以主合同为准；本协议与主合同约定不一致的，以本协议为准。

二十四、本协议自双方签字盖章之日起生效，一式____份，甲方执____份，乙方执____份。

甲方（盖章）：　　　　　　　　　　　乙方（盖章）：

法定代表人或授权代表签字：　　　　法定代表人或授权代表签字：

____年____月____日　　　　　　　　____年____月____日

第六节　平台用工与合规管理

（一）用工场景与模型

1. 用工场景

滴滴出行是领先的一站式移动出行和本地生活服务平台，在亚太、拉美地区为超过5.5亿用户提供出租车、快车、专车、豪华车、公交、代驾、共享单车、共享电单车、外卖、支付等多元化的服务。滴滴平台上，有数千万车主、司机及骑手获得灵活的工作和收入机会，年运送乘客超过100亿人次。滴滴出行致力于与监管部门、出租车行业、汽车产业等伙伴积极协作，以人工智能技术推动智慧交通创新，解决全球交通、环保和就业挑战。滴滴出行致力于提升用户体验，创造社会价值，建设安全、开放、可持续的未来移动出行和本地生活服务新生态。

乘客（消费者）通过一款名为“滴滴出行”的 App 发起用车的订单，司机从平台获得订单。订单完成之后，平台负责给司机完成个税申报，同时负责给乘客开具发票。在平台上接单的司机有两种类型，一类是滴滴车主，司机是车辆的拥有者，即俗称的“兼职跑滴滴的”，这类司机以跑滴滴赚外快、补贴家用为主，多是利用空闲时间兼职，在兼职时间、接单上具有充分的自主权；另一类是滴滴司机，车辆不是司机本人的，而是平台公司或者租赁公司的，车辆所有权属于公司，这类司机以全职为主，开公司的车，需要缴纳一定数额的租金，通常会与平台公司或者车辆公司之间订立劳动合同。

从企业的角度来看，企业将需求订单发布到平台，平台推送企业需求订单到个人，个人接单、完成任务，这个过程就是典型的平台用工模式。若需求订单的发布方是个人，则这个过程中并非平台用工模式，对接单、完成任务的个人而言，属于灵活就业的范畴。我们这里主要谈论的是，企业作为需求方，通过平台方，最终由个人完成需求供给的用工模式。

2. 用工模型

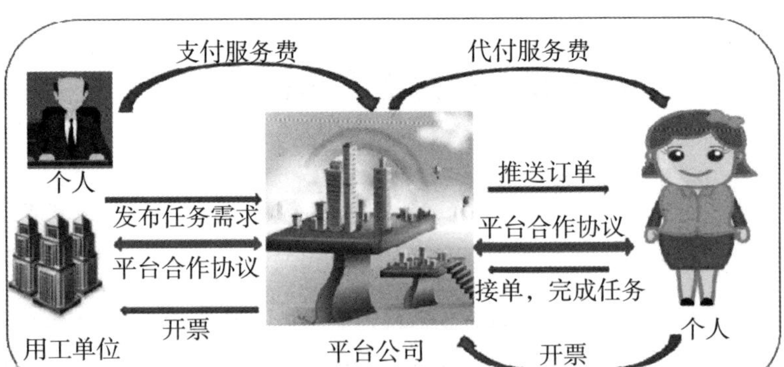

图 2 -6　平台用工模型

对于图 2 -6 平台用工模型中的各项元素，我们做如下分析。

用工单位。是平台的需求方之一，从工作内容上来看，属于独立性强、协同性弱的专业技术性工作，或者任职门槛低、可替代性强的岗位，都可以通过平台模式来实现用工需求。用工单位可以自建平台，也可以借助第三方的平台，借助第三方平台时，则需要支付服务费，第三方平台向其出具发票。

平台公司。即平台的经营方，平台是一种虚拟或真实的交易场所，平台本身不生产产品，但可以促成双方或多方供求之间的交易，收取恰当的费用或赚取差价而获得收益。平台公司承担发布、推送用工需求的任务和功能，若在这个过程中存在强制性，或者对个人具有监督、管理的功能，则容易被认定为劳动关系。

个人。通过平台实现灵活就业的劳动者，这里既有利用工作之余休息时间兼职的人员，有自由职业者，也有创业人员等。

在平台用工模式中，由平台公司代付服务费，个人向平台公司提供发票。

（二）典型问题与风险

1. 越界管理，存在事实劳动关系的风险

平台公司可能面临的最大劳动用工法律风险是被法院认定与员工之间存在事实劳动关系。实践中，法院通常根据《关于确立劳动关系有关事项的通知》（劳社部发〔2005〕12 号）（以下简称《通知》）来判断用工单位与劳动者之间是否存在事实劳动关系。《通知》第一条规定，“用人单位招用劳动者未订立书面劳动合同，但同时具备下列情形的，劳动关系成立。（一）用人单位和劳动者符合法律、法规规定的主体资格；（二）用人单位依法制定的各项劳动规章制度适用于劳动者，劳动者受用人单位的劳动管理，从事用人单位安排的有报酬的劳动；（三）劳动者提供的劳动是用人单位业务的组成部分”。

【典型案例】在田某某与北京 G 国际经济技术有限公司（以下简称“G 公司”）劳动争议一案中，北京市高级人民法院就引用了《通知》规定认定原告田某某与 G 公司之间不存在劳动关系。法院认为，其一，合同订

立方面，田某某与G公司均表示双方未签订书面劳动合同。其二，业务组成及用工管理方面，田某某通过用车平台向乘客提供用车服务，其从事的工作系平台运营商的业务组成部分，田某某主张其通过平台系统指令的派单而开展工作，每周工作七天，没有固定的上下班时间，但每天需要保持平台在线的时间段，如其该主张属实，则直接能够通过此种方式对其进行考勤管理与工作指令的为平台运营商北京D信息技术有限公司（以下简称“D公司”）。其三，经营收益及报酬发放方面，田某某通过“易到用车”平台提供运送乘客服务，乘客支付的费用进入平台，相应收益由平台运营商即D公司授意并提供账户进行提取与分配；G公司按月向田某某转账支付报酬，而田某某表示其之前并不知晓该公司，在之后诉讼中才得知系该公司为其发放工资。

从法院的分析可以看出，上述法律关系的主体均未指向G公司。相反，由于D公司通过软件平台向田某某派单，且对田某某进行考勤管理，而田某某所从事的业务是D公司业务的组成部分；D公司还对乘客支付的费用进行提取并分配给田某某，故法院倾向于认为D公司是对田某某实行实际用工管理的单位。假如本案中田某某将D公司列为第三人，法院很有可能认定田某某与D公司存在事实劳动关系。在我们所论述的专车平台模式当中，平台公司为司机提供用车，制订适用于司机的各项制度，对司机实行用工管理，甚至向司机发放报酬，而司机从事的业务恰恰属于专车平台公司业务的组成部分。故根据《通知》第一条的规定，专车平台公司很容易被法院认定与司机存在事实劳动关系，进而将导致专车平台公司承担用工单位的相应法律责任。

通过案例我们可以得知，如果平台公司在用工的过程中参与了管理并且将平台公司的规章制度应用到员工身上，认定事实劳动关系的风险很大。一旦认定双方存在劳动关系，则平台公司需要承担劳动用工下的所有用工单位义务，最突出的就是未签订书面劳动合同赔偿二倍工资、不按时为劳动者缴纳社会保险及住房公积金，需要补缴及承担行政处罚责任，如因未缴社会保险给员工造成损失的，还需向劳动者支付经济赔偿。如果劳动者主张未能享受养老、医疗、工伤、失业、生育等保险待遇的损失，全部费用需由用工单位承担。其中也包含了养老金、医疗费用、住院费用、伙食费、营养费、护理费、误工费、失业补助金、伤残津贴、伤残补助金、伤残就业补助金等。

2. 接单员在接单过程中造成第三方损失，谁来赔偿的问题

该问题主要集中在外卖骑手当中，以交通事故引发的赔偿纠纷为例，根据《中华人民共和国民法典》的相关规定，用工单位的工作人员因执行工作任务造成他人损害的，由用工单位承担侵权责任。目前司法实践当中对该类案件的处理，通常只要认定平台对外卖员存在事实上的使用关系，外卖员确系执行工作任务，即使双方没有签订劳动合同，平台也应承担相应的侵权责任。

【典型案例】2018 年 7 月 1 日 11 时 50 分，在昌平区太平庄东一路太平庄中二街口北 300 米处，宋某骑电动两轮车由北向南超车时，车辆右前部将由西向东步行的李某刮倒，致使李某受伤。事故经北京市公安局公安交通管理局昌平交通支队沙河大队出具简易程序处理交通事故认定书认定宋某负全部责任。事故发生当日，李某至北京市昌平区天通苑中医医院住院治疗 11 日，诊断为右侧桡骨远端闭合性骨折。李某自行支付医疗费 21672.58 元。经鉴定，李某因交通事故致右侧桡骨远端闭合性骨后遗右腕关节活动受限；误工期评定为 120 日、护理期评定为 60 日、营养期评定为 90 日。

李某向北京市昌平区人民法院提起诉讼，请求判令：①被告某扎斯公司赔偿原告截至定残日的医疗费 21672.58 元、住院伙食补助费 1100 元、营养费 9000 元、护理费 9000 元、误工费 60000 元、伤残赔偿金 135980 元、精神抚慰金 20000 元、交通费 1200 元、鉴定费 3150 元，以上费用共计 261102.58 元；②本案诉讼费由被告拉扎斯公司承担。

李某认为：由于宋某通过某扎斯公司经营的外卖平台接送外卖订单，事故发生时，宋某身穿该公司平台衣服，是履行职务行为，应由某拉斯公司承担责任。

宋某认为，自己是平台送餐骑手，某扎斯公司为其发放工资，也是该公司招聘过来的，事故发生在送外卖途中，属于职务行为，应由某扎斯公司承担责任。

某扎斯公司辩称：不同意原告的全部诉讼请求。宋某与该公司不存在劳动和劳务关系，公司未对宋某进行过任何形式的管理，也从未向其发放过工资报酬，因此宋某在事故发生时的行为并非职务行为，所以公司不同意承担赔偿责任。公司作为平台提供商，仅仅为骑手、商户和买家提供平台服务，既不是侵权人也不是宋某的用工单位，没有承担补充替代责任的法律依据。

经法院审理查明：宋某称其通过某 App 自行注册成为平台骑手。事故发生时，其从昌平区东小口镇天通苑东三区 2 号商业楼 4 层美食城多家商户取餐，后在配送过程中发生交通事故。其工作时身穿统一的印有平台标识的工作服，送餐箱也有平台的标记。宋某在每日接单前，必须投保网络平台配送人员意外险（该网络平台为某扎斯公司开发的网络平台）。

北京市昌平区人民法院认为，公民的生命权、健康权、身体权依法受到法律保护。此次交通事故经认定宋某负全部责任。现宋某在事故发生时身穿印有送餐平台标志的背心，使用印有该平台标志的餐箱并从 App 接单，在送外卖过程中发生交通事故。从宋某送餐过程可以看出，宋某系接受某扎斯公司的指令从事送餐业务，根据现有情况可以认定宋某事故发生时系为蜂鸟众包的经营者某扎斯公司工作。故就李某的损失，应由某扎斯公司承担赔偿责任。

3. 法律风险管控建议

平台企业要规避相关法律风险，最重要就是要规避劳动关系认定中的“用工单位依法制定的各项劳动规章制度适用于劳动者，劳动者受用工单位的劳动管理，从事用工单位安排的有报酬的劳动”这一条款，企业可以将该条款分解为以下三条进行理解。

（1）用工单位的制度不适用于劳动者，即劳动者即使违反了规章制度也不会受到如同企业员工那样的惩罚。

（2）不对劳动者进行管理，即不对劳动者在工作时间、工作数量等方面像企业员工那样作出强制性要求，不对其劳动过程进行管理控制。

（3）不安排员工劳动，即强调劳动者可以自由安排劳动，自主决定是否接单、何时接单，在对劳动者进入平台时所签的协议中明确说明双方属于地位平等的合作关系。

现在我们可以将上述三条理解具体运用如下。

（1）在平台进入协议中明确约定该平台的商业模式是向合作方提供“技术或信息服务”。明确声明双方是居于平等地位的合作关系，而非劳动隶属关系。并且这类条款不能夹杂在繁杂的条款之中，而应如同保险合同中的关键条款那样单独列出来、加粗或加大字体进行醒目说明，并且在该网络协议签订时设置一定的阅读时间以证明“网约工”的确进行了阅读，这在法庭上向法院举证法律关系时是非常重要的。

（2）尽量避免强制派单。派单模式应当做到“网约工”可自主选择，即可自主选择是接单还是不接单、接单时间等，并且做到不予接单时对于“网约工”没有任何惩罚措施。以“好厨师”案为例，好厨师平台具有强制派单必须接受的管理要求，这就成了“网约工”主张存在劳动关系的充分证据。

（3）平台尽量以收取固定比例的技术服务费、信息服务费为宜，以证明平台只是为交易双方提供了类似于居间服务的这样一种服务。降低法律风险的最有效方式不是淡化法律关系，而是减少法律关系。将平台与用户的法律关系减少到只有一种居间关系，才能有效降低法律风险。

（三）财税问题与风险

平台模式涉及用工企业、平台公司和劳动者个人三方主体。企业作为发包方在平台公司上发包任务，将支付给劳动者个人的酬劳或（及）平台公司的服务费打包支付给平台公司，劳动者与平台公司签订服务协议，服务费一般为用工企业支付给平台的现金流的7%以上，包含平台公司向企业开具6%的增值税专用发票税点，用工企业获得平台公司开具的增值税专用发票以抵扣税费，降低企业用工成本。

1. **构成虚开增值税发票类犯罪**

当下，众多灵活用工平台向用工单位开具的增值税专用发票的内容大多为“技术服务费”，并未依据实际提供的服务内容开具对应的发票，属于明显的虚开发票的行为。依据《中华人民共和国发票管理办法》第二十二条及第三十七条的规定，为他人、为自己开具与实际经营业务情况不符的发票的，属于虚开发票行为，由税务机关没收违法所得；虚开金额在1万元以下的，可以并处5万元以下的罚款；虚开金额超过1万元的，并处5万元以上50万元以下的罚款；情节严重的，甚至可能依据《中华人民共和国刑法》第二百零五条的规定，构成虚开增值税专用发票罪。

现在一些人力资源公司、劳务派遣公司、平台公司打着“税务筹划”“灵活用工”“自然人代开”“劳务派遣”等名义混淆视听，开具发票的内容与实际从事的业务并不匹配，徘徊在虚开增值税发票的边缘，比如实际从事的员工工资代发业务，却开具技术服务费发票。部分企业的不规范行为，引起了税务机关的重视，上海查处的几家企业虚开发票的案例为很多企业敲响了警钟，比如国家税务总局上海市税务局第三稽查局对上海一家建筑劳务有限公司开展检查，发现该公司对外虚开普通发票51份，票面额累计434.48万元，对该公司处以罚款50万元的行政处罚并依法移送司法机关。因此，合法、合规才是平台用工业务发展的良道。

2. **平台委托代征资质欠缺**

依据《中华人民共和国税收征收管理法实施细则》第四十四条的规定，“税务机关根据有利于税收控管和方便纳税的原则，可以按照国家有关规定委托有关单位和人员代征零星分散和异地缴纳的税收，并发给委托代征证书。受托单位和人员按照代征证书的要求，以税务机关的名义依法征收税款”。

当劳动者直接以自然人的身份参与工作，其与平台签订服务协议，由平台依据委托代征协议向劳动者个人征收个人所得税，并于向劳动者个人发放报酬时直接扣除并代为缴纳。

但实践中很多平台往往不具有委托代征资质，根据《中华人民共和国税收征收管理法》及国家税务总局《委托代征管理办法》的相关规定，如因平台不具有委托代征资质而导致未征或少征税款的，税务机关有权按照委托代征协议书向平台按日加收少征税款万分之五的违约金。

3. 个人独资企业开户难度增大

劳动者注册个体工商户或个人独资企业，以个体工商户的名义在用工平台承接企业转包的业务，劳动者向用工平台开具增值税普通发票。该种模式下，原来的B2B2C转变为B2B2B，形成三方合作关系。此时个体工商户若满足小规模纳税人的认定条件，即可适用小规模纳税人的增值税优惠政策。但是目前个人独资企业开户难度增大。

4. 税务风险管控建议

（1）平台公司应依法办理委托代征资质

用工单位在平台发布任务，灵活用工人员抢/接任务并实际服务后确认完成，平台公司确认工作量并生成支付账单，平台公司代征个人所得税，一定程度上解决了税务机关征收难的问题。用工平台从事委托代征业务，应依据《委托代征管理办法》第十条、第十一条的规定，与税务机关签订“委托代征协议书”，由税务机关向代征人发放“委托代征证书”，并公告代征人的委托代征资格和“委托代征协议书”的内容（包括委托代征的范围、期限、税种及税率等事项）。

随着时间推移和业务量的增加，委托代征资质审核将趋向严格，标准也会提高，平台公司应尽早办理相应资质。

（2）个人独资企业注册“擦亮眼睛”

当下各种园区招商力度十分强大，给出的税收优惠政策力度同样十分强大，拟进驻企业应重点关注税收优惠政策的可持续性以及地方政府的诚信度，防止出现相应法律风险；另外，园区业务的合规性以及是否符合国家法律政策规定需要参与者擦亮眼睛。

（四）合规管理工具

共享经济平台信息服务合同

甲方：（发包方）

法定代表人：

乙方：（平台方）
法定代表人：

甲方是在中国境内依法注册成立且合法存续的企业，因业务发展需要，甲方需要与众多个体经营者建立合作关系，由众多个体经营者向其提供相关服务。

乙方是在中国境内注册成立且拥有相关资源的企业，能够运营个体经营者共享经济信息服务平台即“________”平台（以下简称“共享平台”），根据本合同约定接受甲方委托为其提供共享经济综合服务，包括但不限于为其筛选适合的个体经营者并接受甲方委托向个体经营者支付相应经营收入，并完成个体经营者个人所得税税款的缴纳等服务。

根据《中华人民共和国民法典》及国家相关法律、法规之规定，本着平等、自愿、诚信的原则，甲乙双方经友好协商一致，达成本合同，共同遵守。

一、词语含义

1.1 个体经营者：是指自我雇佣、自我管理、自担成本、自负盈亏，通过自己的劳动力、工具设备以及专业技能等在乙方共享平台上注册且符合共享平台的真实性认证与核查要求、独立承接并完成甲方服务任务，具有独立的经营行为能力，为甲方提供合法合规经营服务而获取经营收入的个人。个体经营者与甲方、乙方系法律上平等的民事主体，不具有任何形式或实质上的劳动关系、雇佣关系。

1.2 共享服务：是指乙方借助互联网科技、发挥共享经济优势、整合企业与个体资源配置，建设互联网劳动力共享平台，促使人力资源与企业需求进行匹配，最大限度地发挥个体经营者的经营积极性，最大程度地满足甲方服务任务的需求，专注于核心业务的发展，提高甲方的核心竞争力，为甲方同时为个体经营者创造更高效益、更快效率的系统服务。

1.3 服务费用：是指基于乙方向甲方提供了本合同约定的共享服务，

甲方向乙方支付的金额，其中包括甲方委托乙方向个体经营者支付的经营收入与甲方向乙方支付的平台服务费。服务费已经包含了乙方应按照国家税收法律法规缴纳的增值税以及增值税附加税。

1.4　经营收入：指个体经营者从事生产经营活动而取得的收入。根据个体经营者完成的服务任务，由共享平台计算并经甲方确认的，应由甲方委托乙方向个体经营者支付的报酬。本合同经营收入已经包含个体经营者应按照国家税收法律法规缴纳的个人所得税。

1.5　平台服务费：乙方根据本合同约定通过共享平台为甲方提供的共享经济服务，甲方应向乙方支付的金额，在乙方收到甲方的服务费用中扣除乙方向个体经营者支付的经营收入后的剩余金额。

1.6　共享平台：是指乙方开发并运营的专门用于企业共享经济服务的综合管理系统（包括但不限于网站、App、小程序或其他形式），其中系统功能包括但不限于信息透传、业务鉴权、账务管理等，实际以甲方依据业务需要开通相应功能。平台网络支付功能由其他第三方支付服务机构提供。

二、共享服务

2.1　甲方入驻共享平台通过共享平台发布服务任务，由甲方自行选定并由甲方最终确认的个体经营者接受服务任务并为甲方提供相应服务。

2.2　基于甲方自身服务任务需求，乙方为甲方提供共享服务，通过共享平台筛选、匹配适合的个体经营者，向个体经营者告知服务任务内容、任务要求、验收标准等，并根据个体经营者任务完成的数量和质效核算、支付个体经营者的经营收入。

2.3　乙方为甲方开通共享平台账户并授予甲方使用共享平台的权限，共享平台基本功能以共享平台实际提供的为依据。

2.4　由于共享平台本身技术的局限性，共享平台实际使用情况可能与甲方预期有所差异，甲方对此予以认可。甲方应按照共享平台各页面的提示进行操作，若甲方未遵从本合同或共享平台相关页面的说明、提示、规则等，则乙方有权拒绝为甲方提供相关服务，且乙方免于承担违约或损害赔偿责任。甲方在使用平台的过程中可能涉及系统审核、人工审核等过程，甲方接受该类过程可能产生合理时间的延迟。

2.5 共享平台并非银行，本合同项下涉及的资金转移均通过银行等金融机构来实现，甲方予以认可并接受资金在转移途中产生的合理时间延迟。

2.6 对于本合同项下的任何服务，乙方均不向甲方提供担保与垫资。

2.7 对于甲方已经支付至共享平台的款项，不同于银行存款，不产生存款利息，乙方应按照法律法规规定、有关机关的监管要求以及本合同的约定进行管理和使用。

2.8 甲方有权在共享平台上查询、核实为其服务的个体经营者的有关账户、经营明细、经营收入、个人所得税等记录，如有异议，可向乙方或个体经营者提出。

三、甲方权利和义务

3.1 甲方遵守共享平台规则，并遵守共享平台定期、不定期发布的所有平台使用规则，有权根据本合同及共享平台规则，利用共享平台发布真实、准确、有效且符合法律规定的服务任务需求信息，查询甲方信息及注册个体经营者公开信息、自主确认乙方组织匹配个体经营者的类型、自主选定个体经营者、自主确定具体服务事项以及服务方式，参加共享平台有关活动，并享受共享平台提供的其他有关资讯及信息服务。

3.2 甲方有权根据服务任务及个体经营者服务结果确认服务任务完成情况，如实生成服务任务结算单，并对其真实性、准确性和完整性负责。自主决定是否终止与个体经营者的服务及是否暂停个体经营者的费用结算，如因此产生争议纠纷的，由甲方与个体经营者自行处理并承担最终责任，与乙方无关。

3.3 甲方应当在共享平台上发布服务任务，服务任务发生变更的，应在____个工作日内及时通知乙方。甲方不得发布保险营销、证券经纪、药品销售及医疗器械销售、建筑施工、采矿、代销货物等商品和服务任务。甲方发布的服务任务不得违反法律法规及社会公序良俗（包括但不限于有伤社会风化、有损公民身心健康与安全的行为，如传销、赌博、暴力、淫秽、恐怖行为等）。

3.4　甲方不得利用共享平台从事违反法律及行政法规等的行为（包括但不限于涉嫌洗钱、偷税、漏税、逃税）及其他不得使用乙方服务的行为，相关国家机关介入调查时，甲方及有关人员须应要求予以协助并如实反映情况，不得阻挠、拒绝调查。

3.5　甲方应当本着乙方利益最大化的原则，勤勉履行本合同，维护乙方形象，不得损害乙方的合法权益。

3.6　甲方应按照个体经营者的经营收入支付标准，将相应数据等信息上传至共享平台指定位置，同时应按时、足额将平台服务费一并支付至指定账户。若甲方未按时、足额支付乙方服务费的，乙方有权直接停止履行向个体经营者支付经营收入等义务，由此导致个体经营者未能收到经营收入的责任，应由甲方自行承担。

3.7　甲方应保证由甲方确认的个体经营者仅限于从事合法合规生产经营活动的个人，不属于以下任何情形。

（1）军人、公职人员等国家法律法规和纪律规定禁止从事兼职或者经商的人员。

（2）与甲方（含关联方）存在劳动关系或者劳务/雇佣关系的人员。

（3）系甲方（含关联方）的法定代表人、股东、董事、监事或者高级管理人员。

（4）甲方（含关联方）以自己名义为个体经营者缴纳社会保险与住房公积金、支付工资薪金及代扣代缴个人所得税。

3.8　甲方应自行规范其与个体经营者、甲方客户等合作方之间的交易活动和法律关系，并承担相应法律后果。乙方不承担甲方因与个体经营者、甲方客户等合作方之间的纠纷而产生的法律责任，包括但不限于劳动争议、劳务争议、民事赔偿、工伤事故、意外伤害、费用结算、人身损害、财产损失等，若乙方先行垫付上述相关费用或赔偿，则乙方有权向甲方、个体经营者或相关责任人追偿。甲方应当向乙方提供并确认真实的交易信息，包括但不限于个体经营者提供服务的内容和数量、服务报酬计算标准，且甲方应保证前述信息的真实性和准确性；乙方在履行本合同过程中发现甲方或其客户、用户、个体经营者利用乙方的服务或共享平台，进行虚构交易、虚增个体经营者服务量，或者其他为达到甲方偷税、漏税等不法目的的行为时，乙方有权解除本合同并报告有关部门，由有关部门依法处理，由此产生的相关法律责任，应由甲方自行承担。

3.9　甲方理解并同意主管税务机关及乙方可定期或不定期对共享平台上发布服务任务的运营、合法合规情况进行核查；届时甲方应配合进行业务查询、调取单据、真实性核验等工作。

3.10　甲方应限于自身使用乙方提供的共享服务，不得从事与乙方有竞争关系的业务，同时不得进行任何方式的转售或者二次销售；在签署本合同后，未经乙方同意，甲方不得与第三方达成与本合同项下服务内容相同或相似的合同，否则乙方有权解除本合同。

3.11　甲方理解并同意乙方定期/不定期对与本合同相关的业务运营、合法合规情况进行考核检查。甲方同意届时接受并配合乙方进行业务查询、通过调单核查单笔交易详情等工作。

四、乙方权利和义务

4.1　乙方遵守国家法律、行政法规等关于共享经济平台的规定，完成本合同项下约定的共享经济平台技术支持、运营、维护和服务，为甲方提供一个开放式信息发布和 SaaS 管理平台，确保共享经济平台上甲方服务任务发布等系统功能的正常运行，促进甲方服务任务的完成。

4.2　乙方为甲方与个体经营者资源进行筛选及管理、结算、支付、委托代征税费等共享经济综合服务，提供配套的管理工具及服务。乙方对个体经营者提供的书面材料进行审查，对个体经营者的身份信息进行第三方核验，个体经营者对其隐瞒真实情况、提供虚假材料等行为自行承担法律责任。

4.3　就本合同项下乙方向甲方提供的共享服务，乙方有权按照本合同约定向甲方收取相应的服务费用。

4.4　甲方发生以下情形之一的，乙方有权暂停向甲方提供服务或终止本协议并不承担违约责任，因此产生的纠纷由甲方解决，所有法律后果由甲方承担。如果因此给乙方造成经济损失（包括但不限于给乙方造成的直接经济损失、律师费、公证费、诉讼或仲裁费用、差旅费、鉴定费等），由甲方负责赔偿。

（1）甲方要求乙方暂停或拒绝向个体经营者支付。

（2）甲方未确认个体经营者完成服务。

（3）甲方未及时向乙方提交结算明细单。

（4）甲方未及时、足额向乙方支付费用。

（5）个体经营者认证不符合平台支付要求，个体经营者不符合平台真实性认证或税务部门的核查要求。

（6）甲方委托乙方向个体经营者支付的费用涉嫌违法犯罪活动的。

（7）甲方隐瞒其与个体经营者之间的交易性质或交易内容，或甲方与个体经营者之间的交易不符合委托代征的税务范畴、税目不属于“个人所得税经营所得”范畴。

（8）国家相关部门要求乙方不得支付费用的。

（9）甲方利用共享平台从事违反国家法律法规及有关部门监管规定活动。

4.5　乙方获取个体经营者的个人信息已取得本人授权同意，乙方有权为实现本协议合作目的留存并合法使用个体经营者的个人信息，乙方承诺对个体经营者所披露的个人信息进行保密，未经授权或基于合法并可执行的法律、法规、法院命令、监管机构的要求或为遵守适用法律法规、履行网络安全保护义务或应对网络安全事件的需要，乙方（含股东会、董事会、监事会成员及高级管理人员）不得将个体经营者个人信息披露给任意第三方。乙方承诺将按照相关法律法规的要求，对个体经营者个人信息履行安全保护义务，保障网络免受干扰、破坏或未经授权的访问，防止网络数据泄露或被窃取、篡改。

4.6　乙方保留对甲方与个体经营者的可疑交易、虚假交易、非法交易、高风险交易或为他人虚假交易提供服务、帮助或便利行为进行独立审查、判断和确定，并按以下情况进行处理的权利：①如果乙方发现甲方涉及可疑交易、虚假交易、非法交易、高风险交易或为他人虚假交易提供服务、帮助或便利的，乙方有权向相关国家机关报告并要求甲方及时提供所有的交易材料证明，或视情况暂停相应服务；②如遇相关国家机关的合法指示（包括查询、冻结、扣划、解冻等），乙方将依照相关国家机关的指示行事；③乙方有权上报相关国家机关，由相关国家机关根据法律法规进行处理。

4.7　乙方委托银行提供其业务管理所需的平台专户服务，保障甲方资金安全。

4.8　乙方应当本着甲方利益最大化的原则，勤勉履行本合同义务，维护甲方形象，不得损害甲方的合法权益。

4.9　对于甲方向乙方支付的服务费用，乙方根据税务规定与政策，办理涉税事务，相关税款应从甲方向乙方支付的服务费用中予以扣减。应乙方要求，甲方应确保个体经营者提供与前述事项相关的必要协助，以及真实、完整、准确并符合规定的资料和信息。

4.10　甲方确认乙方对以下事项所导致的乙方共享服务无法完成不承担责任，但乙方应当采取积极措施尽快恢复服务。

（1）共享平台维护或升级。

（2）共享平台受到计算机病毒或其他恶意程序、黑客攻击的破坏。

（3）银行或金融机构的系统故障、系统升级。

（4）甲方或乙方电脑软件、服务器、系统、硬件、通信线路、供电线路出现故障。

（5）甲方操作不当或通过非经乙方授权或认可的方式使用共享平台。

（6）甲方通过非法的方式使用共享平台。

（7）其他乙方无法控制或合理预见的情形。

五、费用结算

5.1　就本合同事项及乙方为甲方提供的共享服务，甲方应根据合同约定履行对乙方的付款义务，而乙方应根据合同约定完成对个体经营者的付款义务。

5.2　甲方作为个体经营者服务的实际使用者，应保证个体经营者可自行在甲方处查询经营收入的计算方式、支付途径、支付金额和时间等信息，且确保对个体经营者经营收入的结算真实、准确。若甲方或个体经营者对前述信息或结算结果有任何异议的，应由甲方与个体经营者重新结算，双方自行解决，乙方可予以协助，但乙方不对甲方与个体经营者的纠纷承担任何法律责任。

5.3 甲方支付乙方的服务费用每月结算一次，甲方于每月____日前向乙方支付上一个自然月的经营收入与平台服务费。甲方逾期支付平台服务费的，乙方有权按延迟付款的1‰/天收取甲方违约金。逾期10日仍然未支付的，乙方有权暂停服务或终止本协议、无须承担违约责任。甲方逾期支付经营收入的，乙方则相应延期支付个体经营者的经营收入，由此产生的争议由甲方处理并承担法律后果。

5.4 个体经营者为甲方提供相应的服务且经甲方确认后，乙方根据甲方提供的服务任务结算单，依据甲方委托与个体经营者进行每月结算支付，向甲方收取服务费用（经营收入与平台服务费）后，向个体经营者支付经营收入并代征个人所得税。

5.5 乙方按照下列比例分段累计向甲方收取平台服务费。

月经营收入____万元以下（含____万元）部分，平台服务费比例为____%；

月经营收入____万元以上至____万元（含____万元）部分，平台服务费比例为____%；

月经营收入____万元以上部分，平台服务费比例为____%。

5.6 甲方应在服务任务完成确认前或发布的服务任务期限届满前，向乙方提交准确的服务任务结算单（按共享平台样表）并向乙方支付相应的款项。乙方根据服务任务结算单扣除平台服务费后，支付经营收入（乙方代征，税后所得）给个体经营者。因服务任务结算单错误产生的后果由甲方承担，并补足乙方应得的平台服务费。

5.7 乙方收到甲方全部服务费用后____日内向甲方开具并送达增值税专用发票。

5.8 甲方发票信息如下：

户　名：

开户行：

账　号：

纳税人识别号：

电　话：

5.9　乙方收款账户信息如下：

户　名：

开户行：

账　号：

六、保密义务

6.1　甲乙双方均应对本合同所涉及的任何内容以及在执行本合同过程中对方的相关信息予以保密，任何一方未经对方许可，不得向第三方泄露、给予或转让上述内容或信息、不得将上述内容或信息用于本合同外的用途。否则，应赔偿对方因此产生的损失。但根据法律、法规、证券交易所规则向政府、证券交易所或其他监管机构提供的，则不受前述限制。

6.2　甲乙双方均保证对履行本合同过程中从对方处获取的个人信息承担保密义务，任何一方未经对方许可，不得向第三方泄露上述内容或信息、不得将上述内容或信息用于本合同外的用途。

6.3　甲乙双方均承诺对自由经营者所披露的涉及个人信息进行保密，除非经授权或基于可执行的法律、法规、法院命令、监管机构的要求或为遵守适用法律法规、履行网络安全保护义务或应对网络安全事件的需要，甲乙双方均不得将个体经营者个人信息披露给任意第三方；甲乙双方均承诺按照相关法律法规的要求对获得的个体经营者个人信息履行安全保护义务，保障网络免受干扰、破坏或未经授权的访问，防止网络数据泄露或被窃取、篡改。

6.4　甲乙双方只对必须接触或知道的员工或专业人员（包括但不限于律师、会计师、商业及其他顾问）披露相关信息，并保证本方员工或专业人员不得向第三方泄露。

6.5　以上所述信息在发生下列情形时披露，不视为违反保密义务。

（1）该信息在披露时已为公众所悉。

（2）该信息根据对方事先书面同意而披露。

（3）一方在对其有管辖权的行政、司法机构要求下而披露。

6.6 如对方提出要求，甲乙任何一方均应将载有对方保密信息的任何文件、资料或软件等，在本协议终止后按对方要求归还对方，或予以销毁，或进行其他处置，并且不得继续使用这些保密信息。

6.7 保密期为本合同有效期内及合同期满、终止或解除后甲乙双方一直均有保密义务。

6.8 甲乙任何一方违反保密义务而造成权利人或第三方损失的，应由该方自行承担相应法律责任。若任何一方违反保密义务而造成本合同相对方损失的，包括但不限于经济损失、声誉损失，则由该违约方向守约方承担赔偿损失的责任。本条款为独立条款，违反保密义务所产生的违约责任与本合同的其他违约责任可一并主张，并不重叠。

七、合同协商、解除与终止

7.1 经甲乙双方协商一致，可以变更、解除或终止本合同，但应以书面形式并经各方确认。

7.2 约定或法定合同解除条件未形成的情况下，甲乙任何一方均不可单方解除本合同。除非约定或法定合同解除条件已形成的情况下，守约方有权单方解除本合同或要求违约方继续履行，否则必须经过双方协商一致后方能解除本合同。

7.3 乙方丧失委托代征资格，无法完成委托代征的，则本合同终止。

7.4 乙方出现下列情形之一的，甲方可以随时解除本合同，并有权要求乙方承担相应违约责任，赔偿相应损失。

（1）乙方未按约定向甲方开具相关发票，且经甲方书面通知后 30 个自然日内（含）未纠正的。

（2）因乙方宣传过失，给甲方造成严重负面影响，致使甲方社会评价严重下降的。

（3）乙方破产或被吊销营业执照的。

（4）其他乙方拒绝或未能履行本合同所约定的其应履行的职责、义务的，且经甲方书面通知后 30 个自然日内（含）未纠正的。

7.5 甲方出现下列情形之一的，乙方可以随时解除本合同，且有权要求甲方承担相应违约责任，赔偿相应损失。

（1）甲方安排的服务任务或安排个体经营者从事的活动违法违规、损害社会公共利益、有损社会公序良俗、有损公民身心健康与安全，或者严重损害乙方利益。

（2）甲方未能按时、足额支付服务费用的，经乙方书面通知后30个自然日内（含）未改正。

（3）甲方选定的个体经营者不符合税务部门或乙方的身份真实性核查要求，或者甲方拒绝配合税务部门、乙方对其进行身份核查。

（4）甲方与个体经营者不存在真实交易，或隐瞒交易性质。

（5）因甲方的宣传过失，给乙方造成严重负面影响，致使乙方社会评价严重下降。

（6）甲方直接、间接或诱使其他第三方从事与乙方有竞争关系的业务或擅自将合作产品/服务转服务（转售或者二次销售）于第三方。

（7）因甲方具有本合同项下违约或违法行为导致乙方行使中止履行权，且经乙方书面通知后30个自然日内（含）甲方未能纠正。

（8）其他甲方拒绝或未能履行本合同所约定的其应履行的职责、义务，且经乙方书面通知后30个自然日内（含）未纠正。

7.6　本合同履行期限届满之前，一方明确表示或者以自己的行为表明不履行主要义务，或一方迟延履行义务或有其他违约行为致使不能实现合同目的，另一方可以单方解除本合同。

7.7　因不可抗力因素致使无法实现合同目的，任何一方可以终止或解除本合同。不可抗力因素指不可抗力或其他不可归因于甲、乙任何一方的情形，包括但不限于重大自然灾害、重大疫情、政府管制、网络故障、通信故障、停电、黑客或病毒侵袭、信息网络设备维护、电脑、通讯或其他系统的故障、社会事件等。但受到不可抗力事件影响的一方应尽可能在最短的时间内通过书面形式将不可抗力事件的发生通知对方，并尽快提供相关证明。

7.8　如因国家政策或政府部门政策变化而调整应税税目和税率的，甲乙双方应当协商调整基础服务费，30日内协商不成的则本合同终止。

八、违约责任

8.1 本合同对甲乙双方均有约束力和可执行力。若任何一方不履行或不完全履行其在本合同项下之义务或责任，应视为违反本合同，由该违约方赔偿守约方因该违约而遭受的经济损失及维权费用（包括但不限于诉讼或仲裁费用、律师费、差旅费、鉴定费、公证费等合理费用）。

8.2 甲方不论采取何种方式非法获取乙方共享平台系统数据、利用乙方共享平台谋取不正当利益或从事非法活动，乙方有权追究甲方的法律责任。乙方有权对甲方是否涉嫌违反本合同之约定做出认定，并根据认定结果中止、终止向甲方提供服务或采取其他限制措施且不承担违约责任。

8.3 乙方因以下情形不能为甲方提供共享服务的，不应视为乙方违约，乙方不承担任何责任。

（1）甲方未按时、足额支付乙方服务费用的。

（2）甲方未按照共享平台有关规则、流程规范等要求操作与执行。

（3）不可抗力或其他不可归因于乙方的情形，包括但不限于重大自然灾害、重大疫情、政府管制、网络故障、通信故障、停电、黑客或病毒侵袭等。

（4）因国家相关主管部门颁布、变更的法令、政策（包括但不限于监管机构向乙方出具的，要求停止或整改本合同约定的业务的书面通知、调整乙方相应经营资质或权利等）导致乙方不能提供约定服务。

（5）乙方不具有当地税务局委托代征许可资质。

8.4 甲乙双方必须遵守国家有关法律和政策等规定，维护国家利益，保护国家安全，并遵守本合同约定，对于任何一方侵权、违法、犯罪或违反本合同而产生的一切责任，由该方自行承担。

8.5 本合同有效期限内，若甲方未能按时、足额支付服务费用，则乙方有权要求甲方承担逾期付款违约金，该违约金以甲方逾期付款金额为基数，按照1‰/日的标准计算。

8.6 若由于甲方违法、违约导致乙方遭受损失的，包括但不限于个体经营者起诉乙方、有关部门处罚乙方，甲方应当向乙方承担全额赔偿责任。

九、其他条款

9.1　甲方联系方式如下：

送达地址：

本合同负责人：

联系电话：

电子邮箱：

9.2　乙方联系方式如下：

送达地址：

本合同负责人：

联系电话：

电子邮箱：

9.3　甲乙双方应当根据本合同9.1条、9.2条约定发出任何形式的文书、通知或函告，也包括合同履行期间、合同争议发生后所有诉讼、仲裁阶段。若导致相关文书或诉讼、仲裁法律文书无法实际送达，应自行承担相应的法律后果，并视为该相关文书或诉讼、仲裁法律文书已有效送达，以文书退回之日视为送达之日。

9.4　甲乙任何一方如需变更本合同9.1条、9.2条的，应提前10日向另一方发出通知，告知另一方变更后的内容，未告知的一方承担相应责任。

9.5　甲乙双方均保证自身已经披露了签署和履行本合同所应向另一方披露的全部信息，且披露内容真实、准确、无遗漏。

9.6　本合同的签订和履行不会与甲乙任何一方已经签署的合同或需承担的任何义务相冲突，且不会与本合同任何一方以外的第三方形成任何法律和商业上的冲突。

9.7　本合同引起的或与本合同有关的任何争议，甲乙双方应当友好协商解决，协商不成时，则任何一方可向被告方所在地人民法院提起诉讼，并由违约方向守约方、过错方向无过错方、败诉方向胜诉方承担由此所产生的额外费用，额外费用包括但不限于出差费、律师费、鉴定费、公告费、公证费、保全费、翻译费、执行费等费用。

9.8　本合同有效期：自____年____月____日起至____年____月____日。本合同期满前，甲乙双方无异议的，合同自动延长一年，以此类推。

9.9　本合同一式两份，经甲乙双方盖章后生效，双方各执一份，具有同等法律效力。

甲方（章）：　　　　　　　　　　　　乙方（章）：

日期：　　　　　　　　　　　　　　　日期：

第七节　劳务用工与合规管理

（一）用工场景与模型

1. 用工场景

恒丰公司成立之初，公司办公场所的卫生，由员工轮流值日打扫，以保持办公场所的卫生环境整洁。随着恒丰公司经营规模的不断扩大，办公场地不断扩大，已经无法通过轮流值日打扫卫生的方式解决办公室卫生环境问题。公司拟招聘一名员工负责保洁工作，但工作量不足以支持招聘一名专职人员。于是恒丰公司面临以下选择：按照劳动合同用工形式，招聘一名工作人员，专职从事保洁工作；按照非全日制用工形式，招聘一名小时工；和家政服务公司合作，进行办公室保洁外包；和个人合作建立劳务承揽关系，约定清楚验收的各项标准；和个人合作建立劳务关系，一方负责保洁工作，一方结算劳务报酬。从成本、法律风险管控等角度综合考量之后，恒丰公司选择劳务关系进行用工，即与个人建立劳务合作关系，由劳务人员每天到恒丰公司打扫卫生一次，每次按照固定价格结算劳务费用。

这就是典型的劳务关系用工，在劳务关系用工中，双方的地位平等、互动关系比较简单，可以简单地理解为你个人干我需要的活，干活之后我给你结算费用。如何干？怎么干？我不做任何干预，只要把活干完即可。

劳务关系适用的范围比较广泛，既可适用于像保洁员、外卖骑手等岗位，同样也适用于技术类、专业类岗位。

2. 用工模型

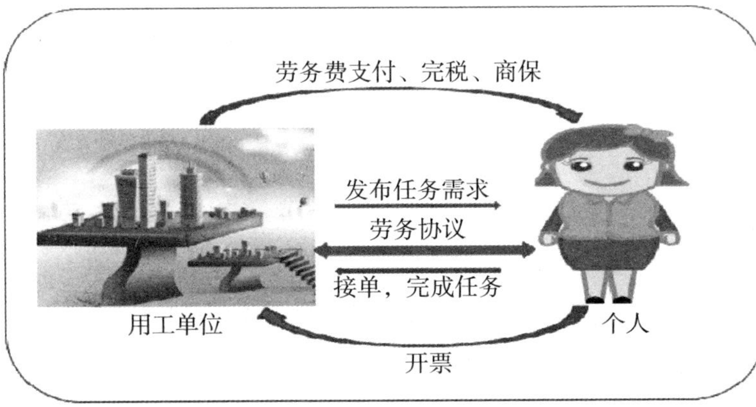

图 2 –7　劳务用工模型

对于图 2 –7 劳务用工模型中的各项元素，我们做如下分析。

用工单位。作为用工的需求方，在劳务用工模式中，处于比较简单的地位，即上述提到的“干活给钱”简单的内在逻辑关系。若用工单位需要对劳务过程进行监督管理，或者需要确定提供劳务的标准，交付、验收的标准等，则会演化成劳动关系或承揽关系等，这时候双方简单的法律关系就变得比较复杂。在劳务关系用工过程中，我们建议采用最简单的方式来管理双方之间的互动形式。

个人。作为用工需求的供给方，在劳务用工模式中，与用工的需求方法律地位是平等的，是独立、自主提供劳务服务的。

开票。在劳务关系中，用工单位向个人支付劳务费，个人可以向税务机关申请代开发票，以完成整个交易。

（二）典型问题与风险

1. 劳务关系能否约定遵守企业规章制度的问题

如前文劳务用工模型所述，劳务用工有广义和狭义之分，此处讨论的是狭义劳务关系，通俗讲，就是“拿钱干活、干完就走”的用工模型。但在实践当中，很多企业混淆劳动和劳务的区别，忽略用工实践，认为与劳动者签了劳务协议，双方就是劳务关系。司法实践中，不止一家法院、一份判决书说理时强调：双方的法律关系究竟如何确定，并非当事人认为是什么就可以决定是什么的，也并非由一份协议决定的，主要还得看双方之间实际是怎样的情况，然后结合前文提到过的原劳动部2005 年的文件所规定的劳动关系三要件进行判定。

对于劳动关系和劳务关系的区分，截至目前没有统一的意见，我们只能通过“劳动关系”的认定标准来判断什么是劳动关系，若不符合劳动关系的认定标准，就有可能是劳务关系。根据《关于确立劳动关系有关事项的通知》（劳社部〔2005〕12 号）规定，劳动关系必须具备主体要素、管理要素和业务组成要素。因业务组成要素对于区分两者之间差异特征不明显，只能从主体要素和管理要素区分。主体要素即用工的对象，年龄是否符合法定标准，是否具有完全行为能力。但这些对于劳务人员主体要素也是必备条件，故难以区分。所以说区分劳动关系和劳务关系的核心仍然是管理要素。劳动关系中，用工单位与劳动者之间必须建立一种以指挥和服从为特征的管理关系，劳动者受用工单位规章制度的约束，并听从领导或上级的安排，从事具体的工作内容。劳务关系中双方之间是完全平等的两个主体，只是以提供一定量的劳务为内容，只需按照雇佣方的要求提供符合要求的服务即可，不需要遵守雇佣方的规章制度，双方完全平等自由。如果约定劳务人员也必须遵守企业的规章制度，则意味着劳务人员接受企业的管理，就丧失了劳务关系的唯一特权，难以区分双方之间到底是劳务关系还是劳动关系。故笔者认为劳务关系一般不可约定遵守企业的规章制度。

2. “类工伤”的责任承担问题

众所周知，劳动关系员工因工受伤，可以适用《工伤保险条例》的相关规定进行处理。然而，劳务关系不属于劳动关系，所以就没有认定工伤之说。但雇佣劳务人员确实存在发生“类工伤”的问题，由此产生损失后企业是否需要承担责任？《中华人民共和国民法典》第 1192 条和第 1193 条规定了个人之间的劳务关系，承揽关系中人身损害赔偿责任的承担，对个人与自然人之间的劳务关系没有规定。《最高人民法院关于审理人身损害赔偿案件适用法律若干问题的解释》第十一条的规定了“雇员在从事雇佣活动中遭受人身损害，雇主应当承担赔偿责任”，但该司法解释在2020年修订时删除了上述条文。故劳动关系中“类工伤”的损害赔偿责任由谁承担需视具体情况而定，同时也要考虑雇员自身的过错程度。实践中发生纠纷后，雇主一般会出于人道主义向受伤雇员支付一定的补偿金，这无形中增加了企业的风险。

3. 解除劳务关系是否需要支付赔偿的问题

前文已经阐述劳务关系与劳动关系的差异，故真正的劳务关系是不执行《劳动法》的相关标准的，而是根据民法法律关系“有约定从约定”的原则进行处理，即如果双方合同中没有约定赔偿的条款，解除合同的时候是不需要支付经济补偿金或赔偿金的。

4. 法律风险管控建议

（1）关注企业用工实践，避免对劳务人员进行直接劳动用工管理

合同或者协议仅仅是证明双方法律关系的一种证据，而非关键证据，法律关注的是双方实际上是如何履行各自的权利和义务的，履行行为是否符合法律的要求。所以企业从降本增效的角度使用劳务人员，一定要明确劳务用工模式下双方的平等自由，企业可以随时解除双方之间的劳务关系，员工亦如此，不要将劳动关系的强隶属性、强管理性应用到企业劳务人员身上，契约精神不仅有权利，更重要的是履行义务。

但是，几千年的封建文化，造就了中国企业管理中家长式、保姆式的管理模式泛滥。进而带来的影响就是，当单位想要用劳务人员时，可能还想着怎样让劳务人员像正式员工一样完全、彻底地服从企业的管理，于是，双方的关系就在单位的这种纠结中，慢慢变成了事实劳动关系。所以说，要想规避事实劳动关系的风险就要求企业少管一点。

（2）购买商业保险，尽可能购买雇主责任险

劳务人员在提供劳动的过程中受到伤害不可避免，尤其对一些高危行业更是如此。因此，企业在使用劳务人员的时候一定要购买商业保险，帮助企业减轻损失。但企业在购买商业险的过程中多数会选择购买团体意外险，而非雇主责任险。殊不知，团体意外险和雇主责任险是存在差异的。

团体意外险被保险人是单位雇员，因此理赔时原则上直接赔付给雇员；雇主责任险属于责任险，被保险人是雇主，理赔时保险公司先赔付给企业，再由企业赔付给雇员。团体意外险的保险标的是雇员的生命或身体，范围相对较窄；雇主责任险的保险标的是雇主依法对雇员承担的补偿或赔偿责任。团体意外险仅对员工意外伤害进行赔偿，除此之外都不在理赔范围内；雇主责任险的赔偿范围则大很多，包括工作时间内的工伤、误工费等，但雇主责任险的费用会比团体意外险略高。故雇主责任险能较大限度地减轻企业的损失。建议企业购买雇主责任险，若由于特殊情况无法购买雇主责任险，在为员工购买团体意外险时，一定要书面约定单位为员工购买的意外伤害险用于员工在提供劳务过程中发生意外伤害的补偿且保险公司支付的费用属于单位应当承担损失的一部分。

（三）财税问题与风险

实践中，企业经常遇到需要向个人支付劳务报酬的情况，如公司负责人需要做一个美图设计，委托一个朋友处理并在事后向其支付费用。在遇到类似情况时，往往由于对税务处理和会计处理的错误理解，而让公司多交或少交了税费，处理不当，也会面临税务合规风险。笔者总结了劳务用工模式下常见的税务风险问题，具体如下。

1. 企业支付劳务报酬，代扣代缴税目适用错误

企业采用劳务用工模式雇佣季节工、临时工的情况下，该季节工、临时工的报酬是按工资薪酬还是劳务报酬直接影响个人所得税适用的税目，也影响企业所得税的计算。

我们认为对于劳务用工的报酬是按照劳务报酬或工资薪酬处理可从以下两个角度分析。首先，是否有正式劳动关系。如有单位向劳动者发放工资并缴纳社保，则劳动者与该单位之间构成劳动关系，定为“主”劳动关系；如劳动者在其他单位还有兼职，则劳动者与其他单位之间的关系定为“次”，劳动者兼职取得的劳动报酬，应作劳务报酬处理。其次，是指重于形式。如果劳动者是在集团内或者系统内兼职，应把两处或两处以上的劳动报酬（工资加劳务费）合在一起做工资处理。

根据《中华人民共和国个人所得税法》第九条的规定，用工单位是员工个人所得税的扣缴义务人，依法负有代扣代缴义务。在劳务用工模式下，劳务人员取得的收入一般作为“劳务报酬”项目，且属于增值税征收范围，用工单位一般应取得个人代开的增值税发票，同时要履行代扣代缴个人所得税的义务。根据《中华人民共和国税收征收管理法》第三十二条的规定，如果用工单位向劳务人员支付报酬，而未代扣代缴个税，劳务人员也未按照规定期限缴纳税款的，税务机关除责令限期缴纳外，从滞纳税款之日起，按日加收滞纳税款万分之五的滞纳金。此外，因劳务人员地域分散管理难度大、金额零散且结算周期不稳定、报税及发票代开、发票快递整个流程过于烦琐冗长等原因可能导致缴税延迟、漏缴、少缴等风险。

2. 支付给个人的费用，认为无法索要发票

根据《中华人民共和国发票管理办法》第十六条的规定，需要临时使用发票的单位和个人，可以凭购销商品、提供或者接受服务以及从事其他经营活动的书面证明、经办人身份证明，直接向经营地税务机关申请代开发票。依照税收法律、行政法规规定应当缴纳税款的，税务机关应当先征收税款，再开具发票。税务机关根据发票管理的需要，可以按照国务院税务主管部门的规定委托其他单位代开发票。所以，企业支付给个人的费用，仍然可以要求个人开具发票。

3. 企业在支付个人劳务报酬的时候，预扣对方个人所得税税额，直接按照预扣税率20%来计算

劳务报酬预扣预缴税率分为三档，最高税率可达40%。举个例子：“快夸夸”公司的空调、电脑、电梯同时坏了，维修师毛先生为其维修，“快夸夸”公司支付给毛先生10万元（不含增值税）维修费，应预扣预缴个人所得税100000×（1－20%）×40%－7000＝25000元。实践中企业通过劳务用工模式向个人支付劳务报酬应准确选择预扣预缴税率，避免因税率使用错误而承担税务合规风险。

4. 税务风险管控建议

（1）依法代扣代缴个人所得税

企业在支付个人的劳务报酬时，往往以为税务局在代开发票的时候就已经扣缴个税了，实际上税务机关是不会在代开发票环节征收个人所得税的，而且在开出发票的备注栏也会注明个人所得税由支付方代扣代缴。例如，《国家税务总局安徽省税务局关于申请代开发票个人所得税有关问题的公告》（国家税务总局安徽省税务局公告2019年第4号）规定，如需代开发票，不再在代开发票时随征个人所得税。“代开发票单位在开具发票时，在发票备注栏内统一打印‘个人所得税由支付方依法预扣预缴（或代扣代缴）’字样”。个人所得税是由费用的支付方来代扣代缴的。支付方作为扣缴义务人如果不为个人代扣代缴个人所得税的话，是会受到行政处罚的。根据《中华人民共和国税收征收管理法》第六十九条的规定，“扣缴义务人应扣未扣、应收而不收税款的，由税务机关向纳税人追缴税款，对扣缴义务人处应扣未扣、应收未收税款百分之五十以上三倍以下的罚款”。

劳务报酬所得，属于一次性收入的，以取得该项收入计一次；属于同一项目连续性收入的，以一个月内取得的收入计一次。在同一个月内，针对同一个项目所产生的劳务费用，应该合并计算个税。例如，“快夸夸”公司把公司所有的维修工作全都交给维修师来做，维修师一个月来了5次，每次收800元，如果“快夸夸”公司每次单独计算是不用预扣预缴个税的，但是他在同一月内又是同一项目，应该合并计算预扣个税：$800\times5=4000$，$4000\times(1-20\%)\times20\%=640$元。

（2）完善扣税凭证

如果劳动者无法到税务局代开发票，企业支付给劳动者的酬劳仍然可以在计算企业所得税时进行税前扣除。此时，企业需要保留与劳动者的劳务合同、支付凭证、劳动者身份信息等进行记录，以便税务机关核查。

（四）合规管理工具

劳务合同书

甲方（单位）：

法定代表人：

通信地址：

邮政编码：

电话：

乙方（劳务人员）：

性别：________

居民身份证号码：________________

出生日期：____年____月____日

家庭住址：________________

邮政编码：________

电话：________

鉴于乙方在正常工作时间以外为甲方提供兼职劳务，根据《中华人民共和国民法典》有关法律规定，甲乙双方经平等协商一致，自愿签订本劳务合同，共同遵守本合同所列条款。

第一条 本协议期限为____年。本协议于____年____月____日生效，至____年____月____日止。

第二条 乙方承担的劳务内容、要求为：________________________。

第三条 乙方提供劳务的具体时间和方式为：____________________。

第四条 乙方认为，根据乙方目前的健康状况，能依据本合同第二条、第三条约定的劳务内容、要求、方式为甲方提供劳务，乙方也愿意承担所约定劳务。

第五条 乙方负有保守甲方商业秘密的义务。乙方负有保守义务的商业秘密主要包括：____。

第六条 甲方支付乙方劳务报酬的标准、方式、时间：____________。

第七条 乙方依法缴纳个人所得税，甲方依法代为扣缴。

第八条 发生下列情形之一，本合同终止。

（一）本合同期满的。

（二）双方就解除本合同协商一致的。

（三）乙方由于健康原因不能履行本合同义务的。

第九条　甲、乙双方若单方面解除本合同，仅需提前____日通知另一方即可。

第十条　本合同终止、解除后，乙方应在一周内将有关工作向甲方移交完毕，并附书面说明，如给甲方造成损失、应予赔偿。

第十一条　甲乙双方约定，甲方为乙方购买________商业保险，用于乙方在为甲方提供劳务过程中发生意外伤害的补偿。保险期限与本合同期限相同。

第十二条　乙方同意医疗费用自理，医疗期内甲方不支付劳务费。

第十三条　依据本合同第九条、第十条约定终止或解除本合同，双方互不支付违约金与补偿。

第十四条　乙方承诺所在单位已同意乙方在业余时间从事兼职劳务性工作，否则因此给乙方造成的一切损失由乙方负责赔偿。

第十五条　因本合同引起的或与本合同有关的任何争议，均提请甲方所在地人民法院诉讼解决。

第十六条　本合同首页甲、乙双方约定的地址为双方联系的唯一固定通信地址，若在履行本合同过程中双方有任何争议，该地址为双方指定地址。若其中一方通信地址发生变化，应立即书面通知另一方，否则，造成双方联系障碍，由有过错的一方承担责任。

第十七条　本合同一式两份，甲乙双方各执一份，具有同等法律效力。

甲方（盖章）　　　　　　　　　乙方（签章）

日期：____年____月____日　　日期：____年____月____日

兼职承诺书

本人在甲方兼职工作，已获得自己劳动合同所属单位________的同意，本人承诺并保证不因本人在甲方兼职（劳务）工作，致使甲方受到由于本人原因而产生的法律或其他纠纷的影响，如发生一切纠纷由本人承担一切责任。

乙方（兼职人员）签字：

日期：____年____月____日

第八节　退休返聘用工与合规管理

（一）用工场景与模型

1. 用工场景

某企业因业务发展需要，需要招聘一名资深的技术顾问。赵某已经从某研究院办理了退休手续，并开始享受退休待遇。企业向赵某发出邀请，邀请赵某担任公司的资深技术顾问，双方约定赵某每周至少到企业工作三天，有工作需要时随叫随到，每月企业向赵某支付报酬人民币1万元。同时约定，赵某不享有企业各项福利待遇及休息休假政策，年终根据企业的经营情况额外支付赵某一笔奖金。

这就是典型的退休返聘用工形式，对于那些掌握特定技术、资源，或者需要经验积累的工作内容，企业比较喜欢通过聘用退休人员来满足用工需求，市场俗称退休返聘。

2. 用工模型

这类用工模式的法律关系比较简单，对于图2－8退休返聘用工模型中的各项元素，我们做如下分析。

用工单位。在退休返聘用工模式中，根据与退休人员之间的协议来约定各项事宜，可以对退休人员进行管理；发生意外事故时，按照民事法律规定上的过错原则承担责任。因此，可以通过购买雇主责任险等商业保险来降低潜在的赔偿损失。

退休人员。是指已经办理退休手续并享受退休待遇的人员。若企业使用停薪留职人员、未达到法定退休年龄的内退人员、下岗待岗人员以及企业经营性停产放长假人员，那么，符合认定劳动关系标准的，按照劳动关

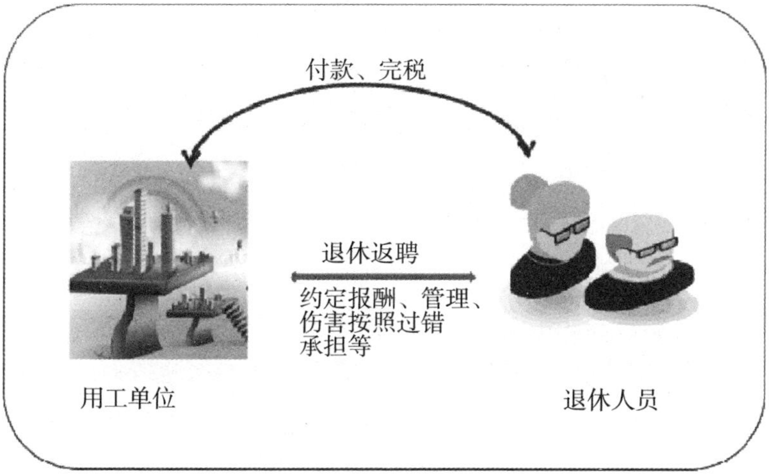

图 2－8　退休返聘用工模型

系处理。若属于达到退休年龄但尚未享受养老保险待遇的人员，实务中一般按照劳务关系认定。但是有法官认为，若其身份是农民，不影响劳动关系的认定，发生意外事故时应当按照工伤进行处理。

（二）典型问题与风险

1. 招聘的退休返聘人员不符合劳务关系认定标准的风险

根据《劳动合同法》第四十四条规定，“有下列情形之一的，劳动合同终止：……（二）劳动者开始依法享受基本养老保险待遇的”。《中华人民共和国劳动合同法实施条例》第二十一条规定，“劳动者达到法定退休年龄的，劳动合同终止”。《最高人民法院关于审理劳动争议案件适用法律问题的解释（一）》第三十二条规定，“用人单位与其招用的已经依法享受养老保险待遇或领取退休金的人员发生用工争议而提起诉讼的，人民法院应当按劳务关系处理”。

从这些规定来看，聘用退休年龄员工就是劳务关系，但实际操作过程当中遇到的问题较复杂。已达到法定退休年龄但无法享受养老待遇的人员究竟是按劳动关系还是按劳务关系处理没有明确规定，司法实践中存在较大争议。

第一种：只要达到法定退休年龄，就直接按照劳务关系处理，不考虑是否享受养老保险待遇或领取退休金（如北京、广东）。

第二种：区分不同的情况处理（如上海）。

（1）对于劳动者已开始依法享受基本养老待遇的，应严格按《最高人民法院关于审理劳动争议案件适用法律问题的解释（一）》的规定，劳动者与用人单位发生争议，按劳务关系处理。

（2）对于虽已达到法定退休年龄，但用工单位未与其解除劳动关系，仍继续用工，未按规定办理退休手续的，按劳动关系处理。

（3）对于已达到法定退休年龄，且用工单位与其已解除劳动关系，但因劳动者社会保险费缴费年限不够，不能享受养老保险待遇的，劳动者只要依照《中华人民共和国社会保险法》有关规定补缴社保费后即可享受养老保险待遇，其再就业与用工单位发生争议的，按劳务关系处理。

第三种：依据具体用工形式判断是劳动关系还是劳务关系（如江苏）。

（1）用工单位与其招用的已经依法享受基本养老保险待遇或领取退休金的人员发生的用工争议，按劳务关系处理。

（2）用工单位与其招用的已达到或超过法定退休年龄但未享受基本养老保险待遇或领取退休金的人员发生用工争议，双方之间用工情形符合劳动关系特征的，应按劳动关系特殊情形处理。劳动者请求享受按《劳动法》《劳动合同法》规定的劳动报酬、劳动保护、劳动条件、工作时间、休息休假、职业危害防护、福利待遇的应予支持。但劳动者请求签订无固定期限劳动合同、支付二倍工资、经济补偿、赔偿金及社会保险待遇的不予支持。双方另有约定的除外。

可见，企业在处理相关问题的时候，直接以达到法定退休年龄来判断此种用工关系到底是否属于劳动关系，忽略当地的一些地方性政策及判例观点很可能导致与招聘的人员建立了劳动关系而非劳务关系。

2. 工作中受到意外伤害承担损害赔偿的风险

退休返聘人员在工作当中发生意外的风险仍然比较常见，尤其是经常出差或者安全系数较低的企业。如果退休返聘人员在工作过程中遭受意外伤害，单位需要承担损害赔偿责任，如果致他人损害，企业也需要承担赔偿责任。虽然实践当中很多企业在与员工签订返聘协议的时候约定，如果返聘人员在工作中遭受意外伤害，责任自担，但实际这样的约定是无效的。

【典型案例】顾某于2007年与A公司签订劳动合同，且一直在A公司工作直到达到法定退休年龄，后又继续返聘，且双方签订了“退休返聘协议”并约定公司已经为顾某购买了意外伤害险用于顾某在提供劳务过程中发生意外伤害的赔偿，且约定赔偿金以保险公司赔付的金额为限。

顾某于2017年10月25日（退休返聘期间）在工作过程中发生意外伤害，致十级伤残，双方因意外伤害赔偿问题引发争议，顾某诉至法院要求A公司赔偿医疗费、残疾赔偿金、精神抚慰金等各项损失共计112591元。

一审、二审法院均认为，顾某属于A公司的雇员，其在从事雇佣活动过程中受到伤害，应当由雇佣单位承担赔偿责任。虽双方签订的“退休人员返聘协议书”中约定A公司已经为顾某购买了意外伤害险用于顾某在提供劳务过程中发生意外伤害的赔偿，赔偿金以保险公司赔付的金额为限。该条款内容属于免责条款，根据《中华人民共和国合同法》规定，免除人身伤害责任的条款无效，故该条款约定无效。A公司应当赔偿顾某医疗费、住院伙食补助费、营养费、护理费、误工费、残疾赔偿金、精神抚慰金、交通费等，合计121486.09元。

3. 法律风险管控建议

（1）新聘用超过法定退休年龄的员工时，务必确认是否领取养老保险待遇或退休金。尽量避免招聘尚未领取退休金的员工。

（2）现任员工在职期间达到退休年龄，公司需要留用时，符合退休条件的及时办理退休手续，将劳动关系转换为劳务关系。在此过程中需要签订新的聘用协议，明确约定双方劳动关系终止，建立劳务关系。

（3）现任员工在职期间达到退休年龄，但不符合领取退休金情形，直接终止劳动合同是可以的。但如果继续聘用或者新录用已超过退休年龄但尚未领取退休金的员工时，需要谨慎，可能会认定为事实劳动关系。

（4）为返聘人员提供有效的安全保障。对于确认为劳务关系的员工，用工单位没有为其缴纳社保的义务。但是由于用工过程中不可避免地会有意外与风险，因此，对于有返聘已达到退休年龄员工情形的企业来讲，应当做好对此类人员的劳动保障系统工作。包括但不限于对工作时间、工作内容、工作强度等进行设置。同时也建议为该类人员购买必要的商业保险，降低企业的用工风险，同时也为被返聘人员提供一定的保障。

（三）财税问题与风险

退休返聘用工模式下，根据退休人员的身份差异涉及的税务问题也不同。如退休人员是已退休再任职的情况，根据《国家税务总局关于个人兼职和退休人员再任职取得收入如何计算征收个人所得税问题的批复》（国税函〔2005〕382号）文件规定，退休人员再任职取得的收入所得，在减除个人所得税法规定的费用扣除标准后，按“工资、薪金所得”应税项目缴纳个人所得税。如退休人员为延长离退休年龄的专家，根据《财政部 国家税务总局关于高级专家延长离休退休期间取得工资薪金所得有关个人所得税问题的通知》规定，延长离退休年龄的高级专家从其劳动人事关系所在单位取得的，单位按国家有关规定向职工统一发放的工资、薪金、奖金、津贴、补贴等收入，视同离休、退休金，免征个人所得税，从其劳动人事关系所在单位之外的其他地方取得的培训费、讲课费、顾问费、稿酬等各种收入，依法计征个人所得税。综上，企业在使用退休返聘人员时应严格按照法律相关规定并结合退休人员的具体情况履行代扣代缴义务，若存在应扣未扣、应收未收或其他违反法律法规相关规定的情况，可能会受到税务机关的行政处罚。

（四）合规管理工具

退休返聘协议

甲方（用工单位）名称：____________________

法定代表人（主要负责人）：____________________

经营地址：____________________

联系电话：____________________

乙方（劳动者）姓名：________________

性别：________　　　　　出生年月：__________________________

居民身份证号码：____________________　联系电话：____________

现居住地址：____________________　　邮编：__________________

户口所在地：____________________　　邮编：__________________

鉴于乙方为已达退休年龄的人员，不具备劳动法律关系的主体资格。根据《中华人民共和国民法典》和有关规定，甲乙双方经平等协商一致，自愿签订本劳务协议。

第一条　聘用期限

本协议于____年____月____日生效，至____年____月____日终止。

第二条　工作岗位及内容约定

1. 乙方同意根据甲方生产（工作）需要，从事____________工作。甲乙双方可另行约定岗位具体职责和要求。

2. 乙方的工作地点为：____。

第三条　工作纪律及制度约定

1. 乙方愿以甲方正式员工的标准提供劳务，遵守甲方各项规章制度、操作规程；履行甲方确定的岗位职责，按时、按质、按量完成本职工作，完成甲方安排的劳务任务等。

2. 乙方愿意接受甲方的考核或考评，以及对考核或考评结果的处理。

3. 甲方可根据乙方的工作能力及表现、身体健康状况等因素调整乙方的工作岗位，乙方应服从甲方的安排。

第四条　工作报酬及福利待遇

1. 甲方根据乙方的工作表现及公司业绩综合评定向乙方支付劳务报酬；支付方式为现金；支付时间为每月____日前。

2. 乙方不享受甲方在职员工的社保等福利待遇，甲方可以考虑给乙方购买商业保险。

第五条　劳动保护及劳动条件

甲方向乙方提供符合国家及地方规定的工作条件，提供保障乙方安全的、健康的工作环境。

第六条 协议的终止和解除

1. 本协议期满的即可终止。

2. 甲乙双方任何一方提前____日以书面形式通知对方或经甲乙双方协商一致，即可解除本协议。单方面解除详见本协议第九条。

3. 协议期满双方都同意续签的可协商订立下一期协议。

第七条 符合下列情况之一的，甲方可以提出立即解除本协议

1. 乙方不符合用工单位要求或者不能胜任用工单位所安排的工作。

2. 乙方违反甲方规章制度。

3. 乙方患病或负伤。

4. 乙方向甲方隐瞒重大疾病史及其他重要信息。

5. 乙方被查实在应聘时向甲方提供虚假信息或资料。

6. 乙方被依法追究刑事责任。

第八条 符合下列情况之一的，乙方可以提出立即解除本协议

1. 甲方以暴力、威胁或非法限制人身自由的手段强迫乙方劳动。

2. 甲方不支付劳动报酬。

3. 用工单位的劳动安全、卫生等条件恶劣，严重危害乙方身体健康。

第九条 甲乙双方若单方面解除本协议，需提前一个月通知对方。如不履行提前一个月通知的义务，则需向对方赔偿违约金计一个月劳务费

第十条 依据本协议第六条、第七条、第八条约定正常终止或解除本协议的，双方互不支付违约金及任何补偿

第十一条 乙方同意医疗费用自理，医疗期内甲方不支付劳务费

第十二条 因本协议引起的或与本协议有关的任何争议，甲、乙双方应友好协商解决，如协商不成，均可向甲方所在地人民法院提起诉讼

第十三条 本协议首部甲、乙双方的通信地址为双方联系的唯一固定通信地址。若其中一方通信地址发生变化，应立即书面通知另一方，否则，造成双方联系障碍，由有过错的一方承担责任

第十四条 本协议自甲乙双方签字、盖章之日起生效，一式两份，甲乙双方各执一份

甲方（公章）：　　　　　　　　　　乙方（签字或盖章）：
法定代表人（主要负责人）
或委托代理人（签字或盖章）：

签字日期：____年____月____日　　　签字日期：____年____月____日

第九节　内（包）创业用工与合规管理

（一）用工场景与模型

1. 用工场景

场景一：2015 年，万科针对内部员工推出“小草计划”，在公司工作超过 2 年的员工，可以在万科的产业链上创业，即作为城市配套服务商。根据万科内部的要求，员工创业要符合万科生态系统，对于服务类、技术类等项目优先支持。对于创业的员工，万科提供数额不等的资金支持，作为项目入股，同时万科还将提供专家、合作伙伴等资源支持。原万科总裁接受媒体采访时称“万科未来将由几个大事务事业群和一群小的‘小草业务群’组成。这是一个并联架构，不是串联架构，万科未来不是培养接班人的问题”。①

内部人士称，万科内部鼓励员工创业的想法，本质上是想从外部增加万科产品的竞争力，所以在创业项目选择上，需要依赖于万科的生态系统，反之，创业者可能会成为万科的竞争对手。

场景二：随着某企业对当地市场的挖掘，红利期逐渐衰退，同时外部竞争也开始激烈，业务陷入瓶颈期，企业管理者思考如何破局。对于企业来说，无非向内优化降损、外寻增量市场两种路径。

企业管理者决定，先从内部调整开始。在企业的生产过程中，管理制度对生产力的影响是巨大的，而生产力的关键就是“人”。在传统模式中，

---

① 资料来源于《万科集团内部创业管理办法》。

无论是管理者还是基层员工，在职业发展存疑与日复一日地机械化操作中，难免麻木懈怠。为了挖掘员工潜力，在制度上进行改革，主要包括三个方面：在工资结构上，将固定岗位、固定（或计件）工资转变为部门获得月营业额提成，员工团队成员按劳分成；将公司岗位聘请转变为事业部灵活聘请，对于部门来说，成员要想提高工资，需要减少团队成员数量、提高成员单位产出，间接降低企业成本、提升效率；将管理下分放权至部门主管，部门主管对公司业务负责。较传统模式而言，极大降低管理成本。

具体操作是，成立两个事业部，任命部门负责人，由部门负责人根据企业营业情况，基于现有员工组建团队。通过信息化系统的数据管控，以每月营业额的1.5%作为部门成员的工资池。同时，公司制订相关制度，对员工的工作进行要求。实行部门责任制及奖惩机制，进行相应的运营管控。

场景一是典型的内创业用工形式，当企业对员工的激励方法效用逐渐降低，或者需要调整用工结构，或者需要保留优秀人才，或者需要打造属于自己的产业链等情况出现时，内创业不失为一种可行的解决路径。场景二是典型的内包形式，实际上属于经营管理方式的一种调整，这里不做赘述。从这两种用工场景，我们不难看出，激励员工、激活员工往往是企业选择这类模式的初衷。

2. 用工模型

对于图2-9内（包）创业用工模型中的各项元素，我们做如下分析。

用工单位，即发包方。在内部承包的模式中，依然承担用工单位的角色，且需要对员工雇佣的人员承担连带责任。在内创业的模式中，则承担发包方的角色，需要遵循外包业务的运作、管理逻辑来处理与承包方之间的权利和义务关系。

小微企业，即承包方。为什么称之为“小微企业”，一方面企业是由小做大的过程，尤其是在内创业模式中，呈现的载体基本都是小微企业，即个体、合伙、个独、有限公司等法人形式，当然这些法人形式未来也可以做得体量比较大进而演化成中型、大型企业。另一方面小微企业可以享

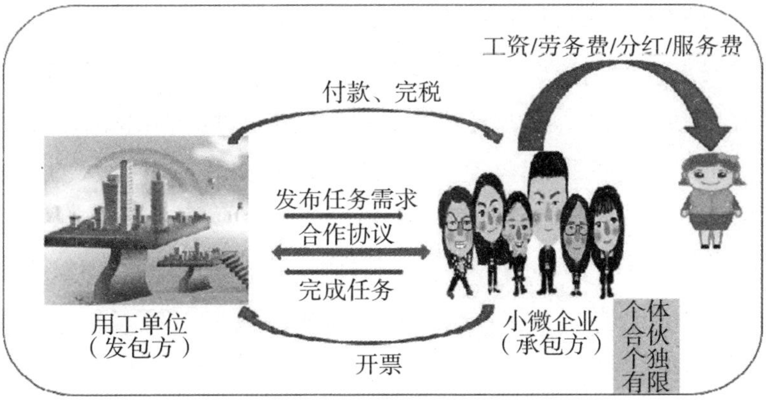

图2-9　内（包）创业用工模型

受各类税收优惠政策，尤其是在新冠肺炎疫情期间，各地出台的社保、就业、财政等优惠政策的惠及对象一般都是中小企业。

合作协议。按照发包方与承包方的协议进行，详见外包用工模式中常见的合作协议类型，这里不做赘述。

对于承包费用，在小微企业内部有多种处理方式，可以作为工资支付，或者劳务费、分红、服务费，具体采用何种模式需要根据具体场景、税收的成本进行选择。

（二）典型问题与风险

内部承包是指企业将本需要外包给企业或个人的业务发包给本公司的员工，并根据双方协议约定支付外包费用的一种模式。实践当中，企业主要存在如下两种方式将自身业务内包给企业员工。第一种：将劳动关系变更为承包关系，企业先与意向承包的员工解除劳动合同关系，之后由上述意向承包员工（实践中一般为5～10人）推举一名员工作为承包方代表与企业直接对接，承包员工依照承包合同约定对其承包的业务进行经营管理，企业依法制订的各项劳动规章制度不再适用于承包员工，承包员工不再受企业的劳动管理。第二种：继续保持劳动关系不变，但将员工的劳动报酬改变为固定工资加承包业务的利润分红。针对上述两种方式在实践中的具体应用，笔者总结出了实践中常见的如下典型问题。

1. 内包员工是否可以不缴纳社会保险的问题

关于内包员工是否可以不缴纳社保问题，首先要区分内包员工与企业是否存续劳动关系，若企业和员工已经协商解除劳动关系，且双方重新建立了承包形式的民事合作关系，是可以不用缴纳社会保险的。但实践当中常见的是双方没有解除劳动关系，仅签订了一份新的“承包合同”，且约定员工仍需遵守企业的规章制度或服从发包企业的各项安排（实质仍然是绝对的控制），类似这样的情形认定属于事实劳动关系或继续存续劳动关系的可能性较大，企业未为员工缴纳社会保险的风险较大。

2. 内包员工自己招聘的工作人员与发包企业是否存在劳动关系

一般而言，内包员工雇佣的工作人员与发包企业之间，并无身份上的从属和依附关系，也不受发包方规章制度的约束，发包方不参与对这些人员的管理，也不直接向这些人员支付劳务费用，一般不会被认定为劳动关系。《劳动合同法》第九十四条规定，“个人承包经营违反本法规定招用劳动者，给劳动者造成损害的，发包的组织与个人承包经营者承担连带赔偿责任”；《中华人民共和国安全生产法》第五十三条规定“因生产安全事故受到损害的从业人员，除依法享有工伤保险外，依照有关民事法律尚有获得赔偿的权利的，有权向本单位提出赔偿要求”以及第一百一十一条规定“生产经营单位发生生产安全事故造成人员伤亡、他人财产损失的，应当依法承担赔偿责任”。由此可看出若企业将业务发包给没有资质的自然人或自然人非法招用劳动者以及发生安全生产事故，给劳动者造成损害的，企业需要承担用工主体责任。企业承担的用工主体责任是指劳动者受到人身伤害时的人身损害赔偿责任和在工作中造成民事损害赔偿的责任，而不是基于劳动关系赔偿的责任，不包括支付劳动报酬。

但若内包员工招用的个人能够举证证明发包的企业对个人实施了符合劳动合同成立要件的管理，则有可能被认定存在事实劳动关系的风险。

【典型案例】岩某水泥有限公司原是大田县国有企业。申请人郭某某自 1992 年 8 月进入岩某水泥有限公司工作，一直从事水泥装车作业。2008

年8月，岩某水泥有限公司进行改制，将其名下的有形及无形资产租赁给盛某水泥有限公司（被申请人）生产经营。包括郭某某在内的原职工大部分仍在盛某水泥有限公司工作，郭某某的工作岗位不变。2012年3月19日，被申请人组织全体职工进行职业健康检查，经检查发现申请人有疑似尘肺。于是申请人就与被申请人协商要求提供职业病诊断的相关手续，而被申请人不但不安排申请人进行职业病诊断，反而认为公司在经营期间已将水泥装车业务发包给郑某某，公司以计件工资形式向承包人郑某某支付报酬，申请人系承包人郑某某招用的工人，与公司不存在劳动关系，拒绝提供劳动关系证明。2012年6月，被申请人以申请人不宜再从事粉尘作业为由，书面通知申请人停止工作、移交工作岗位。申请人为了维护自身权益，向大田县劳动争议仲裁委员会提出确认劳动关系的仲裁申请。

【处理结果】大田县劳动争议仲裁委员会受理后，经公开开庭审理，依法裁决：确认申请人郭某某于2008年8月至2012年6月与被申请人存在劳动关系。

【争议焦点】本案在审理过程中，双方当事人对申请人属于承包人郑某某招用在被申请人公司从事水泥装车工作的事实无异议。双方争议的焦点：申请人认为，虽然被申请人公司将水泥装车业务发包给自然人郑某某，但郑某某不具有用工主体资格，所谓郑某某的劳务承包充其量只是被申请人公司内部的管理承包。郑某某招用的职工其法律上的用工主体为被申请人公司。因此，申请人与被申请人公司存在劳动关系。

被申请人认为，公司将水泥装车业务发包给承包人郑某某。公司只与承包人郑某某结算工资，以完成的工作量支付工资报酬。申请人属承包人郑某某招用的工人，由郑某某进行用工管理和支付工资，与被申请人不存在任何法律关系。

【裁判依据】被申请人辩解公司将水泥装车业务进行劳务承包并非法律规定的“劳务承包”，其所谓的劳务承包不符合法律规定劳务承包的特征，被申请人的辩解是对法律关系的曲解。劳务承包是指发包方将某一项目的劳务发包给承包人完成（或经营），在承包人完成并交付工作成果后，由发包人支付相应劳务费的行为。其特点是承包人从发包方获得劳务项目后，自行组织一批人员进行作业，自行享有承包的利润和承担承包的亏损，并由承包人自主发放工人工资的行为。发包人与承包人法律地位平等，双方之间是一种民事合同关系，不接受发包单位的管理和规章制度的约束。在本案中，被申请人所指的承包人郑某某实际上只是该公司水泥装车作业班组的负责人，接受公司的工作安排，遵守公司规章制度。他本身就是被申请人公司的员工，与申请人一起工作，并在工资待遇上与申请人同工同酬，他不享有承包的利润也不承担承包的亏损，仅仅作为班组承包代表人依约定（协议）与公司结算工资，完成工作任务。被申请人所主张的郑某某劳务承包实质上属于企业内部管理承包。在法律上不能视为劳务承包关系。并且，如果属于劳务承包，那么被申请人应出具与承包人达成的书面承包协议，或者提供劳务结算发票、劳务税收发票等证据材料来予以证实，但被申请人自称与承包人达成的是口头上的协议，并没有提供任何的书面证据予以证实。因此，对于被申请人主张的郑某某劳务承包的事实无法予以认定。

3. 内创业时，劳动关系如何处理，是否需要支付经济补偿金

内创业，首选与员工协商解除劳动关系，是否支付经济补偿金根据率先提出者确定，若是劳动者主动提出内创业要解除劳动关系，按照法律规定是不需要支付经济补偿金的，但若是企业提出与员工解除劳动关系，则需要依法支付经济补偿金。

其次，可以选择先与员工中止劳动合同，中止时间由双方协商确定。最好设置一个过渡期让员工适应内创业，在这个过渡期内，若员工成功转型则中止期间结束，双方正式协商解除劳动关系或员工主动离职。若员工在过渡期内转型失败，并要求与单位恢复劳动关系，则中止期间届满后，双方继续履行原劳动合同。

最后考虑单方解除劳动关系，具体理由可以参考客观情况发生重大变化致使合同目的无法实现来操作（仅限企业大规模决定员工内部创业的情况）。这种情况下解除劳动关系需要支付经济补偿金。

4. 法律风险管控建议

（1）企业应按照法律规定为内包员工缴纳社会保险。内包仅是企业激励模式的一种变动，劳动者和企业之间的劳动关系并没有终结。虽然实践中有很多企业将内包和内创业相混淆，认为两者之间没有差异，内包给员工双方之间就不存在劳动关系了，其实这样的认知是错误的。双方劳动关系的解除或终止事由都是由法律规定的，而非双方约定。在这种情况下若员工没有解除劳动合同的意思表示，仅签了一份承揽协议，不足以证明双方之间存在劳务关系，贸然停缴员工的社会保险，发生纠纷的可能性很大，故企业决定将业务内包的情况下，仍应全面、严格履行劳动关系项下的各项义务。

（2）企业决定内部发包的时候应该严格按照业务类型审核内包员工或部门的资质，涉及特殊资质要求的内容，避免发包给个人。在后期外包业务推进过程中应定期抽查承包人的工作进展，以便及时掌握承包人有无非法用工的情况。同时，在日常安排和管理过程中，不要体现出对内包员工招用人员进行日常的考勤管理、休假管理、绩效管理等存在管理与被管理的现象。

（3）即使是企业内部承包，仍然要设计完善的承包合同，对于各个环节可能存在的安全隐患均需事先约定解决办法或责任承担主体以及责任的划分，尤其涉及意外伤害的内容，务必约定清楚责任人、赔偿主体、追偿机制等。

（4）对于非员工自发性、自驱性、企业为达到转型目的而强行推行的员工内部创业，为避免后期双方因劳动合同的履行、争议的解决及责任的承担等问题产生纠纷，建议企业与该内部创业人员先解除劳动关系再订立“合作协议”，若员工不愿意解除劳动关系，就需要与其签订“劳动合同中止协议”，明确在劳动合同中止期间所有权利义务按照民法上的承揽关系等进行执行，承揽关系终结后，双方按照协议约定对劳动关系予以处理，劳动关系或恢复履行或予以解除。

（5）预防员工内部创业后成为原企业的竞争对手。实行企业内部创业，原企业必须对创业公司在股权上占有绝对控制权，而不是让创业公司绝对地脱离原企业。比如原企业持有51%的股份，剩余49%股份由创业人员或社会其他投资主体持有等。只有这样才能再激发员工创造力、挖掘更多有能力的人才为其所用。优化人力资源的同时，还能保证内部创业员工或组织团队是原企业“盟军”而非成为“叛军”，才能真正利用激活的小团体实现撬动整个企业大转型的目的。

（三）财税问题与风险

1. 内包＋维持劳动关系模式下的典型财税问题

根据《中华人民共和国个人所得税法实施条例》第六条的规定，个人所得税法规定的各项个人所得的范围包括工资、薪金所得，具体指个人因任职或者受雇取得的工资、薪金、奖金、年终加薪、劳动分红、津贴、补贴以及与任职或者受雇有关的其他所得。企业与员工个人订立承包合同，同时继续维持劳动关系，如果该承包合同与其工作无关，则员工承包收入属于经营所得，按年汇算清缴。员工承包项目创造的收入属于非履行工作职责，则承包项目产生的收入不属于公司收入。如果公司与员工个人订立的承包合同属于履行工作职责，则员工收入应归属劳动分红，按照工资薪金缴纳个人所得税，由单位代扣代缴。员工履行工作创造的收入属于企业整体收入，应由企业缴纳企业所得税。如果企业没有对员工个人劳动分红代扣代缴个人所得税，则可能面临被处罚风险。

2. 解除劳动关系模式下的典型财税问题

如果员工辞职，成立新公司与原公司合作，员工与原公司不存在隶属关系，则其之间为正常商业合作关系。员工新成立公司与原公司之间发票管理、企业所得税独立核算，员工新成立公司分红应为员工代扣代缴个人所得税。

3. 内部孵化创业模式下的典型财税问题

企业提供全方位的支持，包括但不限于业务、资金、技术、管理经验等，员工技术入股，此种属于较为常见的股权激励模式。内部孵化模式下员工创业种类很多，本部分就股权激励展开论述，企业实施内部创业类股权激励，涉及优秀员工确认、考核标准、退出变现条件等问题。企业实施内部创业股权激励，上市公司需要依据《上市公司股权激励管理办法》进行处理，非上市公司比照《上市公司股权激励管理办法》执行。

（1）对股权激励计划实行后立即可以行权的，上市公司可以根据实际行权时该股票的公允价格与激励对象实际行权支付价格的差额和数量，计算确定作为当年上市公司工资薪金支出，依照税法规定进行税前扣除。

（2）对股权激励计划实行后，需待一定服务年限或者达到规定业绩条件（以下简称等待期）方可行权的。上市公司等待期内会计上计算确认的相关成本费用，不得在对应年度计算缴纳企业所得税时扣除。在股权激励计划可行权后，上市公司方可根据该股票实际行权时的公允价格与当年激励对象实际行权支付价格的差额及数量，计算确定作为当年上市公司工资薪金支出，依照税法规定进行税前扣除。

4. 税务风险管控建议

（1）内部孵化创业模式下，享受递延纳税税收优惠

个人因以技术成果投资入股取得的股票（权），实行递延纳税期间，扣缴义务人应于每个纳税年度终了后30日内，向主管税务机关报送“个人所得税递延纳税情况年度报告表”。

企业实施股权激励或个人以技术成果投资入股，以实施股权激励或取得技术成果的企业为个人所得税扣缴义务人。递延纳税期间，扣缴义务人应在每个纳税年度终了后向主管税务机关报告递延纳税有关情况。

个人以技术成果投资入股享受递延纳税政策的，无须个人投资者到税务机关办理备案，相关备案手续由被投资企业向主管税务机关报备。

（2）评选合格的“内包”人员，提前做好个税筹划

内包人员无论保持劳动关系创业，还是解除劳动关系创业，公司均看中其执行力、决策力等，内包人员可结合任职年限、忠诚度、绩效考评等标准确定。

另外，内包人员既有工资收入，又享受劳动分红，劳动分红属于工资薪金所得，两部分所得相加，员工可能面临相对较高的个人所得税，所以应提前做好个税筹划。

(四) 合规管理工具

内部承包经营合同

甲方:(单位)

统一社会信用代码:

乙方:(个人)

身份证号码:

甲乙双方就甲方________业务,甲方发包给乙方,乙方自愿承接,经甲乙协商一致,甲乙双方签订如下内部承包经营合同。

一、承包经营业务基本情况

1.1 业务名称:________________。

1.2 业务地点:________________。

1.3 业务范围:________________。

1.4 业务数量与质量:________________。

1.5 业务完成进度与完成日期:________________。

1.6 承包经营期限自____年____月____日起,终止日为方案________。

方案A:____年____月____日。

方案B:________________。

1.7 其他:________________。

二、甲方权利与义务

2.1 甲方有权根据甲乙双方约定对乙方承包经营的业务进行跟踪、指导、监督,督促乙方开展承包经营业务工作,加强对乙方承包经营中的技术、数量、质量、安全、财务核算等方面的工作进行指导和监督,检查、监督乙方的承包经营工作情况。

2.2 甲方根据甲乙双方约定的日期、数量、质量等事项对乙方承包经营的业务进行验收与评估。

2.3　乙方如有对外进行商务合作的需求，需要使用甲方名义对外合作，应当事先向甲方申请，甲方尽力配合乙方开展承包经营业务。

2.4　对乙方承包经营业务进行检查，发现问题和隐患有权责令乙方停工停产，予以改正，直至解除本合同。

2.5　乙方如有对外合作，合作方应支付的合同款项应当支付至甲方，甲方可根据乙方申请扣除规定的税费后按照甲乙双方约定的承包经营收入支付至乙方。

2.6　乙方承包经营业务实行单独核算、自负盈亏，甲方不承担乙方承包经营业务过程中发生的对外债务、经营风险、用工风险、财物风险、技术风险等。

2.7　在乙方需要时，应乙方书面申请以甲方名义向相关方主张权利时，甲方可予以配合，由此产生的相关费用由乙方承担。

2.8　应乙方书面申请，甲方可为乙方承包经营业务提供资金垫付，乙方应按照年利率________支付甲方利息。

2.9　甲方有权就任何一笔垫付的费用向乙方进行追偿，甲方的追偿与应当支付乙方的承包经营收入相互独立，乙方不得以甲方未付承包经营收入为由进行抗辩。

三、乙方权利与义务

3.1　乙方有权根据甲乙双方约定在内部承包经营范围内独立自主地开展业务活动。

3.2　乙方在内部承包经营期内不受甲方对于建立劳动关系劳动者相关规章制度的约束，即在规章制度范围内乙方既不享受劳动者的权利，也不履行劳动者的义务。

3.3　乙方严格执行甲方关于内部承包经营的相关规定，应当保质保量、按时全面、环保安全地履行承包经营义务。

3.4　乙方有权根据承包经营需要，自行招聘录用人员、设置内部机构、制订内部各项管理制度及各类人员的岗位职责，但上述人员不得与甲方建立劳动关系，乙方也不得采用任何形式使用甲方的劳动者，乙方在录用人员前应当将录用名单向甲方备案并向录用人员明示甲乙双方之间的内部承包经营关系，乙方自行管理人员，发放人员劳动报酬，乙方因自行使用人员出现劳动争议、劳务纠纷、人身损害赔偿等事项，应积极解决并承担由此产生的费用，如造成甲方任何损失均由乙方承担，若按照法律规定或生效法律文书由甲方对乙方使用的人员承担了法律责任，甲方有权向乙方追偿。

3.5　在承包经营业务过程中如发生产品与服务质量问题、安全生产事故、环保、治安、其他经济纠纷等而导致甲方被罚款、赔偿、声誉等一切损失均由乙方承担。

3.6　乙方在承包经营过程中出现采购、销售、租赁等情形时，均应与相对方签订书面合同，书面合同须经甲方审核同意，合同内容凡是涉及甲方义务或责任的均由乙方履行和承担。需要通过甲方名义对外付款的，应当向甲方提出委托付款申请并提供合同、送货单、结算单、发票等凭证及甲方要求的其他文件或材料，上述费用乙方须提前____日向甲方先行足额支付。

需要以甲方名义对外开具发票的，应当向甲方提出委托开票申请并提前____日提供合同、送货单、结算单、收款信息等凭证及甲方要求的其他文件或材料。

3.7　如因承包经营业务的需要以甲方名义进行诉讼、仲裁、发送书面文件或直接与第三方交涉的，乙方应向甲方书面申请，甲方予以配合，因此发生的全部费用由乙方承担。

3.8　乙方负责内部承包经营业务相关的财产、人身伤害等有关商业保险。

3.9　乙方对内部承包经营业务所有内容均已充分了解，并且愿意承担因内部承包经营带来的一切风险与责任。

3.10　乙方对外进行商务合作需要使用甲方名义的，应当事先征求甲方意见，甲方未同意的，乙方不得以甲方名义对外合作，否则承担由此导致的所有责任。

3.11　乙方在承包经营业务过程中不得未经甲方同意以甲方名义对外

进行采购、销售、租赁、招聘、广告等业务。如有第三人向甲方主张权利，由此产生的案件受理费、保全费、保全保险费、执行费、律师费、差旅费等相关费用均由乙方承担。

3.12　乙方应于本合同签订之日起____日内向甲方缴纳履约保证金________元。经营期限届满甲方向乙方归还保证金本金，不含利息。

四、费用与结算

4.1　甲乙双方费用结算详见附件。

4.2　乙方内部承包经营收入根据业务进展每月或业务阶段性完成结果进行结算。

4.3　乙方对甲方为内部承包经营，对外以甲方名义进行商务合作，因此乙方对外所有合同款项无论以何种形式付款或收款，均应进入甲方账户，由甲方统一管理。

4.4　甲方收（付）款账户信息如下：

户　名：

开户行：

账　号：

甲方开票信息如下：

户　名：

开户行：

账　号：

纳税人识别号：

电　话：

4.5　乙方收款账户信息如下：

户　名：

开户行：

账　号：

五、其他

5.1　甲乙任何一方可提前____日解除本合同。未提前通知的，违约方按照每日____元的金额向守约方支付违约金。

5.2　甲乙双方应确保双方在签订、履行、终止本合同中知晓的对方任何材料与信息均予以保密，任何一方未经对方许可，不得泄露、利用或允许他人使用，不得将上述材料与信息用于本合同外的用途。否则，应赔偿对方损失。

5.3　如出现纠纷，双方应协商解决。协商不成时，任何一方可向甲方所在地人民法院诉讼解决。

5.4　本合同一式两份，经甲乙双方盖章签字后生效，双方各执一份，具有同等法律效力。

甲方：　　　　　　　　　　　　　　　　乙方：

日期：____年____月____日　　　　　　日期：____年____月____日

附件：费用结算明细表（略）

劳动合同中止协议书

（员工个人在劳动合同中止期间进行个人承包经营）

甲方（用工单位）：________________________________

乙方（劳动者）：________　性别：________　身份证号码：________

联系电话：________________　家庭住址：______________________

甲乙双方经协商一致，乙方以个人形式承包经营甲方________业务，双方于____年____月____日签订劳动合同。现乙方向甲方申请中止劳动合同，甲、乙双方在平等自愿、协商一致的原则下，订立本协议，以便共同遵守。

一、合同中止期限

劳动合同中止期限自____年____月____日起至乙方个人承包经营期限结束为止。

二、工龄计算

工龄计算按照下列方案________。

方案 A：乙方在劳动合同中止期间不计算为在甲方的工作年限。

方案 B：乙方在劳动合同中止期间计算为在甲方的工作年限。

三、合同中止期间的待遇

劳动合同中止期间，乙方不享受甲方的工资、奖金等所有薪酬福利待遇。

四、劳动合同中止期间的社会保险、住房公积金缴纳

甲乙双方确认在劳动合同中止期间的社会保险、住房公积金缴纳按照方案________。

方案 A：乙方的社会保险与住房公积金缴纳暂停，即甲方不需要为乙方缴纳社会保险。

方案 B：乙方的社会保险与住房公积金继续缴纳，甲方与乙方各自按照当地规定缴纳单位部分与个人部分。

方案 C：____。

五、劳动关系处理

劳动合同中止期间，乙方必须遵纪守法，如从事非法活动或发生对甲方造成严重影响的行为，符合《中华人民共和国劳动合同法》规定的用工单位解除劳动合同情形的，甲方有权按规定解除与乙方的劳动合同关系并结束乙方以个人形式承包经营甲方________业务。

六、期限届满

6.1　劳动合同中止期限届满，乙方若提出继续签订劳动合同中止协议，须经甲方同意后重新签订协议。

6.2　乙方愿意回甲方工作，须在中止协议期满 3 日前提出申请，以便甲方及时安排工作。劳动合同中止协议期满后，乙方未至甲方履行劳动合同的，视为乙方主动解除劳动合同，乙方应根据离职管理规定办理相关手续。

七、特别约定

7.1　合同中止期间，甲方根据生产经营以及公司管理等客观需求，可另行安排其他员工从事乙方现有岗位的工作。劳动合同中止期限届满，乙方申请回甲方工作的，甲方有权根据甲方发展需要对乙方工作岗位和工作内容另行安排，如有合适岗位可优先考虑，并有权根据甲方业务经营情况对乙方进行调岗、调薪等处理。

7.2　本协议在履行期间，如遇政策调整等客观因素发生变化时，可以依照相关政策执行。

八、协议生效

本协议自签字盖章之日起生效，在协议执行期间，双方不得随意变更或解除协议，本协议未尽事宜，应由甲乙双方根据国家的有关政策规定进行协商，作出补充规定。补充规定与本协议具有同等效力。

九、送达地址

9.1　乙方送达地址：

乙方确认上述地址或其在劳动合同中所填写的住址及联系方式为邮寄送达地址。

9.2　上述送达地址适用范围包括但不限于各类告知书、通知书、协议文件、诉讼或仲裁文书，送达主体可以是甲方、人民法院、仲裁委员会及各行政机关。

9.3　以上送达地址、联系方式发生变更的，乙方应于变更3日之内书面通知甲方，否则自行承担相应责任；履行变更通知义务的，以变更后的送达地址为有效送达地址。

9.4　甲方依照前述地址采用快递的方式向乙方寄送有关信函、通知等文件，甲方寄出第四日即视为已送达。直接送达的，送达人当场在送达回证上记明情况之日视为送达之日；采用电子邮件方式送达的，以电子邮件发送成功视为送达。

十、争议解决

因本协议发生争议，双方应友好协商，协商不成，任何一方均有权向甲方住所地有管辖权的劳动人事争议仲裁委员会申请仲裁。

十一、本协议一式两份，甲乙双方各执一份

甲方（盖章）：　　　　　　　　　　乙方（签字）：

　年　　月　　日　　　　　　　　　　年　　月　　日

协商解除劳动合同书

（员工提出解除，与单位协商一致，单位与员工指定的一方开展业务合作）

甲方：公司

统一社会信用代码：

乙方：员工

身份证号码：

根据《中华人民共和国劳动法》《中华人民共和国劳动合同法》等法律、法规规定及甲乙双方签订的劳动合同，现乙方向甲方提出解除劳动合同，并与甲方协商一致解除劳动合同。经甲乙双方平等自愿协商一致就上述事宜达成如下协议。

一、甲乙双方在____年____月____日签订的劳动合同于____年____月____日起解除。

二、甲方为乙方的社会保险和住房公积金缴纳至____年____月。

三、乙方同意，于____年____月____日前按甲方要求办理完毕工作交接等离职手续，归还所有属于甲方的文件（任何载体）、资料和财物等，否则，由此造成甲方损失的，乙方将承担全部赔偿责任。

四、甲方于____年____月____日向乙方发放其____年____月份工资计________元。

五、乙方承诺，离开甲方后，不得向任何第三方泄露甲方的商业秘密，不从事任何损害甲方利益和名誉的活动。

六、乙方不要求甲方支付经济补偿金等。

七、甲乙双方别无其他争议，乙方承诺不再对本协议及其内容提出任何仲裁、诉讼申请或者其他要求。乙方承诺对本协议内容保密。

八、劳动合同解除之日的次日，甲方与乙方指定的第三方________进行________业务合作，合作协议另行签订。

九、本协议一式二份，经甲乙双方签字盖章后即日生效，甲乙双方各执一份。

甲方（公章）：公司　　　　　　　乙方（签字）：

签字日期：____年____月____日　　签字日期：____年____月____日

第十节　实习生用工与合规管理

（一）用工场景与模型

1. 用工场景

小米集团正式成立于2010年4月，是一家以手机、智能硬件和IoT平台为核心的互联网公司。小米的使命是，始终坚持做“感动人心、价格厚道”的好产品，让全球每个人都能享受科技带来的美好生活。2019年美国《财富》杂志发布的世界500强排行榜中，小米集团成为最快上榜的中国互联网以及科技企业，在上榜的全球互联网企业中排名第7。以下是小米招聘实习生的要求。

岗位职责：向顾客介绍并引导顾客体验小米的各种产品，执行店面经理下达的各项任务；协助、监督店面店铺商品的要货、上货、补货；掌握门店各种设备的基本维护保养知识，保证店面商品陈列有效、适宜。

任职要求：全日制（大专或以上）在校学生；具有较强的沟通能力和服务意识；能吃苦耐劳，愿意承担压力；有相关工作经验者优先录用。

工作时间：按照店铺的实际需要以及员工可以提供的工作时间合理排班。

2. 用工模型

对于图2-10实习生用工模型中的各项元素，我们做如下分析。

用工单位。实习关系中的用工需求方，对实习生行使监督、直接管理

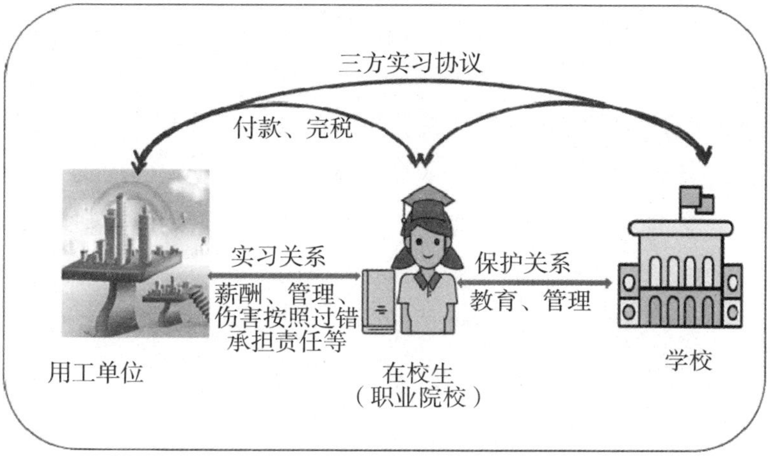

图 2－10 实习生用工模型

的权力，按照三方协议的约定支付工资，对于实习期间发生的意外事故赔偿，根据民事法律规定上的过错原则进行划分。实践中，很多企业会通过招募在校生的方式来满足用人需求。用工单位使用实习生，一方面是出于“先下手为强”招揽人才的目的，另一方面可以提前考察实习生是否符合用人要求，其中也包含成本的因素。在使用实习生的过程中，用工单位应当注意以下三方面的问题：第一，用工单位应当给实习生提供必要的岗前培训、安全教育培训；第二，用工单位应当避免安排实习生加班、晚班，或从事有职业禁忌的工作等；第三，用工单位应当购买商业保险，比如，通过购买雇主责任险来防控实习过程中发生意外事故时赔偿的损失。

在校生。应遵守职业学校的实习要求和实习单位的规章制度、实习纪律及实习协议，爱护实习单位设施设备，完成规定的实习任务，撰写实习日志，并在实习结束时提交实习报告。实习生年满 16 周岁的，本身就具备劳动者主体的资格。换言之，法律并无明文规定在校生不具备劳动关系的主体资格，在校生能够成为劳动关系的主体。只不过，原劳动部发布《关于贯彻执行〈中华人民共和国劳动法〉若干问题的意见》第十二条规定，在校生利用业余时间勤工助学，不视为就业，未建立劳动关系，可以不签订劳动合同。这里需要注意是，法律规定的是“可以不签订劳动合同”，并未禁止签订劳动合同。所以，实践中，亦存在企业使用实习生时，操作不够规范，用工单位与实习生双方之间最终被认定为存在劳动关系的案例。

学校。一般理解学校和在校生之间存在教育、管理及保护的关系，需要根据相关规定给实习生配备专职的辅导老师、制订详细的实习方案等，详见《职业学校学生实习管理规定》中的相关条款。在校生利用业余时间自行到用工单位实习的，在实习过程中发生的损害事宜，学校原则上不需要承担赔偿责任。若属于学校组织的实习，则学校应当尽到管理、保护的义务，否则要面临承担赔偿责任的风险。

实习关系。适用于《中华人民共和国民法典》及相关法律规定，属于一种比较特殊的民事法律关系。在这种业务场景之下，实习可以是无偿的，也可以是有偿的，由用工单位与实习生双方进行约定。用工单位向实习生支付劳动报酬时，需要按照法律规定进行纳税申报事宜。实习生在缴纳个人所得税时，是按照工资、薪金所得来预扣预缴，还是按照劳务报酬进行预扣预缴，目前实践中，各省（区、直辖市）操作存在一些差异。

（二）典型问题与风险

1. 建立事实劳动关系的风险

在传统观念中，实习生还未毕业，基于其学生身份不能与企业建立劳动关系，双方发生纠纷属于劳务纠纷，但近年来随着实习类型多样化、法律法规的不断完善，实习生与单位之间的法律关系也变得越来越复杂。实习生也可以与企业建立事实上的劳动关系。如果在校生以就业为目的进行实习，且已完成了在校期间的全部学习任务，有明确的求职就业愿望，实习期内接受用工单位的劳动管理，用工单位也支付了相应的报酬，此种情形下，实习生与用工单位之间符合劳动关系的本质特征，即便未签订劳动合同，双方也成立事实劳动关系。

【典型案例】姚某 2011 年 9 月就读于 A 技术学校，学制为 5 年，于 2016 年 7 月毕业。2015 年 4 月，B 公司在 A 技术学校招聘，姚某作为该校的应届毕业生递交了简历，姚某面试后被 B 公司录用，双方于 7 月 13 日签订了“实习生协议”，约定实习岗位为装配工，实习时间自2015年7月13日至取得有效正式毕业证书止，姚某应遵守B公司的“员工手册”、服从管理，否则，公司有权按“员工手册”相关规定进行处罚。姚某进入B公司时，B公司对姚某进行了“员工手册”及其他规章制度的培训。实习工作中，姚某受伤，双方因赔偿问题发生争议，姚某遂提起劳动仲裁，继而起诉至法院，要求确认2015年7月13日至2016年7月11日双方存在劳动关系。

【审理结果】一审法院认为，姚某与B公司签订“实习生协议”时已满19岁，符合劳动法规定的就业年龄。B公司在明知姚某系2016届应届毕业生的情况下与其签订了“实习生协议”，该“实习生协议”明确姚某受B公司管理，遵守公司“员工手册”，公司对其进行培训、考核、发放工资，双方在履行该协议过程中具有支配与被支配、管理与服从的从属关系，符合劳动合同的特征，该“实习生协议”应认定为劳动合同，故自2015年7月13日起双方之间存在劳动关系。

2. 实习生遭受人身事故伤害导致赔偿的风险

根据《中华人民共和国民法典》和《中华人民共和国安全生产法》的相关规定，实习生在工作中如发生生产事故造成人身损害的，企业需要承担赔偿责任。但若实习生就事故本身存在过错，可以适度降低企业的赔偿责任。

一方面，实习生在实习过程中遭受意外伤害的风险比退休返聘人员的比例要高，通常企业会将实习生安排在一些辅助性岗位上，或者从事较基础的一些工作，这些工作不乏外出实践、参观、递交材料等类似“跑腿”的工作，这无疑增加了实习生遭受意外伤害的风险。另一方面，由于实习生大多在学校学习，对工厂类企业的机器操作、化工用品、仪器设备等方面接触较少、安全意识较差，发生意外的风险也较大。一旦造成伤害不仅涉及赔偿问题，还可能带来严重的安全事故。所以，类似企业在招聘实习生的时候应务必进行系统培训，杜绝直接上岗。

【典型案例】柴某2015年5月20日作为甲学校的在校生在乙公司处进

行岗前实习，实习期间报酬为每月2200元。2015年7月12日，柴某在实习岗位被冲床压伤右手，经鉴定为六级伤残，后柴某将乙公司、学校及学校投保的保险公司起诉至法院，要求支付医疗费、住院伙食费、误工费、残疾赔偿金、残疾辅助器具费、交通费、精神损害抚慰金、鉴定费等总计53万余元。

法院审理认为，甲学校未对实习学生进行培训，未定期安排校内指导老师了解柴某的实习情况，未尽到安全管理职责，对柴某的伤害承担70%的责任，因其应当赔偿的金额在保险公司承保范围内，最终由保险公司承担赔偿责任。乙公司作为实习单位，未对包括柴某在内的实习学生进行岗前培训，未尽到安全管理职责，且柴某伤害事故的发生与乙公司安排学生过度劳动等有关，故乙公司对事故的发生具有过错，对柴某的伤害承担30%的责任，最终法院判决乙公司承担赔偿金16万余元。

3. 聘用"外籍实习生"构成非法用工的风险

外籍留学生在中国实习的，需要将其所持居留证件加注勤工助学或者实习地点、期限等信息，否则，不得在校外勤工助学或者实习。外国人在中国就业应当持有外国人就业证，如不符合上述规定，则均构成"非法用工"。同时涉嫌非法就业与非法居留，企业还将承担行政处罚风险。

4. 法律风险管控建议

（1）审查实习生资格

企业应注意审查"实习生"的资格，根据《高等学校学生勤工助学管理办法》和原劳动部《关于贯彻执行〈中华人民共和国劳动法〉若干问题的意见》规定执行。在校生利用业余时间勤工助学，不视为就业，未建立劳动关系，可以不签订劳动合同。实习生主体应具备以下条件。

①实施学历教育的全日制本科高等学校、高等职业学校和高等专科学校学生。

②在读，未领取毕业证或结业证。

③实习目的为勤工助学。

因此，企业在招用实习生时应结合上述3个条件，核查实习生是否具备实习生身份，对于非全日制学习阶段的学生，例如在职研究生、函授教育的学生，就不属于实习生，企业应当与这些学生签订劳动合同，而非实习协议。

此外，如果聘用外国在中国的留学生，需要在其所持居留证件上加注勤工助学或者实习地点、期限等信息。

企业可以要求实习生提供身份证及学生证原件，留存上述证件的复印件存档，核查学生是否在读，是否具备实习生的主体资格，但是核查身份时不得扣押学生的身份证原件、不得要求学生提供担保或者以其他名义收取学生财物。

（2）与实习生签订实习协议

根据《职业学校学生实习管理规定》第十二条的规定，“学生参加跟岗实习、顶岗实习前，职业学校、实习单位、学生三方应签订实习协议”。《高等学校学生勤工助学管理办法》第二十八条的规定，“学生在校外开展勤工助学活动的，学生勤工助学管理服务组织必须经学校授权，代表学校与用人单位和学生三方签订具有法律效力的协议书”。企业应与实习生签订实习协议，明确约定实习生的工作时间、工作要求、劳动报酬、事故责任，应特别注意在协议中明确公司招用的背景是提供实习机会，而非就业，降低被认定为事实劳动关系的可能性。

（3）对实习生进行岗前培训

企业应在实习生正式上岗前对其进行有关工作流程、安全生产教育的培训、考核，以便未来实习生在工作期间发生人身伤害事故时，企业可主张实习生因违反公司安全操作流程自身具有一定过错，从而减少公司的赔偿责任。在此提醒企业，对实习生进行培训时应注意做好培训记录，并确保学生签字确认。

（4）为实习生购买保险

企业应为实习生购买人身意外伤害保险、雇主责任保险或者实习责任保险。实习生发生意外伤害事故时，保险公司在承保范围内承担赔偿责任。企业与实习生签订的“实习协议”中应明确保险公司的保险赔偿款作为公司承担责任的一部分。

（5）建立实习生名册

企业 HR 应建立实习生名册，记载实习生的在读院校、毕业时间、学生证等信息，定期核查实习生是否即将毕业，对临近毕业的实习生应尽快签订劳动合同，防止毕业后继续用工未签订劳动合同的情况发生，否则企业将承担未签劳动合同补偿双倍工资的责任。

（三）财税问题与风险

实习生用工分为在校生利用业余时间勤工助学和签订三方协议的顶岗实习生两种模式。两种模式下实习生劳动报酬在计征个税及企业所得税时有所不同。实践中，进行个税代扣及企业所得税扣除时应从实质出发，关注实习生是否与用工单位形成人身依附关系。如用工单位向签订三方协议的顶岗实习生支付劳动报酬，应按工资薪金所得预扣预缴税款，因为顶岗实习生提供的服务不具有独立性，与企业具有管理与被管理的关系，具有人身依附性；如用工单位向勤工助学的实习生支付劳动报酬，应按劳务报酬所得预扣预缴税款，因为勤工助学的学生提供的服务，一般情况下具有独立性。用工单位采用实习生用工模式，应依法依规为招用的实习生进行个税代扣代缴，根据实际情况进行企业所得税税前扣除，避免失误造成税务风险进而承担行政责任。

税务风险管控建议

企业可鼓励实习生办理税务登记或临时税务登记，凡办理了税务登记或临时税务登记的小规模纳税人，月销售额未超过 10 万元（按季纳税的小规模纳税人，季度销售额未超过 30 万元，下同）的，都可以按规定享受增值税免税政策。未办理税务登记或临时税务登记的小规模纳税人，除特殊规定外，则执行《中华人民共和国增值税暂行条例》及其实施细则关于按次纳税的起征点有关规定，每次销售额未达到 500 元的免征增值税，达到 500 元的则需要正常征税。对于经常代开发票的自然人，建议主动办理税务登记或临时税务登记，以充分享受小规模纳税人月销售额 10 万元以下免税政策。

（四）合规管理工具

实习协议书（一）

甲方（用工单位）：________________________________

统一社会信用代码：________________________________

联系地址：________________________________

乙方（实习生）：__________　性别：__________　年龄：________

身份证号码：____________________　联系电话：________________

所在学校：____________________　专业：______________________

乙方本着提高自身专业知识与工作实践相结合的精神，自愿到甲方单位实习。为明确双方的权利和义务，经协商一致特签订如下协议。

一、实习要求

乙方应如实向甲方提供本人实际情况，并根据甲方要求出具相应有效证明（如身份证、体检证明等），如乙方提供的身份证、体检证明等资料有弄虚作假或欺骗甲方之事实，则甲方可随时解除本协议。

二、实习期限

1. 实习时间自____年____月____日起至____年____月____日。

2. 实习期满后，即使乙方已领取毕业证书，甲方也无义务必须录用其为正式员工。如实习结束，经双方协商愿意建立劳动关系的，则甲方将优先录用乙方为正式员工。

三、实习岗位及工作时间

1. 甲方根据客观情况并结合乙方的专业知识和个人能力，合理安排乙方在不同或同一实习部门进行实习，其岗位职责和工作要求按实习部门有关规定执行。

2. 乙方同意甲方和实习部门可根据工作需要或根据其工作表现和能力，变动乙方的实习岗位。

3. 乙方承诺按时完成规定的工作数量并达到规定的质量标准，同意认真、主动、及时地完成甲方安排的其他工作内容和任务。

四、实习管理

1. 实习期间甲方指定部门主管负责乙方的日常管理，实习期满以后，应对乙方的实习表现做出客观评价。

2. 如果实习期内，乙方不符合甲方的工作标准要求，甲方有权随时提出解除本协议且无须支付任何补偿或赔偿。

3. 在实习期间，若乙方未按规定作业、违反甲方规章制度或违反法律法规规定，导致伤害事故或任何民事、刑事纠纷或赔偿发生的，全部责任由乙方自行承担。

4. 实习期间乙方应遵守的规定。

（1）乙方应遵守国家的法律法规，否则甲方有权依法解除本协议。

（2）乙方应遵守甲方的规章制度、劳动纪律及管理规定，如有违反的，甲方有权随时解除本协议。

（3）乙方应遵守甲方的操作规程，如有违反造成甲方财物等损失，乙方应承担相应赔偿责任。

（4）乙方有违反劳动纪律或甲方规章制度、严重失职、对甲方利益造成重大损失或被依法追究刑事、民事责任等行为的，甲方有权无偿予以辞退。

（5）乙方同意并承诺如乙方在非工作时间或非工作场地或因非工作原因所产生的一切人身事故、伤害或其他经济及法律责任均由乙方自行承担，与甲方无关。

五、实习报酬

甲乙双方一致确认，乙方在实习期内甲方支付给乙方的实习报酬不得低于当地最低工资标准。

六、劳动保护

甲方需为乙方提供符合国家规定的安全卫生的工作环境，保证其在人身安全不受危害的环境条件下工作。

七、保密约定

1. 保密信息包括但不限于客户资料、甲方的营销计划、采购资料、定价政策、不公开的财务资料、进货渠道、产销策略、项目组人员构成、费用预算、利润情况及商业模式、技术方案、设计要求、服务内容、制造方法、工作流程、技术指标、计算机软件、数据库、运行环境、技术文档、涉及商业秘密的业务函电、OA 系统后台信息和权限内使用系统等的内容。

2. 乙方为承担本协议约定的保密责任，应妥善保管有关的文件和资料，未经甲方书面许可，不得对其进行复制、拍照，私自盗用、泄密、仿造等。不得以泄露、告知、公布、发布、出版、传授、转让或者其他任何方式使任何第三方（包括按照保密协议规定不得知悉该项秘密的甲方其他职员）知悉属于甲方或者虽属于他人但甲方承诺有保密义务的技术秘密或其他商业秘密信息，也不得在履行职务之外使用这些秘密信息。

3. 无论乙方因何种原因离职，离职之后仍对其在甲方任职期间接触、知悉的秘密和其他商业秘密信息，承担如同任职期间一样的保密义务；乙方离职后仍负无限期保密义务，直至甲方宣布解密或者秘密信息实际上已经公开。

4. 乙方离职时或者于甲方提出请求时，返还全部属于甲方的财物，包括记载着甲方秘密信息的一切载体。但若记录秘密信息的载体是由乙方自备的，且秘密可以从载体上消除或复制出来，可以由甲方将秘密信息复制到甲方享有所有权的其他载体上，并把原载体上的秘密信息消除。

5. 乙方对甲方发放的薪资予以保密，包括薪资总额、薪资构成、发放时间与发放方式等，乙方承诺不得向任何第三方（包括甲方其他员工）泄露、透露以上内容。

6. 乙方违反以上条例的，视为乙方严重违约，甲方有权解除本协议且不支付补偿，并要求乙方支付违约金____元。构成犯罪的，移送司法机关处理。

八、知识产权

在实习期间，乙方利用甲方生产设备或物质条件所开发的项目成果所有权属于甲方。

九、协议终止与解除

1. 双方协商一致，协议可提前终止。

2. 协议期满自然终止。

3. 实习期间乙方如违反本协议第四条第四款约定情形的，甲方除选择解除本协议外，也可根据具体情况对乙方做出批评、警告等处理。

4. 甲乙双方任何一方提前____日提出解除，可解除本协议。

十、有下列情况之一的，甲方有权调整或变更乙方的实习岗位

1. 根据乙方的工作能力及表现，不适宜在原实习岗位继续工作的。

2. 不可抗力的因素或其他客观情况变化，导致乙方不能继续在原实习岗位工作的。

十一、双方约定的其他事项

1. 甲方的“员工手册”等相关管理办法、规章制度、规定及“保密协议”作为本协议的附件，不可分割也不可分开解释，并且具有同等法律约束力。

2. 对乙方在甲方处实习的问题，乙方承诺其已告知所在学校并已征得学校同意。如因乙方违反本条约定，给所在学校或乙方本人造成损失或损害的，甲方不承担任何责任且有权随时解除本协议。

3. 本协议未尽事宜由甲乙双方协商解决。因本协议而引起的纠纷，经协商或调解不能解决的，甲乙任何一方均有权向甲方所在地人民法院提起诉讼。

4. 本协议一式二份，甲方、乙方双方各执一份。本协议经甲乙双方签字盖章后生效。

甲方（盖章）：　　　　　　　　乙方（签字）：

法定代表人或委托代理（签字）：

____年____月____日　　　　　　____年____月____日

实习协议书（二）

协议编号：

甲　方：

法定代表人：

地　　址：

联系电话：

乙方姓名：	性　　别：
出生日期：	文化程度：
居民身份证号码：	家庭住址：
就读学校：	学　　号：
电子邮件：	邮政编码：
联系电话：	其他联系人及联系方式：

根据中华人民共和国有关法律法规及当地相关规定（以下简称“中国法律”），甲乙双方就甲方为乙方提供实习机会一事，经平等协商，签订本协议，共同遵守。

第一条　乙方在甲方的实习期不得超过乙方取得毕业证书的日期（一次签订最长为 6 个月，到期后可续签，但最长不得超过乙方取得学校毕业证书的时间）。乙方实习自____年____月____日（以下简称“起始日”）起至____年____月____日。

第二条　乙方应于起始日前在甲方指定的医院进行常规体检，并至少于起始日前 10 日内向甲方提交体检结果证明，甲方认为乙方身体状况不宜从事实习工作，有权自主决定不接受乙方实习。

第三条　乙方须向甲方出具经所在学校（院系）盖章的“在校学生证明”和其他辅助证明（如学生证、实习推荐函等）以证实乙方的在校学生身份。如果乙方弄虚作假，甲方有权立即解除本实习协议，并不承担乙方因造假产生的甲方的所有责任。甲方有权向有关部门申请，追究乙方法律责任。

第四条 甲方承包________公司的________外包业务，安排乙方到实习地________部门，实习内容为从事________实习工作。

第五条 实习期间，甲方如欲调换乙方的实习岗位或改变其实习内容，可根据实际情况自主决定，并且书面通知乙方，双方将就本协议项下第一条、第四条、第六条的内容签署补充协议，作为本协议的附件。

第六条 乙方将每日实习________小时，每周实习________小时。

第七条 实习期间，甲方将于每月____日（以下简称“支付日”）向乙方支付实习津贴人民币________元/月（税前），如符合缴纳个税标准，甲方将代为扣缴个人所得税。

第八条 实习期间，由甲方负责为乙方购买学生实习保险，如乙方因从事实习活动发生意外事故造成死亡或伤残，甲方协助乙方向保险公司申请索赔，乙方及其家属应给予必要的协助。

第九条 甲方承诺，实习期间为乙方提供实习所必需的实习场所和实习条件，满足乙方在实习期间从事委托单位所指派的实习任务的需求。

第十条 实习期间，乙方不得从事任何与实习岗位和实习内容无关的活动，未经工作单位书面同意，乙方不得以工作单位之名义对外从事业务活动。

第十一条 实习期间，甲方依据工作单位内部的规章制度（略）对乙方实施劳动管理。乙方应遵守上述劳动纪律和各项规章制度，服从工作单位的管理。如乙方违反工作单位的劳动纪律或相关规章制度，或有其他不良行为，甲方可随时解除本协议，并以书面形式告知乙方。

第十二条 实习期间，甲乙双方可就乙方的实习情况进行不定期交流。如乙方表现不佳，甲方有义务敦促乙方于____日内改进。如乙方表现仍不符合工作单位的实习需求，甲方有权随时停止乙方的实习。

第十三条 乙方理解并同意，甲方可视实习需求，自主决定解除本协议，但甲方需提前____个工作日书面通知乙方。

第十四条 乙方拟解除本协议，必须提前____日以书面形式通知甲方。但是乙方必须按照甲方规章制度，办理工作交接，并返还工作财物。

第十五条 实习期间，在任何一个连续的30日内，如乙方无正当理由旷工3日，视为乙方自动解除本协议。甲方于3个工作日内以书面形式告知乙方。

第十六条 本协议期限届满，即行终止。

第十七条 甲方或乙方因不可抗力及其他正当理由无法履行本协议时，本协议自动终止，甲方将以书面形式告知乙方。

第十八条 本协议解除或终止时，甲方无须向乙方支付任何经济补偿金。

第十九条 实习期间，乙方擅自离职不归还其所占用甲方财物的，甲方可向乙方追还，如乙方未能归还，则甲方有权代委托单位依照中国法律之规定追究乙方的法律责任。

第二十条 实习期间，因乙方过错，或其违反委托单位内部的规章制度给委托单位造成经济损失的，乙方应赔偿委托单位的损失。

第二十一条 乙方在委托单位实习期间以及实习结束后的任何时间内，对于在实习中接触或了解到有关委托单位的信息及资料，均应予以保密，不得泄露给任何第三方，否则须承担法律责任及赔偿委托单位的损失，唯进入公知领域者不在此限。

第二十二条 本协议履行过程中，双方可协商变更相应条款或签订补充协议，变更协议或补充协议与本协议具有同等法律效力。任何变更或任何补充唯经双方签署书面协议方可生效。

第二十三条 本协议受《中华人民共和国民法典》调整，并应按中国法律解释。乙方理解无论在任何情况下，其与工作单位不构成劳动关系。

第二十四条 双方一致同意，如本协议履行中发生任何争议，双方均应本着友好协商的原则解决。争议发生后7日之内如以协商方式仍不能达成一致的，任何一方可依据中国法律处理。

第二十五条 本协议以中文制成正本两份，具有同等法律效力，双方各执一份。

第二十六条 本协议如有未尽事宜或有任何条款与新颁布、实施的中国法律规定相悖者，应按新颁布和实施的中国法律有关规定执行。

第二十七条 本协议将取代委托单位与乙方先前以口头或书面形式所

达成的任何协议。

第二十八条 本协议经双方于首页载明之日期签署，并经甲方及乙方加盖公章、签字后生效。

甲方：　　　　　　　　　　　　　　乙方：

法定代表人

或授权代表签字：　　　　　　　　　签字：

公章：

日期：　　　　　　　　　　　　　　日期：

附件：解除实习协议通知书

解除实习协议通知书

________先生/小姐：

您与公司于____年____月____日签订了“实习协议”，现因________原因，拟决定从____年____月____日起与你解除上述“实习协议”。

特此通知！

通知方（盖章）：

____年____月____日

签收回执

本人已经收到________公司于____年____月____日发出的“解除实习协议通知书”。

被通知方（签名）：

____年____月____日

学生毕业前顶岗实习协议书

甲方（实习单位）：

乙方（实习生姓名）：

丙方（学生所在二级学院）：

为使毕业生更好地了解企业，了解实际生产、工学结合、理论联系实际、完善知识结构，为以后顺利走上工作岗位（就业）打下坚实的基础，也为企业的人才招聘提供便利。经协商，并经过实习单位与学生“双向选择”，甲方同意乙方到甲方进行顶岗实习。在实习期间各方权利和义务及相关事宜约定如下：

实习时间：____年____月____日至____年____月____日。

一、甲方享有的权利和应履行的义务

1. 给乙方安排工作时应遵循《中华人民共和国劳动法》的有关规定，并对乙方进行必要的安全教育，采取必要的劳动保护措施，为学生免费提供人身意外伤害保险和相应的劳动保护用品。

2. 可根据需要在同一专业领域为学生安排不同的实习岗位，若由于乙方的原因不能胜任或不服从安排，甲方有权提前终止实习。

3. 结合实际情况，为乙方提供学习专业知识，从事专业实践的机会，并委派专业技术人员进行指导。

4. 负责乙方实习期间的日常管理，提供住宿房源，乙方自签租赁合同；乙方在甲方实习期间的待遇原则上应与甲方相应岗位的员工相同（或按甲方相应实习生待遇规定执行）。

5. 实习结束后，根据乙方的具体表现，为乙方提供一份客观的实习鉴定；如乙方符合甲方用工条件和要求，且甲方同意正式录用，则甲方应与乙方签订《劳动合同》。

6. 对于实习生，甲方负责岗前带薪培训，考核通过择优录取。

7. 乙方在实习期间的实习补贴为：________________。

二、乙方享有的权利和应履行的义务

1. 在允许的范围内，享有学习专业知识、专业技能，参与专业实践的权利。

2. 遵守甲方的劳动纪律和各项规章制度，保守实习单位的技术秘密和商业秘密，实习结束后及时移交相关工作资料和工具，未经允许，不得带走任何资料。

3. 在实习期间，遵纪守法，严格自律，爱护身体，端正行为，服从甲方管理。

4. 乙方应珍惜实习机会，工作中勤思多问，勤学苦练，实习结束后向所在学院提交顶岗实习日志和一份翔实的顶岗实习报告或毕业设计报告。

5. 乙方应客观地宣传甲方，积极引导同学到甲方就业，甲方到学校举行招聘活动时，应主动给予宣传和协助。

6. 乙方应对甲方进行全面了解，择业时在同等条件下优先到甲方就业。

7. 乙方在实习期间与甲方签订实习协议，如果违约应按照协议约定补偿甲方的损失。录用的实习生按照学校规定完成半年的实习规定。

8. 认真完成公司安排的各项日常工作。

三、丙方享有的权利和义务

1. 协助甲方做好宣传、组织报名工作，协助甲方与乙方进行“双向选择”，优先推荐优秀毕业生到甲方就业，对甲方来学校举办招聘活动给予优先安排和重点支持。

2. 协助甲方做好实习生实习期间的思想教育和管理工作。

3. 定期安排校内指导教师到甲方现场指导和了解实习生的工作、生活情况，加强与甲方指导教师的联系和沟通，及时帮助解决实习过程中遇到的困难和问题。

4. 学生在甲方实习期间，发生与工作相关的人身伤害事故，甲方参照工伤保险标准进行救治和赔偿，如发生死亡事故，甲方应按国家有关法律规定承担民事赔偿责任；因学生个人不服从甲方管理、擅自从事与实习内容无关的活动而发生的意外事件，由甲、乙、丙三方共同协商处理；如经协商未达成一致意见，可以通过司法途径解决。

5. 其他未尽事宜，三方协商解决。本协议有效期为实习期间。

6. 本协议一式三份，甲、乙、丙三方各持一份。签字盖章后生效。

甲方（公章）：

法定代表人或授权代表（签字）：

日　期：

乙方（签字）：

日　期：

丙方（公章）：

负责人或授权代表（签字）：

日　期：

第十一节　共享用工与合规管理

（一）用工场景与模型

1. 用工场景

场景一：2020 年 2 月，海信集团旗下公司提出“共享员工计划”，面向制造企业、餐饮、商超、酒店等临时无法营业的企业员工发出要约，采用短期工的方式合作，参与共享员工的报名人员经过面试、体检、培训等环节之后上岗。

场景二：2020 年 2 月初，由于疫情防控需要，横店影视城各景区暂停营业，景区原来的接待人员、服务人员等无工作可做；同时，横店其他的工业企业已经复工，但是由于疫情防控影响，很多员工无法及时返岗开展工作。因此，这些企业主动与横店影视城对接，并达成共享员工合作，暂时借用影视城员工 1000 多人。

这是新冠肺炎疫情期间，典型的两起共享员工事例。特定的背景让共享员工成为破解用工荒、缓解用工单位人力成本、助力企业复工复产的一剂良药，是否会成为趋势有待进一步观察。对于季节性、周期性、用工需求量波动比较大的企业，共享员工依然具有很强的实践意义。

2. 用工模型

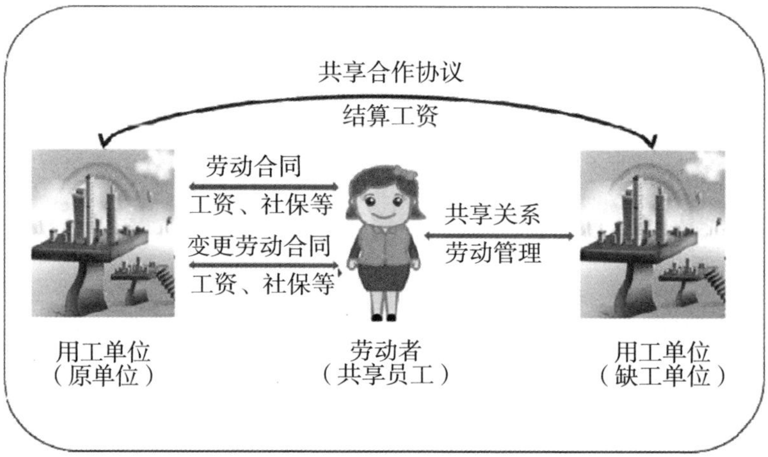

图 2－11　共享用工模型

对于图 2－11 共享用工模型中的各项元素，我们做如下分析。

用工单位（原单位）。共享用工模式中的“原单位”属于劳动力供给方。从劳动者的身份来看，原单位与劳动者（共享员工）之间应当是劳动合同关系，若劳动者属于劳务派遣人员，我们理解，只能通过劳务派遣公司再次派遣来实现“共享”，换个角度来理解，劳务派遣也是另一种意义上的员工共享。不通过劳务派遣公司的再次派遣直接进行员工共享，则违反了《劳动合同法》明确提到的“不得将被派遣劳动者再派遣到其他用工单位”的规定。从劳动关系的履行来看，共享员工不改变原单位与劳动者之间的劳动合同关系，原单位与劳动者可以就共享事宜达成一致，并就达成的内容进行劳动合同变更。原单位依然需要向劳动者按照变更后的劳动合同支付工资、福利待遇、缴纳社会保险费用等。从原单位角度来看，共享用工模式盘活了自身现有的劳动力资源，解决了人力成本的困境。但是，共享出去的员工会不会被缺工单位的薪酬福利待遇、企业文化、管理等所吸引，选择结束与原单位的劳动合同关系加入缺工单位？在员工共享的过程中会不会泄露自身的商业秘密？这些都是共享用工模式之下，企业关注的热点话题，若是从人员流失、商业秘密管理、原单位不能有偿共享员工等因素来看，共享用工模式更像是一种紧急措施，并非未来的一种趋势。

劳动者（共享员工）。有权力决定是否被共享，即共享员工的前提是员工自愿参与。实践中，通常会有以下因素影响员工的选择。第一，收入的因素。当原单位无法正常经营进入停工停产状态时，超过一个工资支付周期后，员工的工资水平面临从正常收入水平直接降至最低工资标准甚至低于最低工资标准的风险，致使员工无力应对房租、房贷、车贷、家庭生活开支等问题。疫情期间有媒体报道，某对夫妻均就职于旅游行业，属于公司中层管理人员，由于旅游行业全面暂停，不得不靠送外卖以解决生活费用问题。第二，工作内容的适应性因素。我们观察到的情况是，共享用工模式适用的岗位，多为任职门槛条件低、具有简单技能或通过简易培训就能胜任的岗位。在共享用工模式中，员工的计薪方式、工作时间等也会发生相应的变化，这些都是影响员工决定是否参与共享的因素。

用工单位（缺工单位）。共享用工模式中的缺工单位属于劳动力需求方，在共享用工模式中，缺工单位可以像劳务派遣中的用工单位一样，对共享员工行使监督、直接管理的权力。共享员工不适应缺工单位工作的，可以与原单位、缺工单位协商回原单位。共享员工严重违反缺工单位规章制度、不能胜任工作以及符合合作协议中约定的可以退回共享员工情形的，缺工单位可以将共享员工退回原单位。

共享合作协议。原单位与缺工单位之间签署的合作协议，适用《民法典》及相关规定，合作协议中可约定共享员工的数量、工作时间、工作地点、工作内容、休息休假、劳动保护条件、劳动报酬标准和支付时间与方式、食宿安排、可以退回共享员工的情形、共享员工发生工伤后的责任划分和补偿办法以及交通费用结算等。

（二）典型问题与风险

1. 劳动关系认定方面

（1）在用工单位与共享员工建立劳务关系的情况下，一方面，共享员工的合法权益得不到充分保障，用工争议也没有强有力的法律裁判依据；另一方面，基于劳务合同双方平等的主体地位，用工单位不能依据规章制度对员工进行监督管理。反之，若用工单位对共享员工提供劳务的过程进行指挥控制，或工作内容明显具备持续性和长期性，则存在用工单位被认定为与共享员工存在事实劳动关系并进而承担一系列用工主体责任的风险。

（2）共享员工与原单位之间被视为非法劳务派遣关系。从形式上来看，共享员工有些像劳务派遣，但是根据现有法律规定，我国劳务派遣实行行政许可准入制度，而原单位一般不具备劳务派遣资质，也不能收取服务费。如果原单位在输出共享员工的过程中进行营利，则有可能被认定为非法劳务派遣，则会面临没收违法所得并处罚款等行政处罚。

（3）如果劳动关系界定不清，共享员工的权利一旦受到侵害，则面临用工单位与原单位之间相互推诿、责任主体不明、权利救济不畅的风险。

2. 工伤认定方面

如果共享员工在用工单位工作期间发生人身伤害，相关部门能否对此认定为工伤存在争议和风险。

（1）如果通过三方“共享员工协议”确定员工与用工单位之间建立劳务关系，用工单位承担的是人身损害赔偿责任。即使原单位为共享员工缴纳了工伤保险，但由于用工单位未缴纳工伤保险，员工所受事故伤害发生于用工单位，则由于缴费单位与事故发生单位不一致，所以共享员工存在无法认定为工伤、无法享受工伤保险待遇的风险。

（2）如果用工单位与共享员工之间被认定为借调关系，根据《工伤保险条例》第四十三条第三款规定，“职工被借调期间受到工伤事故伤害的，由原用人单位承担工伤保险责任，但原用人单位与借调单位可以约定补偿办法”。企业间合作借用员工的，用工单位应继续为员工缴纳工伤保险，员工在用工企业工作期间受伤，可以由用工单位申请工伤认定，并由工伤保险基金和用工单位分别承担员工的工伤保险待遇，合作企业双方可以根据事先约定的补偿办法结算费用。共享员工可以认定为工伤，而用工单位应当按照约定承担补偿责任。

（3）如果共享员工与用工单位之间被认定为劳动关系，共享员工可以要求用工单位按照国家有关规定为其缴纳工伤保险费，但如果用工单位未为共享员工缴纳工伤保险，员工发生工伤时，无法从工伤保险基金申领工伤保险待遇，用工单位面临赔偿员工工伤保险待遇损失的风险，员工亦面临企业赔偿能力不足的风险。

（4）共享员工患病或非因工负伤的医疗期待遇由谁承担，若不幸非因工死亡的，丧葬补助费和供养直系亲属救济费等由哪家企业负担，均是可能产生争议的问题。

3. 劳动报酬支付方面

（1）报酬支付方式

目前实践中有两种支付方式，一种是由用工单位直接向共享员工支付，另一种是由用工单位向原单位支付，再由原单位向共享员工支付。在第一种支付方式下，原单位是否仍应向共享员工支付基本生活费，在无力支付的情况下能否免除其给付义务存在争议。第二种支付方式存在报酬来源混淆，未支付、少支付时责任主体不清等问题。

（2）同工同酬问题

《中华人民共和国劳动法》第四十六条规定，“工资分配应当遵循按劳分配原则，实行同工同酬”。实践中，共享员工同工同酬认定标准存在争议，是按照原单位员工的标准还是按照用工单位员工的标准？如果按照用工单位员工的标准，目前用工单位承诺支付共享员工有竞争力的薪资，有竞争力的薪资是否必须达到与用工单位同岗位员工同等的工资待遇存在争议。实践中合同工、派遣工、劳务工、实习生之间同工不同酬的现象并不少见。法律规定同工同酬主要是解决用工歧视问题，因员工工资待遇与员工的学历、工龄、以往工作业绩等各种因素有关，在司法实践中，员工主张用工单位同工不同酬在举证上较为困难，而对于共享员工来说难度更大。

（3）加班费的计算标准

共享员工需要接受原单位及用工单位的双重管理，如果用工单位与原单位经营模式不同，制度规章不同，特别是在考勤标准的界定方面存在差异的情况下，如何确定加班时间以及加班费的计算标准存在不确定性及风险。例如，共享员工在原单位适用的是标准工时制，即普遍实行的每日工作8小时，每周工作40小时的工时制度，而用工单位为综合计算工时工作制，即以周、月、季、年等为周期综合计算工作时间，但其平均月工作时间和平均周工作时间应是与法定标准工作时间相同的工时制度。企业实行综合计算工时工作制需要报职能部门审批，并明确实行该工时制的岗位和人数，共享员工在与用工单位不存在劳动关系的情况下，显然不能被包含到经审批的人员范围内，那么共享员工的加班费计算标准按原单位的标准工时还是按用工单位的综合工时计算存在争议。

（4）加班费换补休日存在一定障碍

不少企业承诺共享员工在休息日工作的可以要求公司安排补休，由于用工单位与原单位的规章管理制度不同，共享员工结束在用工单位的工作回到原单位后，能否要求在用工单位工作期间的加班时间由原单位安排补休，存在争议和风险。

4. 劳动关系解除方面

劳动关系解除涉及两个层面，一个是共享员工与用工单位之间的解除；另一个是共享员工与原单位之间的解除。这两个层面产生的争议和风险主要体现在以下几个方面。

（1）共享员工对原单位的即时解除权

如果采取由原单位支付基本生活费、用工单位支付劳务费的模式，原单位在支付了共享员工几个月基本生活费后陷入困境无力继续支付，那么将面临共享员工依据《劳动合同法》第三十八条的规定，以用工单位“未及时足额支付劳动报酬”为由，要求与原单位解除劳动合同并支付经济补偿的风险。

（2）解除劳动合同经济补偿金的标准

解除劳动合同经济补偿金以劳动者离职前十二个月的平均工资计算。实践中共享员工的工资支付存在两种模式，一种是由用工单位直接向共享员工支付劳务费，原单位支付基本生活费；另一种是用工单位向原单位支付费用后由原单位向共享员工统一支付工资。上述两种模式存在解除劳动合同经济补偿金计算基数的差异。前者的计算基数可能仅以原单位支付的基本生活费为准，后者则以共享员工获得的全部工资作为计算基数。

（3）原单位的劳动合同解除权

第一，随着全国疫情防控形势的稳定，不少企业陆续复工、复产，而共享员工可能不愿回到原单位工作，又不主动提出与原单位解除劳动合同。此时，如果原单位提出与共享员工解除劳动合同，则面临承担违法解除劳动合同赔偿责任的风险。第二，共享员工在用工单位工作时因违反其规章管理制度或者违反保密协议、严重失误等给用工单位造成损失，用工单位与共享员工解除合同的，原单位能否依据该员工在用工单位的岗位表现、业绩以及过错作为己方同时解除劳动合同的依据。因共享员工并未违反原单位的规章制度，也未给原单位造成损失，如原单位以此为由提出解除劳动合同，将面临承担违法解除劳动合同赔偿责任的风险。

（4）用工单位的合同解除权

用工单位是否享有任意合同解除权，如无正当理由与共享员工解除合同，将其退回原单位，是否承担及如何承担法律责任，亦存在争议和风险。

5. 法律风险管控建议

（1）劳动关系认定方面的法律建议

①针对上述风险及争议，无论采用哪种用工模式，建议员工都要跟原单位、用工单位签订三方“共享员工协议”，协议中明确用工形式、用工关系、用工期间、用工地点、工作要求、工资支付、工时标准、管理规章、劳动保护、社保关系、工伤责任等各自的权利义务，以便通过协议内容认定各方的法律关系。

②如果企业之间进行合作，签订协议进行员工租借，原单位不能以“共享计划”或者其他任何形式向用工单位收取借用员工管理费进而营利，避免出现违法劳务派遣的行为。

（2）工伤认定方面的法律建议

①共享用工模式下，员工实际上是在原企业和用工企业同时就业，根据原劳动和社会保障部《关于实施〈工伤保险条例〉若干问题的意见》第

一条的规定，此种情况下两个用人单位均负有为员工缴纳工伤保险的义务，且一旦发生工伤，由员工受伤时工作的单位承担工伤保险责任。

②作为原单位和用工单位，应当在签订协议时就工伤缴纳、赔偿责任进行明确约定，为了能够减轻单位的风险，用工单位也可考虑是否为共享员工另行购买商业保险，具体是否购买，购买金额等以协议方式进行固定。

③用工单位应当提供劳动保护，特别是在新冠肺炎疫情期间更要注重对共享员工的健康保护，应向员工提供口罩、手套、酒精等必要的防疫用品，同时为减少职业危害、保障共享员工的生命安全和健康提供物质支持，确保工作场所的安全。

（3）劳动报酬支付方面的法律建议

共享员工在与原单位、用工单位签订协议时可以要求原单位与用工单位对工资标准、工资构成、休息时间、加班时间、加班费用计算标准、补休条件等进行明确约定。与此同时，用工单位应当在培训共享员工时，着重将公司的规章制度、考勤制度进行说明，并以抽查、测试等各种方式让共享员工知晓和明晰。另外，用工单位要主动贯彻同工同酬标准，维护良好的用工关系。

（4）劳动关系解除方面的法律建议

①共享员工与原单位、用工单位在签署协议时应明确共享员工与用工单位的用工关系及与原单位的劳动关系解除的条件和情形，解除“共享协议”及“劳动合同”的法律后果，包括经济补偿金、违约金的支付情形和主体等。

②协议应对原单位和用工单位各自的用人规章制度、对共享员工的适用问题进行约定。建议明确共享员工负有同时遵守原单位和用工单位规章制度的义务；明确共享员工违反用工单位规章制度的，视同违反原单位规章制度，原单位有权单方解除劳动合同；明确共享员工违反用工单位规章制度，用工单位是否可以主动退回共享员工。

③在用工单位与原单位分别支付工资和劳务费的情况下，应明确约定解除劳动合同补偿金的计算基数。

④如果用工单位存在违反三方协议、损害共享员工基本权益的行为，

原单位在追究对方违约责任的同时，也应当及时安排共享员工接下来的工作，保障其合法权益。

（三）财税问题与风险

根据前文介绍，虽然共享用工在吸纳社会闲散劳动力、分担企业停工带来的人力成本等方面具有积极作用，但实践中共享员工模式在税务处理方面仍存在亟待解决的问题。

1. 用工企业向共享员工原单位支付的费用定性问题

根据《中华人民共和国企业所得税法》第八条的规定，“企业实际发生的与取得收入有关的、合理的支出，包括成本、费用、税金、损失和其他支出，准予在计算应纳税所得额时扣除”。用工单位向共享员工原单位支付服务费用，共享员工原单位为用工企业提供发票，我们认为共享员工工资薪酬属于《中华人民共和国企业所得税法》规定的原单位的税前扣除项目。用工单位则根据共享员工原单位发票做税前扣除。

如果由用工单位直接向员工支付工资，应作为工资薪金的支出和取得的福利费支出，其中属于工资薪金支出的费用，准予计入企业工资薪金总额的基数，作为计算其他各项费用扣除的依据。用工单位可以做税前扣除，共享员工原单位发生与取得收入有关的、合理的支出可以税前扣除。

需要明确的是，共享员工不以营利为目的，否则与劳务派遣无区别。2020 年 3 月 25 日，深圳市人力资源和社会保障局、深圳市市场监督管理局发布《关于规范劳务派遣经营服务行为的提醒告诫书》（以下简称《告诫书》）第二条规定，“经营劳务派遣业务，应当依法向人力资源行政部门申请行政许可，未经许可，任何单位和个人不得经营劳务派遣业务”，以防止有不法企业以共享员工之名，行劳务派遣之实。

共享员工工资薪金在计算企业所得税时，如何在用工单位与共享员工原单位之间税前扣除十分关键。

2. 漏扣个人所得税问题

支付酬劳的企业应为员工代扣个人所得税。共享员工薪酬根据结算方式不同，代扣代缴单位不同：如果共享员工原单位直接向劳动者支付酬劳，用工单位与共享员工原单位结算，根据《中华人民共和国个人所得税法》，由共享员工原单位代扣代缴个人所得税；如果用工单位向共享员工直接支付酬劳，则应由用工单位代扣代缴个人所得税。

3. 税务风险管控建议

针对共享用工存在的上述问题，有针对性地提出如下建议。

（1）共享员工本质上是一种企业间提供服务的应税行为，在税务处理上，根据三方结算方式的不同，用工单位与共享员工原单位应据实进行企业所得税税前扣除，不得重复扣除。

（2）在增值税处理上，用工单位与共享员工原单位应在保障国家税收权益的基础上协商增值税承担问题，避免造成国家税收流失。

（3）通过成熟运作的共享员工中介平台规范共享用工模式。共享员工中介平台的作用主要体现在以下几个方面：第一，减少了调剂企业之间的用工余缺，减少信息沟通成本；第二，共享员工中介平台的居间作用可对用工人员的信息真实性、工作匹配度等内容进行核查；第三，共享员工中介平台对于用工企业的资信情况等内容比用工人员更有条件掌握，可一定程度上减少用工纠纷。

（四）合规管理工具

共享员工借调合同

甲方（借调单位）：

地址：

法定代表人：

乙方（原用工单位）：

地址：

法定代表人：

甲乙双方因工作开展需要，经协商一致，借调乙方职工（详见附件）

至甲方工作。借调职工的劳动关系及社会保险和住房公积金等关系仍保留在乙方。甲乙双方本着平等自愿、友好协商的原则，共同签署本合同。

一、合同期限

自____年____月____日起至____年____月____日，本合同到期前，甲乙双方若对续延合作无异议，本合同期限则自动延长____年，依此类推。甲乙双方任意一方在本合同终止日前不愿续签，需提前一个月通知另一方终止本合同。

借调职工的借调期限由甲乙双方和借调职工共同予以确定。

二、甲方权利和义务

2.1　负责借调职工的日常工作管理，对借调职工具有指挥、管理、监督的权利，按甲方规章制度对借调职工进行管理和考评。借调职工如违反甲方管理规定，甲方有权按甲方规章制度对借调职工进行奖惩。

2.2　根据国家、地方有关规定为借调职工提供符合国家安全卫生标准的工作场所、劳动保护设施、劳动条件和完成工作任务所必需的劳动工具。

2.3　承担借调职工借调期间的各项管理费用，包括工资、社会保险和住房公积金及其他法定或约定费用等，并于每月____日前通过银行转账至乙方银行账户。

2.4　承担借调职工因疾病、工伤、职业病、孕产哺乳期等用工单位应当承担的法定和约定义务。

2.5　借调职工如符合《劳动合同法》第三十九条、第四十条规定情形，甲方可将其退回乙方，由乙方进行处理。但借调职工符合《劳动合同法》第四十二条规定以及借调职工工作所在地相关规定的情形的，甲方不得退回借调职工。

三、乙方权利和义务

3.1　按照甲方要求向甲方提供借调职工的准确人事信息和劳动合同、工资、福利信息。

3.2　负责借调职工社会保险和住房公积金费用缴纳与办理。

3.3　负责对借调职工工作情况的了解，配合甲方管理借调职工，如因工作需要或其他原因造成借调职工提前返回的，应提前告知甲方。

3.4 借调职工在甲方工作期间发生工伤，由乙方申请工伤认定，借调职工的工伤待遇由甲方承担并通过乙方支出。

四、费用及结算

4.1 借调职工的各项待遇，包括工资、社会保险、住房公积金、差旅费及其他法定或约定福利，均按照甲方相关管理制度执行。

4.2 借调职工社会保险和住房公积金企业缴纳部分，由甲方承担，个人缴纳部分，由借调职工自行承担，并由乙方代为办理缴纳手续。企业缴纳部分的相关费用，由甲乙双方定期结算。

4.3 甲方支付乙方的费用每月结算一次，甲方于每月____日前向乙方支付借调职工当月社会保险和住房公积金企业缴纳部分与上一个自然月借调职工的工资和其他费用。甲方逾期支付费用的，乙方有权按延迟付款的1‰/天收取甲方违约金。逾期10日仍然未支付的，乙方有权终止本合同、无须承担违约责任。

五、其他

5.1 借调期间，甲方需与借调职工签订“工作协议”，明确工作内容、待遇等相关信息。

5.2 甲方联系方式如下：

送达地址：

联系人：

联系电话：

电子邮箱：

5.3 乙方联系方式如下：

送达地址：

联系人：

联系电话：

电子邮箱：

5.4 甲乙双方应当根据本合同5.2条、5.3条约定发出任何形式的文书、通知或函告，也包括合同履行期间、合同争议发生后所有诉讼、仲裁阶段。若导致相关文书或诉讼、仲裁法律文书无法实际送达，应自行承担相应的法律后果，并视为该相关文书或诉讼、仲裁法律文书已有效送达，文书退回之日视为送达之日。

5.5　甲乙任何一方如需变更本合同5.2条、5.3条的，应提前10日向另一方发出通知，告知另一方变更后的内容，未告知的一方承担相应责任。

5.6　本合同引起的或与本合同有关的任何争议，甲乙双方应当友好协商解决，若协商不成时，则任何一方可向被告方所在地人民法院提起诉讼。

5.7　本合同一式两份，甲乙双方各执一份，自甲乙双方签字、盖章之日起生效，具有同等法律效力。

5.8　如有其他约定，双方可另行约定，以作此协议的附件。

甲方（盖章）：	乙方：（盖章）：
法定代表人：	法定代表人：
或委托代理人（签章）：	或委托代理人（签章）：
日期：____年____月____日	日期：____年____月____日

附件：借调职工名单（略）

三方借调协议

甲方（借调单位）：

住所地：

乙方（原用工单位）：

住所地：

丙方（借调职工）：

身份证号码：

乙方与丙方已建立劳动关系，订立了劳动合同，劳动合同期限自____年____月____日起至____年____月____日。

现甲方因业务发展需要，拟从乙方处借调丙方。经三方协商达成一致，现甲方、乙方、丙方就甲方向乙方借调丙方（乙方员工）的具体事宜，达成本协议，共同遵守。

一、借调人员、借调期限

1.1　甲方向乙方借调丙方从事________工作，丙方在乙方的工资福利待遇、岗位等基于劳动合同约定的权利保持不变；丙方的工资、福利仍由乙方确定并实施考核管理。借调期间，丙方的人事档案仍由乙方保管，丙方的社会保险仍由乙方缴纳。

1.2　借调期限自____年____月____日起至____年____月____日。甲方可提前____日通知乙方提前终止该借调期限；乙方也可以在该借调期限届满前____日内与甲方协商借调人员的处理。借调期限终止日前甲、乙、丙三方无异议则借调期限按照原有期限自动延长。

二、借调期间工资福利的支付、保险费用的代扣代缴及相关费用的支付

2.1　借调期间，丙方的工资、奖金等由乙方发放；丙方的社会保险、住房公积金，由乙方缴纳。

2.2　借调期间，丙方因工作需要发生的相关费用（如差旅费等），由甲方按其报销标准予以支付。

2.3　借调期间，丙方发生工伤、死亡等事故按照政策需由用工单位承担的，全部由甲方承担。

三、甲方、乙方、丙方三方确认

3.1　本协议生效后，丙方的劳动关系、人事档案仍在乙方，但由甲方负责对丙方进行日常管理、工作调遣；丙方在借调期间必须遵守甲方的各项规章制度、行政管理。若丙方违反相关规定，甲方有权终止借调，并由乙方书面解除丙方的劳动关系。

3.2　借调期间丙方的工龄，由乙方延续计算。

3.3　借调期间，经乙方同意，甲方与丙方订立劳动合同的，本协议自动终止，乙方与丙方的劳动关系也自动终止，乙方与丙方双方互相不负违约责任和法定责任。

借调期满后，若甲方没有将丙方及时归还乙方或者甲方与丙方订立劳动合同的，本协议自动终止，乙方与丙方的劳动关系也自动终止，乙方与丙方双方互相不负违约责任。

四、本协议经甲方、乙方、丙方三方签署后即行生效

五、本协议正本一式三份，三方各执一份，具有同等法律效力

甲方（盖章）：　　　　　　　　　　乙方（盖章）：

授权代表（签字）：　　　　　　　　授权代表（签字）：

签署日：____年____月____日　　　签署日：____年____月____日

丙方（签字）：

签署日：____年____月____日

劳动合同变更协议

甲方（原用工单位）：　　　　　　　乙方：

地址：　　　　　　　　　　　　　　性别：

法定代表人：　　　　　　　　　　　年龄：

联系人：　　　　　　　　　　　　　身份证号码：

联系电话：　　　　　　　　　　　　联系电话：

乙方为甲方劳动者，根据甲方与________公司（以下称“借调单位”）签订的“共享员工借调合同”，乙方同意甲方安排乙方至借调单位处工作，在借调期间接受借调单位管理。根据有关法律法规规定，经甲乙双方协商一致，对甲乙双方签订的劳动合同（以下称“原合同”）相关内容做如下变更。

一、原合同“________”变更为“________”。

二、除本协议中变更条款外，原合同中其他条款继续有效。

三、借调期限自借调之日起即____年____月____日为起始日，终止日期为下列方案________。终止日后如劳动合同存续，则终止日后劳动合同仍然按照原合同继续履行。

方案A：____年____月____日终止。

方案B：至________项目完成之日为终止日期。

方案C：甲方与借调单位“共享员工借调合同”终止或解除之日为终止之日。

方案D：借调单位退回乙方至甲方之日为终止之日。

四、借调手续____________________________。

五、劳动报酬____________________________。

六、社保由甲方继续缴纳。

七、乙方工伤责任由甲方承担。

八、商业秘密：乙方在借调期间应当遵守借调单位的保密制度和协议。

九、岗位要求____________________________。

十、竞业限制____________________________。

十一、休息休假__________________________。

十二、符合下列情形之一的，借调单位有权将乙方退回至原用工单位，乙方无异议。

12.1……

12.2……

12.3……

十三、符合下列情形之一的，原用工单位有权将乙方从借调单位撤回至原用工单位，乙方无异议。

13.1……

13.2……

13.3……

十四、劳动保护与劳动条件由借调单位提供和负责，如违反法律规定，乙方有权向甲方或借调单位提出。

十五、乙方行为造成借调单位损害的，由乙方自行向借调单位承担责任。

十六、乙方因执行借调单位工作造成第三方损害的，根据乙方的工作职责、主观过错、损失大小等因素承担部分或全部责任。

十七、在借调期间，本协议与原合同有冲突的，按照本协议执行。

十八、本协议一式两份，甲乙双方各执一份。

甲方（盖章）：　　　　　　　　乙方（签名）：

日　期：　　　　　　　　　　　日　期：

退回共享员工通知

原用工单位________：

贵公司借调至我公司工作的共享员工姓名：________性别：________身份证号：________，在借调期间出现________（事实与理由）情形，详见附件，我公司依据双方签订的“共享员工借调合同”第____条规定，于____年____月____日将共享员工________退回贵公司。

请贵公司根据《劳动法》相关规定及与该员工签订的劳动合同约定自行处理有关退回事宜。

特此通知。

借调单位：____________

____年____月____日

第三篇　灵活用工法规政策与典型案例

第一节　灵活用工法规政策

（一）国家层面

《关于建国以来党的若干历史问题的决议》（节选）

国营经济和集体经济是我国基本的经济形式，一定范围的劳动者个体经济是公有制经济的必要补充。

《城乡个体工商户管理暂行条例》（废止）

该法规明确了发展和管理个体私营经济的基本原则和法规依据。

中共中央国务院《关于进一步做好下岗失业人员再就业工作的通知》（节选）

鼓励下岗失业人员通过非全日制、临时性、季节性、弹性工作等灵活多样形式实现就业。通过发展劳务派遣、就业基地等组织形式，为他们灵活就业提供服务和帮助。

（二）鼓励下岗失业人员自谋职业和自主创业

1. 对下岗失业人员从事个体经营（国家限制的行业除外）的，3 年内免征营业税、城市维护建设税、教育费附加和所得税，并免收属于管理类、登记类和证照类的所有各项行政事业性收费。国务院有关部门和省级人民政府要明确免收的项目，并向社会公布。严禁各种形式的集资、摊派和乱收费。各类中介机构对下岗失业人员从事个体经营涉及的各种服务性收费，要按照最低标准收取，严禁强制服务和强行收费。

2. 各省、自治区、直辖市和地级以上城市要建立下岗失业人员贷款担保基金，所需资金主要由同级财政筹集，担保机构由当地政府确定。为下岗失业人员自谋职业和自主创业提供的小额贷款，按照个人自愿申请、社区推荐、劳动保障服务机构审查、担保机构承诺担保、商业银行核贷的程序进行，贷款额度一般掌握在 2 万元左右。贷款期限最长不超过 2 年，到期确需延长的，可申请展期 1 次。贷款利息按照中国人民银行公布的贷款利率确定，对从事微利项目的，由中央财政据实全额贴息，展期不贴息。担保最高限额为担保基金的 5 倍，期限与贷款期限相同。各国有商业银行、股份制商业银行、城市商业银行和有条件的城市信用社，都要开办此项贷款业务，并且要简化手续，提供开户和结算便利。

3. 对下岗失业人员以非全日制、临时性和弹性工作等灵活形式就业的，要适应其特点，抓紧制定劳动关系形式、工资支付方式和社会保险等方面的配套办法，保障他们的合法权益。

《中共中央关于完善社会主义市场经济体制若干问题的决定》（节选）

……在就业方式上，注重采用灵活多样的形式。

《劳动和社会保障部关于非全日制用工若干问题的意见》（节选）

近年来，以小时工为主要形式的非全日制用工发展较快。这一用工形式突破了传统的全日制用工模式，适应了用工单位灵活用工和劳动者自主择业的需要，已成为促进就业的重要途径。为规范用工单位非全日制用工行为，保障劳动者的合法权益，促进非全日制就业健康发展，根据《中共中央国务院关于进一步做好下岗失业人员再就业工作的通知》（中发〔2002〕12 号精神），对非全日制用工劳动关系等问题，提出意见。

《个体工商户条例》（国务院令第 666 号）

（2011 年 4 月 16 日中华人民共和国国务院令第 596 号公布　自 2011 年 11 月 1 日起施行　根据 2014 年 2 月 19 日中华人民共和国国务院令第

648号公布的《国务院关于废止和修改部分行政法规的决定》第一次修订　根据2016年2月6日中华人民共和国国务院令第666号公布的《国务院关于修改部分行政法规的决定》第二次修订）

第一条　为了保护个体工商户的合法权益，鼓励、支持和引导个体工商户健康发展，加强对个体工商户的监督、管理，发挥其在经济社会发展和扩大就业中的重要作用，制定本条例。

第二条　有经营能力的公民，依照本条例规定经工商行政管理部门登记，从事工商业经营的，为个体工商户。

个体工商户可以个人经营，也可以家庭经营。

个体工商户的合法权益受法律保护，任何单位和个人不得侵害。

第三条　县、自治县、不设区的市、市辖区工商行政管理部门为个体工商户的登记机关（以下简称登记机关）。登记机关按照国务院工商行政管理部门的规定，可以委托其下属工商行政管理所办理个体工商户登记。

第四条　国家对个体工商户实行市场平等准入、公平待遇的原则。

申请办理个体工商户登记，申请登记的经营范围不属于法律、行政法规禁止进入的行业的，登记机关应当依法予以登记。

第五条　工商行政管理部门和县级以上人民政府其他有关部门应当依法对个体工商户实行监督和管理。

个体工商户从事经营活动，应当遵守法律、法规，遵守社会公德、商业道德，诚实守信，接受政府及其有关部门依法实施的监督。

第六条　地方各级人民政府和县级以上人民政府有关部门应当采取措施，在经营场所、创业和职业技能培训、职业技能鉴定、技术创新、参加社会保险等方面，为个体工商户提供支持、便利和信息咨询等服务。

第七条　依法成立的个体劳动者协会在工商行政管理部门指导下，为个体工商户提供服务，维护个体工商户合法权益，引导个体工商户诚信自律。

个体工商户自愿加入个体劳动者协会。

第八条　申请登记为个体工商户，应当向经营场所所在地登记机关申请注册登记。申请人应当提交登记申请书、身份证明和经营场所证明。

个体工商户登记事项包括经营者姓名和住所、组成形式、经营范围、经营场所。个体工商户使用名称的，名称作为登记事项。

第九条　登记机关对申请材料依法审查后，按照下列规定办理：

（一）申请材料齐全、符合法定形式的，当场予以登记；申请材料不齐全或者不符合法定形式要求的，当场告知申请人需要补正的全部内容；

（二）需要对申请材料的实质性内容进行核实的，依法进行核查，并自受理申请之日起15日内作出是否予以登记的决定；

（三）不符合个体工商户登记条件的，不予登记并书面告知申请人，说明理由，告知申请人有权依法申请行政复议、提起行政诉讼。

予以注册登记的，登记机关应当自登记之日起10日内发给营业执照。

国家推行电子营业执照。电子营业执照与纸质营业执照具有同等法律效力。

第十条　个体工商户登记事项变更的，应当向登记机关申请办理变更登记。

个体工商户变更经营者的，应当在办理注销登记后，由新的经营者重新申请办理注册登记。家庭经营的个体工商户在家庭成员间变更经营者的，依照前款规定办理变更手续。

第十一条　申请注册登记或者变更登记的登记事项属于依法须取得行政许可的，应当向登记机关提交许可证明。

第十二条　个体工商户不再从事经营活动的，应当到登记机关办理注销登记。

第十三条　个体工商户应当于每年1月1日至6月30日，向登记机关报送年度报告。

个体工商户应当对其年度报告的真实性、合法性负责。

个体工商户年度报告办法由国务院工商行政管理部门制定。

第十四条　登记机关将未按照规定履行年度报告义务的个体工商户载入经营异常名录，并在企业信用信息公示系统上向社会公示。

第十五条　登记机关接收个体工商户年度报告和抽查不得收取任何费用。

第十六条　登记机关和有关行政机关应当在其政府网站和办公场所，以便于公众知晓的方式公布个体工商户申请登记和行政许可的条件、程序、期限、需要提交的全部材料目录和收费标准等事项。

登记机关和有关行政机关应当为申请人申请行政许可和办理登记提供指导和查询服务。

第十七条 个体工商户在领取营业执照后，应当依法办理税务登记。

个体工商户税务登记内容发生变化的，应当依法办理变更或者注销税务登记。

第十八条 任何部门和单位不得向个体工商户集资、摊派，不得强行要求个体工商户提供赞助或者接受有偿服务。

第十九条 地方各级人民政府应当将个体工商户所需生产经营场地纳入城乡建设规划，统筹安排。

个体工商户经批准使用的经营场地，任何单位和个人不得侵占。

第二十条 个体工商户可以凭营业执照及税务登记证明，依法在银行或者其他金融机构开立账户，申请贷款。

金融机构应当改进和完善金融服务，为个体工商户申请贷款提供便利。

第二十一条 个体工商户可以根据经营需要招用从业人员。

个体工商户应当依法与招用的从业人员订立劳动合同，履行法律、行政法规规定和合同约定的义务，不得侵害从业人员的合法权益。

第二十二条 个体工商户提交虚假材料骗取注册登记，或者伪造、涂改、出租、出借、转让营业执照的，由登记机关责令改正，处4000元以下的罚款；情节严重的，撤销注册登记或者吊销营业执照。

第二十三条 个体工商户登记事项变更，未办理变更登记的，由登记机关责令改正，处1500元以下的罚款；情节严重的，吊销营业执照。

个体工商户未办理税务登记的，由税务机关责令限期改正；逾期未改正的，经税务机关提请，由登记机关吊销营业执照。

第二十四条 在个体工商户营业执照有效期内，有关行政机关依法吊销、撤销个体工商户的行政许可，或者行政许可有效期届满的，应当自吊销、撤销行政许可或者行政许可有效期届满之日起5个工作日内通知登记机关，由登记机关撤销注册登记或者吊销营业执照，或者责令当事人依法办理变更登记。

第二十五条　工商行政管理部门以及其他有关部门应当加强个体工商户管理工作的信息交流，逐步建立个体工商户管理信息系统。

第二十六条　工商行政管理部门以及其他有关部门的工作人员，滥用职权、徇私舞弊、收受贿赂或者侵害个体工商户合法权益的，依法给予处分；构成犯罪的，依法追究刑事责任。

第二十七条　香港特别行政区、澳门特别行政区永久性居民中的中国公民，台湾地区居民可以按照国家有关规定，申请登记为个体工商户。

第二十八条　个体工商户申请转变为企业组织形式，符合法定条件的，登记机关和有关行政机关应当为其提供便利。

第二十九条　无固定经营场所摊贩的管理办法，由省、自治区、直辖市人民政府根据当地实际情况规定。

第三十条　本条例自2011年11月1日起施行。1987年8月5日国务院发布的《城乡个体工商户管理暂行条例》同时废止。

《国务院办公厅关于促进平台经济规范健康发展的指导意见》国办发〔2019〕38号

各省、自治区、直辖市人民政府，国务院各部委、各直属机构：

互联网平台经济是生产力新的组织方式，是经济发展新动能，对优化资源配置、促进跨界融通发展和大众创业万众创新、推动产业升级、拓展消费市场尤其是增加就业，都有重要作用。要坚持以习近平新时代中国特色社会主义思想为指导，深入贯彻落实党的十九大和十九届二中、三中全会精神，持续深化“放管服”改革，围绕更大激发市场活力，聚焦平台经济发展面临的突出问题，遵循规律、顺势而为，加大政策引导、支持和保障力度，创新监管理念和方式，落实和完善包容审慎监管要求，推动建立健全适应平台经济发展特点的新型监管机制，着力营造公平竞争市场环境。为促进平台经济规范健康发展，经国务院同意，现提出以下意见。

一、优化完善市场准入条件，降低企业合规成本

（一）推进平台经济相关市场主体登记注册便利化。放宽住所（经营场所）登记条件，经营者通过电子商务类平台开展经营活动的，可以使用平台提供的网络经营场所申请个体工商户登记。指导督促地方开展“一照多址”改革探索，进一步简化平台企业分支机构设立手续。放宽新兴行业企业名称登记限制，允许使用反映新业态特征的字词作为企业名称。推进经营范围登记规范化，及时将反映新业态特征的经营范围表述纳入登记范围。（市场监管总局负责）

（二）合理设置行业准入规定和许可。放宽融合性产品和服务准入限制，只要不违反法律法规，均应允许相关市场主体进入。清理和规范制约平台经济健康发展的行政许可、资质资格等事项，对仅提供信息中介和交易撮合服务的平台，除直接涉及人身健康、公共安全、社会稳定和国家政策另有规定的金融、新闻等领域外，原则上不要求比照平台内经营者办理相关业务许可。（各相关部门按职责分别负责）指导督促有关地方评估网约车、旅游民宿等领域的政策落实情况，优化完善准入条件、审批流程和服务，加快平台经济参与者合规化进程。（交通运输部、文化和旅游部等相关部门按职责分别负责）对仍处于发展初期、有利于促进新旧动能转换的新兴行业，要给予先行先试机会，审慎出台市场准入政策。（各地区、各部门负责）

（三）加快完善新业态标准体系。对部分缺乏标准的新兴行业，要及时制定出台相关产品和服务标准，为新产品新服务进入市场提供保障。对一些发展相对成熟的新业态，要鼓励龙头企业和行业协会主动制定企业标准，参与制定行业标准，提升产品质量和服务水平。（市场监管总局牵头，各相关部门按职责分别负责）

二、创新监管理念和方式，实行包容审慎监管

（一）探索适应新业态特点、有利于公平竞争的公正监管办法。本着鼓励创新的原则，分领域制定监管规则和标准，在严守安全底线的前提下为新业态发展留足空间。对看得准、已经形成较好发展势头的，分类量身定制适当的监管模式，避免用老办法管理新业态；对一时看不准的，设置一定的“观察期”，防止一上来就管死；对潜在风险大、可能造成严重不良后果的，严格监管；对非法经营的，坚决依法予以取缔。各有关部门要依法依规夯实监管责任，优化机构监管，强化行为监管，及时预警风险隐患，发现和纠正违法违规行为。（发展改革委、中央网信办、工业和信息化部、市场监管总局、公安部等相关部门及各地区按职责分别负责）

（二）科学合理界定平台责任。明确平台在经营者信息核验、产品和服务质量、平台（含APP）索权、消费者权益保护、网络安全、数据安全、劳动者权益保护等方面的相应责任，强化政府部门监督执法职责，不得将本该由政府承担的监管责任转嫁给平台。尊重消费者选择权，确保跨平台互联互通和互操作。允许平台在合规经营前提下探索不同经营模式，明确平台与平台内经营者的责任，加快研究出台平台尽职免责的具体办法，依法合理确定平台承担的责任。鼓励平台通过购买保险产品分散风险，更好保障各方权益。（各相关部门按职责分别负责）

（三）维护公平竞争市场秩序。制定出台网络交易监督管理有关规定，依法查处互联网领域滥用市场支配地位限制交易、不正当竞争等违法行为，严禁平台单边签订排他性服务提供合同，保障平台经济相关市场主体公平参与市场竞争。维护市场价格秩序，针对互联网领域价格违法行为特点制定监管措施，规范平台和平台内经营者价格标示、价格促销等行为，引导企业合法合规经营。（市场监管总局负责）

（四）建立健全协同监管机制。适应新业态跨行业、跨区域的特点，加强监管部门协同、区域协同和央地协同，充分发挥“互联网+”行动、网络市场监管、消费者权益保护、交通运输新业态协同监管等部际联席会议机制作用，提高监管效能。（发展改革委、市场监管总局、交通运输部等相关部门按职责分别负责）加大对跨区域网络案件查办协调力度，加强信息互换、执法互助，形成监管合力。鼓励行业协会商会等社会组织出台行业服务规范和自律公约，开展纠纷处理和信用评价，构建多元共治的监管格局。（各地区、各相关部门按职责分别负责）

（五）积极推进“互联网+监管”。依托国家“互联网+监管”等系统，推动监管平台与企业平台联通，加强交易、支付、物流、出行等第三方数据分析比对，开展信息监测、在线证据保全、在线识别、源头追溯，增强对行业风险和违法违规线索的发现识别能力，实现以网管网、线上线下一体化监管。（国务院办公厅、市场监管总局等相关部门按职责分别负责）根据平台信用等级和风险类型，实施差异化监管，对风险较低、信用较好的适当减少检查频次，对风险较高、信用较差的加大检查频次和力度。（各相关部门按职责分别负责）

三、鼓励发展平台经济新业态，加快培育新的增长点

（一）积极发展“互联网+服务业”。支持社会资本进入基于互联网的医疗健康、教育培训、养老家政、文化、旅游、体育等新兴服务领域，改造提升教育医疗等网络基础设施，扩大优质服务供给，满足群众多层次多样化需求。鼓励平台进一步拓展服务范围，加强品牌建设，提升服务品质，发展便民服务新业态，延伸产业链和带动扩大就业。鼓励商品交易市场顺应平台经济发展新趋势、新要求，提升流通创新能力，促进产销更好衔接。（教育部、民政部、商务部、文化和旅游部、卫生健康委、体育总局、工业和信息化部等相关部门按职责分别负责）

（二）大力发展“互联网+生产”。适应产业升级需要，推动互联网平台与工业、农业生产深度融合，提升生产技术，提高创新服务能力，在实体经济中大力推广应用物联网、大数据，促进数字经济和数字产业发展，深入推进智能制造和服务型制造。深入推进工业互联网创新发展，加快跨行业、跨领域和企业级工业互联网平台建设及应用普及，实现各类生产设备与信息系统的广泛互联互通，推进制造资源、数据等集成共享，促进一、二、三产业、大中小企业融通发展。（工业和信息化部、农业农村部等相关部门按职责分别负责）

（三）深入推进“互联网+创业创新”。加快打造“双创”升级版，依托互联网平台完善全方位创业创新服务体系，实现线上线下良性互动、创业创新资源有机结合，鼓励平台开展创新任务众包，更多向中小企业开放共享资源，支撑中小企业开展技术、产品、管理模式、商业模式等创新，进一步提升创业创新效能。（发展改革委牵头，各相关部门按职责分别负责）

（四）加强网络支撑能力建设。深入实施“宽带中国”战略，加快5G等新一代信息基础设施建设，优化提升网络性能和速率，推进下一代互联网、广播电视网、物联网建设，进一步降低中小企业宽带平均资费水平，

为平台经济发展提供有力支撑。（工业和信息化部、发展改革委等相关部门按职责分别负责）

四、优化平台经济发展环境，夯实新业态成长基础

（一）加强政府部门与平台数据共享。依托全国一体化在线政务服务平台、国家“互联网+监管”系统、国家数据共享交换平台、全国信用信息共享平台和国家企业信用信息公示系统，进一步归集市场主体基本信息和各类涉企许可信息，力争2019年上线运行全国一体化在线政务服务平台电子证照共享服务系统，为平台依法依规核验经营者、其他参与方的资质信息提供服务保障。（国务院办公厅、发展改革委、市场监管总局按职责分别负责）加强部门间数据共享，防止各级政府部门多头向平台索要数据。（发展改革委、中央网信办、市场监管总局、国务院办公厅等相关部门按职责分别负责）畅通政企数据双向流通机制，制定发布政府数据开放清单，探索建立数据资源确权、流通、交易、应用开发规则和流程，加强数据隐私保护和安全管理。（发展改革委、中央网信办等相关部门及各地区按职责分别负责）

（二）推动完善社会信用体系。加大全国信用信息共享平台开放力度，依法将可公开的信用信息与相关企业共享，支持平台提升管理水平。利用平台数据补充完善现有信用体系信息，加强对平台内失信主体的约束和惩戒。（发展改革委、市场监管总局负责）完善新业态信用体系，在网约车、共享单车、汽车分时租赁等领域，建立健全身份认证、双向评价、信用管理等机制，规范平台经济参与者行为。（发展改革委、交通运输部等相关部门按职责分别负责）

（三）营造良好的政策环境。各地区各部门要充分听取平台经济参与者的诉求，有针对性地研究提出解决措施，为平台创新发展和吸纳就业提供有力保障。（各地区、各部门负责）2019年底前建成全国统一的电子发票公共服务平台，提供免费的增值税电子普通发票开具服务，加快研究推进增值税专用发票电子化工作。（税务总局负责）尽快制定电子商务法实施中的有关信息公示、零星小额交易等配套规则。（商务部、市场监管总局、司法部按职责分别负责）鼓励银行业金融机构基于互联网和大数据等技术手段，创新发展适应平台经济相关企业融资需求的金融产品和服务，为平台经济发展提供支持。允许有实力有条件的互联网平台申请保险兼业代理资质。（银保监会等相关部门按职责分别负责）推动平台经济监管与服务的国际交流合作，加强政策沟通，为平台企业走出去创造良好外部条件。（商务部等相关部门按职责分别负责）

五、切实保护平台经济参与者合法权益，强化平台经济发展法治保障

（一）保护平台、平台内经营者和平台从业人员等权益。督促平台按照公开、公平、公正的原则，建立健全交易规则和服务协议，明确进入和退出平台、商品和服务质量安全保障、平台从业人员权益保护、消费者权益保护等规定。（商务部、市场监管总局牵头，各相关部门按职责分别负责）抓紧研究完善平台企业用工和灵活就业等从业人员社保政策，开展职业伤害保障试点，积极推进全民参保计划，引导更多平台从业人员参保。加强对平台从业人员的职业技能培训，将其纳入职业技能提升行动。（人力资源社会保障部负责）强化知识产权保护意识。依法打击网络欺诈行为和以“打假”为名的敲诈勒索行为。（市场监管总局、知识产权局按职责分别负责）

（二）加强平台经济领域消费者权益保护。督促平台建立健全消费者投诉和举报机制，公开投诉举报电话，确保投诉举报电话有人接听，建立与市场监管部门投诉举报平台的信息共享机制，及时受理并处理投诉举报，鼓励行业组织依法依规建立消费者投诉和维权第三方平台。鼓励平台建立争议在线解决机制，制定并公示争议解决规则。依法严厉打击泄露和滥用用户信息等损害消费者权益行为。（市场监管总局等相关部门按职责分别负责）

（三）完善平台经济相关法律法规。及时推动修订不适应平台经济发展的相关法律法规与政策规定，加快破除制约平台经济发展的体制机制障碍。（司法部等相关部门按职责分别负责）

涉及金融领域的互联网平台，其金融业务的市场准入管理和事中事后监管，按照法律法规和有关规定执行。设立金融机构、从事金融活动、提供金融信息中介和交易撮合服务，必须依法接受准入管理。

各地区、各部门要充分认识促进平台经济规范健康发展的重要意义，按照职责分工抓好贯彻落实，压实工作责任，完善工作机制，密切协作配合，切实解决平台经济发展面临的突出问题，推动各项政策措施及时落地见效，重大情况及时报国务院。

国务院办公厅

2019年8月1日

《国家发展改革委中央网信办印发〈关于推进“上云用数赋智”行动培育新经济发展实施方案〉的通知》（发改高技〔2020〕552号）（节选）

各省、自治区、直辖市发展改革委、网信办：

为深入贯彻落实习近平总书记关于统筹推进疫情防控和经济社会发展工作的重要指示批示精神，按照党中央、国务院决策部署，充分发挥技术创新和赋能作用抗击疫情影响、做好“六稳”工作，进一步加快产业数字化转型，培育新经济发展，助力构建现代化产业体系，实现经济高质量发展，国家发展改革委、中央网信办研究制定了《关于推进“上云用数赋智”行动　培育新经济发展实施方案》。现印发你们，请认真组织实施，推进中遇到的问题、形成的好做法请及时报国家发展改革委、中央网信办。国家数字经济创新发展试验区要积极行动，大胆探索，推进各项任务加快实施。

国家发展改革委

中央网信办

2020年4月7日

《关于推进“上云用数赋智”行动　培育新经济发展实施方案》

为深入实施数字经济战略，加快数字产业化和产业数字化，培育新经济发展，扎实推进国家数字经济创新发展试验区建设，构建新动能主导经济发展的新格局，助力构建现代化产业体系，实现经济高质量发展，特制定本实施方案。

一、发展目标

在已有工作基础上，大力培育数字经济新业态，深入推进企业数字化转型，打造数据供应链，以数据流引领物资流、人才流、技术流、资金流，形成产业链上下游和跨行业融合的数字化生态体系，构建设备数字化－生产线数字化－车间数字化－工厂数字化－企业数字化－产业链数字化－数字化生态的典型范式。

打造数字化企业。在企业“上云”等工作基础上，促进企业研发设计、生产加工、经营管理、销售服务等业务数字化转型。支持平台企业帮助中小微企业渡过难关，提供多层次、多样化服务，减成本、降门槛、缩周期，提高转型成功率，提升企业发展活力。

构建数字化产业链。打通产业链上下游企业数据通道，促进全渠道、全链路供需调配和精准对接，以数据供应链引领物资链，促进产业链高效协同，有力支撑产业基础高级化和产业链现代化。

培育数字化生态。打破传统商业模式，通过产业与金融、物流、交易市场、社交网络等生产性服务业的跨界融合，着力推进农业、工业服务型创新，培育新业态。以数字化平台为依托，构建“生产服务＋商业模式＋金融服务”数字化生态，形成数字经济新实体，充分发掘新内需。

二、主要方向

（一）筑基础，夯实数字化转型技术支撑

加快数字化转型共性技术、关键技术研发应用。支持在具备条件的行业领域和企业范围探索大数据、人工智能、云计算、数字孪生、5G、物联网和区块链等新一代数字技术应用和集成创新。加大对共性开发平台、开源社区、共性解决方案、基础软硬件支持力度，鼓励相关代码、标准、平台开源发展。

（二）搭平台，构建多层联动的产业互联网平台

培育企业技术中心、产业创新中心和创新服务综合体。加快完善数字基础设施，推进企业级数字基础设施开放，促进产业数据中台应用，向中小微企业分享中台业务资源。推进企业核心资源开放。支持平台免费提供基础业务服务，从增值服务中按使用效果适当收取租金以补偿基础业务投

入。鼓励拥有核心技术的企业开放软件源代码、硬件设计和应用服务。引导平台企业、行业龙头企业整合开放资源，鼓励以区域、行业、园区为整体，共建数字化技术及解决方案社区，构建产业互联网平台，为中小微企业数字化转型赋能。

（三）促转型，加快企业“上云用数赋智”

深化数字化转型服务，推动云服务基础上的轻重资产分离合作。鼓励平台企业开展研发设计、经营管理、生产加工、物流售后等核心业务环节数字化转型。鼓励互联网平台企业依托自身优势，为中小微企业提供最终用户智能数据分析服务。促进中小微企业数字化转型，鼓励平台企业创新“轻量应用”“微服务”，对中小微企业开展低成本、低门槛、快部署服务，加快培育一批细分领域的瞪羚企业和隐形冠军。培育重点行业应用场景，加快网络化制造、个性化定制、服务化生产发展，推进数字乡村、数字农场、智能家居、智慧物流等应用，打造“互联网＋”升级版。

（四）建生态，建立跨界融合的数字化生态

协同推进供应链要素数据化和数据要素供应链化，支持打造“研发＋生产＋供应链”的数字化产业链，支持产业以数字供应链打造生态圈。鼓励传统企业与互联网平台企业、行业性平台企业、金融机构等开展联合创新，共享技术、通用性资产、数据、人才、市场、渠道、设施、中台等资源，探索培育传统行业服务型经济。加快数字化转型与业务流程重塑、组织结构优化、商业模式变革有机结合，构建“生产服务＋商业模式＋金融服务”跨界融合的数字化生态。

（五）兴业态，拓展经济发展新空间

大力发展共享经济、数字贸易、零工经济，支持新零售、在线消费、无接触配送、互联网医疗、线上教育、一站式出行、共享员工、远程办公、“宅经济”等新业态，疏通政策障碍和难点堵点。引导云服务拓展至生产制造领域和中小微企业。鼓励发展共享员工等灵活就业新模式，充分发挥数字经济蓄水池作用。

（六）强服务，加大数字化转型支撑保障

鼓励各类平台、开源社区、第三方机构面向广大中小微企业提供数字化转型所需的开发工具及公共性服务。支持数字化转型服务咨询机构和区域数字化服务载体建设，丰富各类园区、特色小镇的数字化服务功能。创新订单融资、供应链金融、信用担保等金融产品和服务。拓展数字化转型多层次人才和专业型技能培训服务。以政府购买服务、专项补助等方式，鼓励平台面向中小微企业和灵活就业者提供免费或优惠服务。

《国家税务总局关于小型微利企业和个体工商户延缓缴纳 2020 年所得税有关事项的公告》（国家税务总局公告 2020 年第 10 号）

为进一步支持小型微利企业和个体工商户复工复产，缓解其生产经营资金压力，激发市场主体活力，现就小型微利企业和个体工商户延缓缴纳 2020 年所得税有关事项公告如下：

一、小型微利企业所得税延缓缴纳政策

2020 年 5 月 1 日至 2020 年 12 月 31 日，小型微利企业在 2020 年剩余申报期按规定办理预缴申报后，可以暂缓缴纳当期的企业所得税，延迟至 2021 年首个申报期内一并缴纳。在预缴申报时，小型微利企业通过填写预缴纳税申报表相关行次，即可享受小型微利企业所得税延缓缴纳政策。

本公告所称小型微利企业是指符合《国家税务总局关于实施小型微利企业普惠性所得税减免政策有关问题的公告》（2019 年第 2 号）规定条件的企业。

二、个体工商户所得税延缓缴纳政策

2020 年 5 月 1 日至 2020 年 12 月 31 日，个体工商户在 2020 年剩余申报期按规定办理个人所得税经营所得纳税申报后，可以暂缓缴纳当期的个人所得税，延迟至 2021 年首个申报期内一并缴纳。其中，个体工商户实行简易申报的，2020 年 5 月 1 日至 2020 年 12 月 31 日期间暂不扣划个人所得税，延迟至 2021 年首个申报期内一并划缴。

本公告自 2020 年 5 月 1 日起施行。5 月 1 日至本公告发布前，纳税人已经缴纳符合本公告规定缓缴税款的，可申请退还，一并至 2021 年首个申报期内缴纳。

特此公告。

国家税务总局

2020年5月19日

《工业和信息化部等部门关于健全支持中小企业发展制度的若干意见》（工信部联企业〔2020〕108号）

各省、自治区、直辖市及计划单列市人民政府，新疆生产建设兵团：

中小企业是国民经济和社会发展的主力军，是建设现代化经济体系、推动经济高质量发展的重要基础，是扩大就业、改善民生的重要支撑，是企业家精神的重要发源地。党中央、国务院高度重视中小企业发展，近年来出台了一系列政策措施，有关工作取得积极成效，但仍存在一些突出问题，特别是一些基础性制度性问题亟待解决。为深入贯彻党的十九届四中全会精神，坚持和完善社会主义基本经济制度，坚持“两个毫不动摇”，形成支持中小企业发展的常态化、长效化机制，促进中小企业高质量发展，经国务院同意，现就健全支持中小企业发展制度，提出如下意见。

一、完善支持中小企业发展的基础性制度

（一）健全中小企业法律法规体系。以《中小企业促进法》为基础，加快构建具有中国特色、支持中小企业发展、保护中小企业合法权益的法律法规体系。鼓励地方依法制定本地促进中小企业发展的地方法规。探索建立中小企业法律法规评估制度和执行情况检查制度，督促法律法规落实到位。

（二）坚持公平竞争制度。全面实施市场准入负面清单制度，公正公平对待中小企业，破除不合理门槛和限制，实现大中小企业和各种所有制经济权利平等、机会平等、规则平等。全面落实公平竞争审查制度，完善审查流程和标准，建立健全公平竞争审查投诉、公示、抽查制度。加强和改进反垄断和反不正当竞争执法，维护市场竞争秩序。

（三）完善中小企业统计监测和发布制度。健全中小企业统计监测制度，定期发布中小企业统计数据。建立中小企业融资状况调查统计制度，编制中小微企业金融条件指数。加强中小企业结构化分析，提高统计监测分析水平。探索利用大数据等手段开展中小企业运行监测分析。完善《中小企业主要统计数据》手册，研究编制中小企业发展指数。适时修订中小企业划型标准。

（四）健全中小企业信用制度。坚持“政府＋市场”的模式，建立健全中小企业信用信息归集、共享、查询机制，依托全国信用信息共享平台，及时整合共享各类涉企公共服务数据。建立健全中小企业信用评价体系，完善金融信用信息基础数据库，创新小微企业征信产品，高效对接金融服务。研究出台有关法律法规，规范中小企业信用信息采集、公示查询和信用监管等。发挥国家企业信用信息公示系统的基础作用，将涉企信息记于企业名下并依法公示。

（五）完善公正监管制度。减少监管事项，简化办事流程，推广全程网上办、引导帮办，全面推行信用监管和“互联网＋监管”改革。推进分级分类、跨部门联合监管，加强和规范事中事后监管，落实和完善包容审慎监管，避免对中小企业采取简单粗暴处理措施，对“一刀切”行为严肃查处。

二、坚持和完善中小企业财税支持制度

（六）健全精准有效的财政支持制度。中央财政设立中小企业科目，县级以上财政根据实际情况安排中小企业发展专项资金。建立国家中小企业发展基金公司制母基金，健全基金管理制度，完善基金市场化运作机制，引导有条件的地方政府设立中小企业发展基金。完善专项资金管理办法，加强资金绩效评价。

（七）建立减轻小微企业税费负担长效机制。实行有利于小微企业发展的税收政策，依法对符合条件的小微企业按照规定实行缓征、减征、免征企业所得税、增值税等措施，简化税收征管程序；对小微企业行政事业性收费实行减免等优惠政策，减轻小微企业税费负担。落实好涉企收费目录清单制度，加强涉企收费监督检查，清理规范涉企收费。

（八）强化政府采购支持中小企业政策机制。修订《政府采购促进中小企业发展暂行办法》，完善预留采购份额、价格评审优惠等措施，提高中小企业在政府采购中的份额。向中小企业预留采购份额应占本部门年度政府采购项目预算总额的 30% 以上；其中，预留给小微企业的比例不低于 60% 。

三、坚持和完善中小企业融资促进制度

（九）优化货币信贷传导机制。综合运用支小再贷款、再贴现、差别存款准备金率等货币政策工具，引导商业银行增加小微企业信贷投放。进一步疏通利率传导渠道，确保贷款市场报价利率（LPR）有效传导至贷款利率。建立差异化小微企业利率定价机制，促进信贷利率和费用公开透明，保持小微企业贷款利率定价合理水平。

（十）健全多层次小微企业金融服务体系。推进普惠金融体系建设，深化大中型银行普惠金融事业部改革，推动中小银行、非存款类金融机构和互联网金融有序健康发展。鼓励金融机构创新产品和服务，发展便利续贷业务和信用贷款，增加小微企业首贷、中长期贷款、知识产权质押贷款等，开展供应链金融、应收账款融资，加强银税互动。推动金融科技赋能金融机构服务中小企业。研究出台《非存款类放贷组织条例》。加快推进小额金融纠纷快速解决等机制建设。完善规范银行业涉企服务收费监管法规制度，降低小微企业综合性融资成本。

（十一）强化小微企业金融差异化监管激励机制。健全商业银行小微企业金融服务监管长效机制，出台《商业银行小微企业金融服务监管评价办法》。修订《金融企业绩效评价办法》。将商业银行小微企业服务情况与资本补充、金融债发行、宏观审慎评估（MPA）考核、金融机构总部相关负责人考核及提任挂钩。引导银行业金融机构探索建立授信尽职免责负面清单制度。督促商业银行优化内部信贷资源配置和考核激励机制，单列小微企业信贷计划，改进贷款服务方式。

（十二）完善中小企业直接融资支持制度。大力培育创业投资市场，完善创业投资激励和退出机制，引导天使投资人群体、私募股权、创业投资等扩大中小企业股权融资，更多地投长、投早、投小、投创新。稳步推进以信息披露为核心的注册制改革，支持更多优质中小企业登陆资本市场。鼓励中小企业通过并购重组对接资本市场。稳步推进新三板改革，健全挂牌公司转板上市机制。完善中小企业上市培育机制，鼓励地方加大对小升规、规改股、股上市企业的支持。加大优质中小企业债券融资，通过市场化机制开发更多适合中小企业的债券品种，完善中小企业债券融资增信机制，扩大债券融资规模。

（十三）完善中小企业融资担保体系。健全政府性融资担保体系，发挥国家融资担保基金作用，实施小微企业融资担保降费奖补政策，完善风险补偿机制和绩效考核激励机制，引导各级政府性融资担保机构扩大小微企业融资担保业务规模、降低担保费率水平。鼓励银行业金融机构加大与政府性融资担保机构合作，合理确定风险分担比例和担保贷款风险权重，落实金融机构和融资担保机构尽职免责制度，提高小微企业融资可获得性。推动建立统一的动产和权利担保登记公示系统。

四、建立和健全中小企业创新发展制度

（十四）完善创业扶持制度。改善创业环境，广泛培育创业主体。完善创业载体建设，健全扶持与评价机制，为小微企业创业提供低成本、便利化、高质量服务。鼓励大企业发挥技术优势、人才优势和市场优势，为创业活动提供支撑。鼓励服务机构提供创业相关规范化、专业化服务。

（十五）完善中小企业创新支持制度。创新中小企业产学研深度融合机制，促进大中小企业联合参与重大科技项目，推动高校、科研院所和大企业科研仪器、实验设施、中试小试基地等创新资源向中小企业开放。调整完善科技计划立项、任务部署和组织管理方式，大幅提高中小企业承担研发任务比例，加大对中小企业研发活动的直接支持。完善专业化市场化创新服务体系，完善国家技术创新中心、制造业创新中心等支持中小企业创新的机制，提升小微企业创业创新示范基地、科技企业孵化器、专业化众创空间、大学科技园等扶持中小企业创新的能力与水平。完善中小企业创新人才引进和培育制度，优化人才激励和权益保障机制。以包容审慎的态度，鼓励中小企业技术创新、产品创新、模式创新。

（十六）完善支持中小企业“专精特新”发展机制。健全“专精特新”中小企业、专精特新“小巨人”企业和制造业单项冠军企业梯度培育体系、标准体系和评价机制，引导中小企业走“专精特新”之路。完善大中小企业和各类主体协同创新和融通发展制度，发挥大企业引领支撑作用，提高中小企业专业化能力和水平。

（十七）构建以信息技术为主的新技术应用机制。支持中小企业发展应用5G、工业互联网、大数据、云计算、人工智能、区块链等新一代信息技术以及新材料技术、智能绿色服务制造技术、先进高效生物技术等，完善支持中小企业应用新技术的工作机制，提升中小企业数字化、网络化、智能化、绿色化水平。支持产业园区、产业集群提高基础设施支撑能力，建立中小企业新技术公共服务平台，完善新技术推广机制，提高新技术在园区和产业链上的整体应用水平。

五、完善和优化中小企业服务体系

（十八）完善中小企业服务体系。健全政府公共服务、市场化服务、社会化公益服务相结合的中小企业服务体系，完善服务机构良性发展机制和公共服务平台梯度培育、协同服务和评价激励机制。探索建立全国中小企业公共服务一体化平台。发展中小企业服务产业，引导服务机构提供规范化、精细化、个性化服务，引导大企业结合产业链、供应链、价值链、创新链为中小企业提供配套服务。鼓励各类社会组织为企业提供公益性服务，探索建立志愿服务机制。

（十九）健全促进中小企业管理提升机制。完善中小企业培训制度，构建具有时代特点的课程、教材、师资和组织体系，建设慕课平台，构建多领域、多层次、线上线下相结合的中小企业培训体系。健全技能人才培养、使用、评价、激励制度，加快培养高素质技能人才，弘扬“工匠精神”。健全中小企业品牌培育机制。实施小微企业质量管理提升行动。完善中小企业管理咨询服务机制。

（二十）夯实中小企业国际交流合作机制。深化双多边中小企业合作机制，促进中小企业国际交流合作。探索建设中小企业海外服务体系，夯实中小企业国际化发展服务机制，在国际商务法务咨询、知识产权保护、技术性贸易措施、质量认证等方面为中小企业提供帮助。支持有条件的地方建设中外中小企业合作区，完善评价激励机制。推进关税保证保险改革。鼓励跨境电商等新业态发展，探索建立B2B出口监管制度，支持跨境电商优进优出。

六、建立和健全中小企业合法权益保护制度

（二十一）构建保护中小企业及企业家合法财产权制度。坚决保护中小企业及企业家合法财产权，依法惩治侵犯中小企业投资者、管理者和从业人员合法权益的违法犯罪行为。严格按照法定程序采取查封、扣押、冻结等措施，依法严格区分违法所得、其他涉案财产与合法财产，严格区分企业法人财产与股东个人财产，严格区分涉案人员个人财产与家庭成员财产。建立涉政府产权纠纷治理长效机制。出台并落实《保障中小企业款项支付条例》，从源头遏制拖欠问题。

（二十二）健全中小企业知识产权保护制度。完善知识产权保护法律法规和政策，建立健全惩罚性赔偿制度，提高法定赔偿额。实施中小企业知识产权战略推进工程，加强知识产权服务业集聚发展区建设，强化专利导航工作机制，完善支持中小企业开发自主知识产权技术和产品的政策，提升中小企业创造、运用、保护和管理知识产权能力。优化中小企业知识产权维权机制，建设一批知识产权保护中心。构建知识产权纠纷多元化解决机制，强化中小企业知识产权信息公共服务，推进知识产权纠纷仲裁调解工作。提高知识产权审查效率，减轻中小企业申请和维持知识产权的费用负担。

（二十三）完善中小企业维权救济制度。构建统一的政务咨询投诉举报平台，畅通中小企业表达诉求渠道，完善咨询投诉举报处理程序和督办考核机制。探索建立中小企业公益诉讼制度、国际维权服务机制。鼓励法律服务机构开展小微企业法律咨询公益服务。建立健全中小企业应急救援救济机制，帮助中小企业应对自然灾害、事故灾难、公共卫生事件和社会安全事件等不可抗力事件。

七、强化促进中小企业发展组织领导制度

（二十四）强化各级促进中小企业发展工作机制。县级以上地方人民政府必须建立健全促进中小企业发展领导小组，由政府领导担任领导小组组长，办公室设在负责中小企业促进工作的综合管理部门，强化促进中小企业发展工作队伍建设。领导小组要定期召开会议研究落实党中央、国务院促进中小企业发展的重大决策部署，及时向上一级领导小组办公室报告有关工作情况。领导小组各成员单位要认真执行领导小组议定事项，建立内部责任制，加强工作落实。

（二十五）完善中小企业决策保障工作机制。完善中小企业政策咨询制度，培育一批聚焦中小企业研究的中国特色新型智库，建立政策出台前征求中小企业与专家意见制度和政策实施效果评估制度。完善中小企业政策发布、解读和舆情引导机制，提高政策知晓率、获得感和满意度。定期开展中小企业发展环境第三方评估，并向社会公布结果。

工业和信息化部　国家发展和改革委员会
科学技术部　财政部　人力资源和社会保障部
生态环境部　农业农村部　商务部　文化和旅游部
中国人民银行　海关总署　国家税务总局
国家市场监督管理总局　国家统计局
中国银行保险监督管理委员会
中国证券监督管理委员会　国家知识产权局
2020 年 7 月 3 日

《国务院办公厅关于进一步优化营商环境更好服务市场主体的实施意见》（国办发〔2020〕24 号）

各省、自治区、直辖市人民政府，国务院各部委、各直属机构：

党中央、国务院高度重视深化“放管服”改革优化营商环境工作。近年来，我国营商环境明显改善，但仍存在一些短板和薄弱环节，特别是受新冠肺炎疫情等影响，企业困难凸显，亟需进一步聚焦市场主体关切，对标国际先进水平，既立足当前又着眼长远，更多采取改革的办法破解企业生产经营中的堵点痛点，强化为市场主体服务，加快打造市场化法治化国际化营商环境，这是做好“六稳”工作、落实“六保”任务的重要抓手。为持续深化“放管服”改革优化营商环境，更大激发市场活力，增强发展内生动力，经国务院同意，现提出以下意见。

一、持续提升投资建设便利度

（一）优化再造投资项目前期审批流程。从办成项目前期“一件事”出发，健全部门协同工作机制，加强项目立项与用地、规划等建设条件衔接，推动有条件的地方对项目可行性研究、用地预审、选址、环境影响评价、安全评价、水土保持评价、压覆重要矿产资源评估等事项，实行项目单位编报一套材料，政府部门统一受理、同步评估、同步审批、统一反馈，加快项目落地。优化全国投资项目在线审批监管平台审批流程，实现批复文件等在线打印。（国家发展改革委牵头，国务院相关部门及各地区按职责分工负责）

（二）进一步提升工程建设项目审批效率。全面推行工程建设项目分级分类管理，在确保安全前提下，对社会投资的小型低风险新建、改扩建项目，由政府部门发布统一的企业开工条件，企业取得用地、满足开工条件后作出相关承诺，政府部门直接发放相关证书，项目即可开工。加快推动工程建设项目全流程在线审批，推进工程建设项目审批管理系统与投资审批、规划、消防等管理系统数据实时共享，实现信息一次填报、材料一次上传、相关评审意见和审批结果即时推送。2020 年底前将工程建设项目审批涉及的行政许可、备案、评估评审、中介服务、市政公用服务等纳入线上平台，公开办理标准和费用。（住房城乡建设部牵头，国务院相关部门及各地区按职责分工负责）

（三）深入推进“多规合一”。抓紧统筹各类空间性规划，积极推进各类相关规划数据衔接或整合，推动尽快消除规划冲突和“矛盾图斑”。统一测绘技术标准和规则，在用地、规划、施工、验收、不动产登记等各阶段，实现测绘成果共享互认，避免重复测绘。（自然资源部牵头，住房城乡建设部等国务院相关部门及各地区按职责分工负责）

二、进一步简化企业生产经营审批和条件

（四）进一步降低市场准入门槛。围绕工程建设、教育、医疗、体育等领域，集中清理有关部门和地方在市场准入方面对企业资质、资金、股比、人员、场所等设置的不合理条件，列出台账并逐项明确解决措施、责任主体和完成时限。研究对诊所设置、诊所执业实行备案管理，扩大医疗服务供给。对于海事劳工证书，推动由政府部门直接受理申请、开展检查和签发，不再要求企业为此接受船检机构检查，且不收取企业办证费用。通过在线审批等方式简化跨地区巡回演出审批程序。（国家发展改革委、教育部、住房城乡建设部、交通运输部、商务部、文化和旅游部、国家卫生健康委、体育总局等国务院相关部门及各地区按职责分工负责）

（五）精简优化工业产品生产流通等环节管理措施。2020 年底前将保留的重要工业产品生产许可证管理权限全部下放给省级人民政府市场监督管理部门。加强机动车生产、销售、登记、维修、保险、报废等信息的共享和应用，提升机动车流通透明度。督促地方取消对二手车经销企业登记注册地设置的不合理规定，简化二手车经销企业购入机动车交易登记手续。2020 年底前优化新能源汽车免征车辆购置税的车型目录和享受车船税减免优惠的车型目录发布程序，实现与道路机动车辆生产企业及产品公告“一次申报、一并审查、一批发布”，企业依据产品公告即可享受相关税收减免政策。（工业和信息化部、公安部、财政部、交通运输部、商务部、税务总局、市场监管总局、银保监会等国务院相关部门按职责分工负责）

（六）降低小微企业等经营成本。支持地方开展“一照多址”改革，简化企业设立分支机构的登记手续。在确保食品安全前提下，鼓励有条件的地方合理放宽对连锁便利店制售食品在食品处理区面积等方面的审批要求，探索将食品经营许可（仅销售预包装食品）改为备案，合理制定并公布商户牌匾、照明设施等标准。鼓励引导平台企业适当降低向小微商户收取的平台佣金等服务费用和条码支付、互联网支付等手续费，严禁平台企业滥用市场支配地位收取不公平的高价服务费。在保障劳动者职业健康前提下，对职业病危害一般的用工单位适当降低职业病危害因素检测频次。在工程建设、政府采购等领域，推行以保险、保函等替代现金缴纳涉企保证金，减轻企业现金流压力。（市场监管总局、中央网信办、工业和信息化部、财政部、住房城乡建设部、交通运输部、水利部、国家卫生健康委、人民银行、银保监会等相关部门及各地区按职责分工负责）

三、优化外贸外资企业经营环境

（七）进一步提高进出口通关效率。推行进出口货物“提前申报”，企业提前办理申报手续，海关在货物运抵海关监管作业场所后即办理货物查验、放行手续。优化进口“两步申报”通关模式，企业进行“概要申报”且海关完成风险排查处置后，即允许企业将货物提离。在符合条件的监管作业场所开展进口货物“船边直提”和出口货物“抵港直装”试点。推行查验作业全程监控和留痕，允许有条件的地方实行企业自主选择是否陪同查验，减轻企业负担。严禁口岸为压缩通关时间简单采取单日限流、控制报关等不合理措施。（海关总署牵头，国务院相关部门及各地区按职责分工负责）

（八）拓展国际贸易“单一窗口”功能。加快“单一窗口”功能由口岸通关执法向口岸物流、贸易服务等全链条拓展，实现港口、船代、理货等收费标准线上公开、在线查询。除涉密等特殊情况外，进出口环节涉及的监管证件原则上都应通过“单一窗口”一口受理，由相关部门在后台分别办理并实施监管，推动实现企业在线缴费、自主打印证件。（海关总署牵头，生态环境部、交通运输部、农业农村部、商务部、市场监管总局、国家药监局等国务院相关部门及各地区按职责分工负责）

（九）进一步减少外资外贸企业投资经营限制。支持外贸企业出口产品转内销，推行以外贸企业自我声明等方式替代相关国内认证，对已经取得相关国际认证且认证标准不低于国内标准的产品，允许外贸企业作出符合国内标准的书面承诺后直接上市销售，并加强事中事后监管。授权全国所有地级及以上城市开展外商投资企业注册登记。（商务部、市场监管总局等国务院相关部门及各地区按职责分工负责）

四、进一步降低就业创业门槛

（十）优化部分行业从业条件。推动取消除道路危险货物运输以外的道路货物运输驾驶员从业资格考试，并将相关考试培训内容纳入相应等级机动车驾驶证培训，驾驶员凭培训结业证书和机动车驾驶证申领道路货物运输驾驶员从业资格证。改革执业兽医资格考试制度，便利兽医相关专业高校在校生报名参加考试。加快推动劳动者入职体检结果互认，减轻求职者负担。（人力资源社会保障部、交通运输部、农业农村部等国务院相关部门及各地区按职责分工负责）

（十一）促进人才流动和灵活就业。2021 年 6 月底前实现专业技术人才职称信息跨地区在线核验，鼓励地区间职称互认。引导有需求的企业开展“共享用工”，通过用工余缺调剂提高人力资源配置效率。统一失业保险转移办理流程，简化失业保险申领程序。各地要落实属地管理责任，在保障安全卫生、不损害公共利益等条件下，坚持放管结合，合理设定流动摊贩经营场所。（人力资源社会保障部、市场监管总局、住房城乡建设部等国务院相关部门及各地区按职责分工负责）

（十二）完善对新业态的包容审慎监管。加快评估已出台的新业态准入和监管政策，坚决清理各类不合理管理措施。在保证医疗安全和质量前提下，进一步放宽互联网诊疗范围，将符合条件的互联网医疗服务纳入医保报销范围，制定公布全国统一的互联网医疗审批标准，加快创新型医疗器械审评审批并推进临床应用。统一智能网联汽车自动驾驶功能测试标准，推动实现封闭场地测试结果全国通用互认，督促封闭场地向社会公开测试服务项目及收费标准，简化测试通知书申领及异地换发手续，对测试通知书到期但车辆状态未改变的无需重复测试、直接延长期限。降低导航电子地图制作测绘资质申请条件，压减资质延续和信息变更的办理时间。（工业和信息化部、公安部、自然资源部、交通运输部、国家卫生健康委、国家医保局、国家药监局等国务院相关部门及各地区按职责分工负责）

（十三）增加新业态应用场景等供给。围绕城市治理、公共服务、政务服务等领域，鼓励地方通过搭建供需对接平台等为新技术、新产品提供更多应用场景。在条件成熟的特定路段及有需求的机场、港口、园区等区域探索开展智能网联汽车示范应用。建立健全政府及公共服务机构数据开放共享规则，推动公共交通、路政管理、医疗卫生、养老等公共服务领域和政府部门数据有序开放。（国家发展改革委牵头，中央网信办、工业和信息化部、公安部、民政部、住房城乡建设部、交通运输部、国家卫生健康委等相关部门及各地区按职责分工负责）

五、提升涉企服务质量和效率

（十四）推进企业开办经营便利化。全面推行企业开办全程网上办，提升企业名称自主申报系统核名智能化水平，在税务、人力资源社会保障、公积金、商业银行等服务领域加快实现电子营业执照、电子印章应用。放宽小微企业、个体工商户登记经营场所限制。探索推进“一业一证”改革，将一个行业准入涉及的多张许可证整合为一张许可证，实现“一证准营”、跨地互认通用。梳理各类强制登报公告事项，研究推动予以取消或调整为网上免费公告。加快推进政务服务事项跨省通办。（市场监管总局、国务院办公厅、司法部、人力资源社会保障部、住房城乡建设部、人民银行、税务总局、银保监会、证监会等国务院相关部门及各地区按职责分工负责）

（十五）持续提升纳税服务水平。2020 年底前基本实现增值税专用发票电子化，主要涉税服务事项基本实现网上办理。简化增值税等税收优惠政策申报程序，原则上不再设置审批环节。强化税务、海关、人民银行等部门数据共享，加快出口退税进度，推行无纸化单证备案。（税务总局牵头，人民银行、海关总署等国务院相关部门按职责分工负责）

（十六）进一步提高商标注册效率。提高商标网上服务系统数据更新频率，提升系统智能检索功能，推动实现商标图形在线自动比对。进一步压缩商标异议、驳回复审的审查审理周期，及时反馈审查审理结果。2020 年底前将商标注册平均审查周期压缩至 4 个月以内。（国家知识产权局负责）

（十七）优化动产担保融资服务。鼓励引导商业银行支持中小企业以应收账款、生产设备、产品、车辆、船舶、知识产权等动产和权利进行担保融资。推动建立以担保人名称为索引的电子数据库，实现对担保品登记状态信息的在线查询、修改或撤销。（人民银行牵头，国家发展改革委、公安部、交通运输部、市场监管总局、银保监会、国家知识产权局等国务院相关部门按职责分工负责）

六、完善优化营商环境长效机制

（十八）建立健全政策评估制度。研究制定建立健全政策评估制度的指导意见，以政策效果评估为重点，建立对重大政策开展事前、事后评估的长效机制，推进政策评估工作制度化、规范化，使政策更加科学精准、务实管用。（国务院办公厅牵头，各地区、各部门负责）

（十九）建立常态化政企沟通联系机制。加强与企业和行业协会商会的常态化联系，完善企业服务体系，加快建立营商环境诉求受理和分级办理“一张网”，更多采取“企业点菜”方式推进“放管服”改革。加快推进政务服务热线整合，进一步规范政务服务热线受理、转办、督办、反馈、评价流程，及时回应企业和群众诉求。（国务院办公厅牵头，国务院相关部门和单位及各地区按职责分工负责）

（二十）抓好惠企政策兑现。各地要梳理公布惠企政策清单，根据企业所属行业、规模等主动精准推送政策，县级政府出台惠企措施时要公布相关负责人及联系方式，实行政策兑现“落实到人”。鼓励推行惠企政策“免申即享”，通过政府部门信息共享等方式，实现符合条件的企业免予申报、直接享受政策。对确需企业提出申请的惠企政策，要合理设置并公开申请条件，简化申报手续，加快实现一次申报、全程网办、快速兑现。（各地区、各部门负责）

各地区、各部门要认真贯彻落实本意见提出的各项任务和要求，围绕市场主体需求，研究推出更多务实管用的改革举措，相关落实情况年底前报国务院。有关改革事项涉及法律法规调整的，要按照重大改革于法有据的要求，抓紧推动相关法律法规的立改废释。国务院办公厅要加强对深化“放管服”改革和优化营商环境工作的业务指导，强化统筹协调和督促落实，确保改革措施落地见效。

国务院办公厅

2020 年 7 月 15 日

《国务院关于促进服务外包产业加快发展的意见》（国发〔2014〕67 号）

各省、自治区、直辖市人民政府，国务院各部委、各直属机构：

近年来，我国服务外包产业规模迅速扩大，结构不断优化，以中国服务外包示范城市为主体的产业聚集效应日益增强。坚持改革创新，面向全球市场，加快发展高技术、高附加值服务外包产业，促进大众创业、万众创新，推动从主要依靠低成本竞争向更多以智力投入取胜转变，对于推进结构调整，形成产业升级新支撑、外贸增长新亮点、现代服务业发展新引擎和扩大就业新渠道，具有重要意义。为促进我国服务外包产业加快发展，推动“中国服务”再上台阶、走向世界，现提出以下意见：

一、总体要求

（一）指导思想。以邓小平理论、“三个代表”重要思想、科学发展观为指导，全面贯彻落实党的十八大和十八届二中、三中、四中全会精神，认真落实党中央、国务院的决策部署，以拓展国际国内市场为导向，围绕培育竞争新优势和营造良好发展环境，坚持改革创新、突出重点、分步实施、示范集聚的原则，着力激发企业创新动力和市场活力，尽快将服务外包产业提高到一个新水平。

（二）发展目标。今后三年，培养一批中高端人才、复合型人才和国际型人才，培育一批具有国际先进水平的服务外包知名企业，建设一批主导产业突出、创新能力强、体制机制先行先试的服务外包产业集聚区；人才队伍规模和素质进一步提高，吸纳大学生就业的数量大幅增长；服务外包产业规模持续快速增长，国际服务外包业务规模年均增长 25% 以上；产业结构进一步优化，高技术含量、高附加值的服务外包业务占比不断提高；区域布局明显改善，特色鲜明、优势互补、协调有序的良性发展格局初步形成；服务外包企业的专业服务能力和水平显著提高，中国服务外包示范城市的辐射带动作用进一步增强；服务外包产业政策体系和服务保障体系进一步完善。

到 2020 年，服务外包产业国际国内市场协调发展，规模显著扩大，结构显著优化，企业国际竞争力显著提高，成为我国参与全球产业分工、提升产业价值链的重要途径。

二、培育竞争新优势

（三）明确产业发展导向。同步推进信息技术、业务流程和知识流程外包服务，着力发展高技术、高附加值服务外包业务，促进向产业价值链高端延伸。定期发布《服务外包产业重点发展领域指导目录》，加强对服务外包产业发展指导。积极拓展服务外包行业领域，大力发展软件和信息技术、设计、研发、互联网、医疗、工业、能源等领域服务外包；加快发展文化创意、教育、交通物流、健康护理、科技服务、批发零售、休闲娱乐等领域服务外包；积极发展金融服务外包业务，鼓励金融机构将非核心业务外包。

（四）实施国际市场多元化战略。适应全球服务业加速跨国转移新趋势，进一步扩大与有关国家和地区服务外包交流与合作。巩固和加强与发达国家合作，着力提高服务外包高端业务比重；积极开拓新兴市场，不断拓展新业务和营销网络；深化与周边国家合作，推动服务标准出口；密切与丝绸之路经济带和21世纪海上丝绸之路沿线国家和地区的联系，构建多元化市场新格局。

（五）优化国内市场布局。立足服务外包产业现有基础和发展趋势，深度挖掘国内服务外包市场潜力，构建以中国服务外包示范城市为主体，结构合理、各具特色、优势互补的产业发展格局。发挥长三角、珠三角、环渤海及京津冀等区域已形成的产业集聚优势，积极吸引国内外创新资源，搭建具有国际先进水平的服务外包产业平台，不断提升产业竞争力，率先达到国际先进水平，加快带动全国服务外包产业发展。发挥中西部地区的区位优势，进一步加强服务外包产业基础设施建设，将推动服务外包产业发展作为产业转型升级、构建内陆地区开放型经济新高地的重要突破口，有序承接东部地区和国际产业转移。发挥东北地区工业体系完整的优势，不断优化发展环境，加大市场开拓力度，为振兴东北老工业基地和资源型城市转型发展提供有力支撑。

（六）培育壮大市场主体。支持各类所有制企业从事服务外包业务，鼓励服务外包企业专业化、规模化、品牌化发展。推动服务外包企业提升研发创新水平，通过国家科技计划（专项、基金等）引导和支持企业开展集成设计、综合解决方案及相关技术项目等研发。鼓励服务外包企业加强商业模式和管理模式创新，积极发展承接长期合约形式的服务外包业务。培育一批创新能力强、集成服务水平高、具有国际竞争力的服务外包龙头企业。支持一批“专、精、特、新”的中小型服务外包企业。鼓励企业特别是工业企业打破“大而全”“小而全”的一体化格局，购买非核心业务的专业服务。引导服务外包企业通过兼并重组，优化资金、技术、人才等资源要素配置，实现优势互补。政府部门要不断拓宽购买服务领域，将可外包业务委托给专业服务企业。

（七）加强人才队伍建设。充分利用国际国内两种资源，加强服务外包各类人才培养培训。采取引进和培养相结合的方式，加强中高端人才队伍建设。支持高校以人才需求为导向调整优化服务外包专业和人才结构，依照服务外包人才相关标准组织实施教学活动，进行课程体系设置改革试点，引导大学生创新创业。鼓励高校和企业创新合作模式，积极开展互动式人才培养，共建实践教育基地，加强高校教师与企业资深工程师的双向交流。全面提升从业人员能力和水平，支持符合条件的服务外包企业通过开展校企合作录用高校毕业生，建立和完善内部培训体系。

三、强化政策措施

（八）加强规划引导。全面客观评估服务外包产业“十二五”规划实施情况，研究制订《中国国际服务外包产业发展“十三五”规划》，明确提出“十三五”服务外包产业的重点领域、主要任务和保障措施等。科学谋划服务外包产业集聚区布局，尽快形成产业集聚，发挥引领带动作用。有关部门要将服务外包产业集聚区的教育资源，物联网、大数据、云计算和移动互联及新技术应用的基础设施，以及企业的技术、管理和商业模式创新项目等纳入“十三五”相关规划。

（九）深化国际交流合作。提升双边经贸合作质量，在现有机制框架下有序推进服务外包产业务实合作，营造有利于共同发展的国际环境。加大支持服务外包企业参加国际展会、项目洽谈等活动。结合实施“走出去”战略和对外援助，综合运用贸易、出口信贷、对外投资合作和对外援助等多种措施，支持有条件的服务外包企业“走出去”，开展研发外包、知识流程外包和业务流程外包等高附加值项目合作。鼓励企业和机构在国际市场购买技术含量高、业务模式新的高端服务，引进先进技术、先进经营方式和管理经验，加快推动国内服务外包产业转型升级。

（十）加大财政支持力度。完善现有财政资金政策，优化资金安排和使用方向，改进支持方式，加大对国际服务外包业务的支持，鼓励开展国际服务外包研发、人才培训、资质认证、公共服务等。充分发挥财政资金的杠杆引导作用，通过设立国际服务外包产业引导基金等市场化支持方式，引导社会资金加大对承接国际服务外包业务企业的投入，促进扩大服务出口。

（十一）完善税收政策。从区域和领域上扩大对技术先进型服务企业减按15%税率缴纳企业所得税和职工教育经费不超过工资薪金总额8%部分税前扣除的税收优惠政策实施范围。根据服务外包产业集聚区布局，统筹考虑东、中、西部城市，将中国服务外包示范城市数量从21个有序增加到31个。实行国际服务外包增值税零税率和免税政策。

（十二）加强金融服务。拓宽服务外包企业投融资渠道。鼓励金融机构按照风险可控、商业可持续原则，创新符合监管政策、适应服务外包产业特点的金融产品和服务，推动开展应收账款质押、专利及版权等知识产权质押。支持政策性金融机构在有关部门和监管机构的指导下依法合规创新发展，加大对服务外包企业开拓国际市场、开展境外并购等业务的支持力度，加强服务外包重点项目建设。鼓励保险机构创新保险产品，提升保险服务，扩大出口信用保险规模和覆盖面，提高承保和理赔效率。利用现有资金政策，引导融资担保机构加强对服务外包中小企业的融资担保服务。支持符合条件的服务外包企业进入中小企业板、创业板、中小企业股份转让系统融资。支持符合条件的服务外包企业通过发行企业债券、公司债券、非金融企业债务融资工具等方式扩大融资，实现融资渠道多元化。

（十三）提升便利化水平。深化境外投资审批制度改革，推进境外投资便利化，实行备案为主的管理方式，最大限度缩小核准范围，简化审批手续。进一步提升通关便利化水平，创新服务外包海关监管模式。创新服务外包检验检疫监管模式，对承接国际服务外包业务所需样机、样本、试剂等简化审批程序，实施分类管理，提供通关便利。加快落实外汇管理便利化措施，具备条件的服务外包企业可申请参与服务外包境外投资外汇管理改革试点，根据试点情况及时研究推广。鼓励在跨境贸易和投资中使用人民币结算。为从事国际服务外包业务的外籍中高端管理和技术人员提供出入境和居留便利。提高国际通信服务水平，支持基础电信运营商为服务外包企业网络接入和国际线路租赁提供便利。

四、健全服务保障

（十四）建设法治化营商环境。研究完善服务外包产业的法律体系，促进产业发展和规范经营行为。切实保障国家安全，对故意或者过失泄露国家秘密、危害国家安全等违法行为，要依法追究法律责任。加大服务外包领域版权、专利、商标等知识产权的执法监管力度。建立服务外包企业信用记录和信用评价体系，惩戒失信，打击欺诈，完善服务外包企业诚信体系建设。鼓励条件成熟的地方开展地方性立法，适时出台有关服务外包产业的地方性法规和政府规章。

（十五）提高公共服务水平。驻外使（领）馆要加大对服务外包企业境外开展合作的指导协调力度，主动加强与国内主管部门的沟通配合，及时提供有效信息和政策建议。发挥行业协会的作用，提高服务和促进水平，加强行业自律，研究制订服务和人才标准，树立“中国服务”品牌。充分利用现有服务外包交流合作平台，吸引跨国公司转移国际服务外包业务，鼓励研究机构、商协会、高校和企业开展多种形式的务实合作。加强对服务外包公共信息服务，及时发布国际国内市场动态和政策信息。

（十六）加强统计分析体系建设。科学界定服务外包产业内涵和外延，健全服务外包统计指标体系和统计制度。加强服务外包统计信息系统建设。强化统计监测功能，推动服务外包产业监测预警体系建设。建立健全有关部门服务外包信息共享机制。加强与国际组织、研究机构和行业协会的数据信息交流与合作，按月度发布服务外包统计数据。

各地区、各部门要充分认识促进服务外包产业加快发展的重大意义，加强组织领导，建立工作机制，强化部门协同和上下联动，切实将本意见的各项任务落到实处、取得实效。商务部要加强统筹协调，会同有关部门科学评估服务外包产业发展情况，对本意见落实情况进行跟踪分析和监督检查，每年向国务院报告一次落实情况，重要问题及时报告。

附件：1. 重点任务分工及进度安排表

2. 21 个中国服务外包示范城市

国务院

2014 年 12 月 24 日

附件 1：重点任务分工及进度安排表（扫描二维码后见文末）

附件 2：21 个中国服务外包示范城市

北京、天津、上海、重庆、大连、深圳、广州、武汉、哈尔滨、成都、南京、西安、济南、杭州、合肥、南昌、长沙、大庆、苏州、无锡、厦门

《商务部等 8 部门关于推动服务外包加快转型升级的指导意见》（商服贸发〔2020〕12 号）

各省、自治区、直辖市及计划单列市人民政府，新疆生产建设兵团：

近年来，我国服务外包快速发展，已成为生产性服务出口的主要实现途径，在全球价值链中的地位不断提升。随着新一代信息技术的广泛应用，服务外包呈现出数字化、智能化、高端化、融合化的新趋势。为贯彻落实党中央、国务院关于推进贸易高质量发展的部署要求，推动服务外包加快转型升级，经国务院同意，现提出以下意见。

一、总体要求

（一）指导思想

以习近平新时代中国特色社会主义思想为指导，全面贯彻党的十九大和十九届二中、三中、四中全会精神，围绕推进贸易高质量发展总体要求，充分发挥服务外包在实施创新驱动和培育贸易新业态新模式中的重要促进作用，加快服务外包向高技术、高附加值、高品质、高效益转型升级，全面提升“中国服务”和“中国制造”品牌影响力和国际竞争力。

（二）基本原则

数字引领，创新发展。加强数字技术的开发利用，提高创新能力，加快企业数字化转型，不断向价值链中高端攀升。

跨界融合，协同发展。鼓励服务外包向国民经济各行业深度拓展，加快融合，重塑价值链、产业链和服务链，形成相互渗透、协同发展的产业新生态。

统筹推进，全面发展。服务外包示范城市和具备条件的城市大力发展高技术高附加值业务，鼓励其他城市发展符合地方特色的服务外包业务。

内外联动，协调发展。充分发挥离岸服务外包的技术外溢效应，引进先进技术和模式，大力发展在岸服务外包业务，提升企业竞争力。

（三）发展目标

到2025年，我国离岸服务外包作为生产性服务出口主渠道的地位进一步巩固，高技术含量、高附加值的数字化业务占比不断提高，服务外包成为我国引进先进技术提升产业价值链层级的重要渠道，信息技术外包（ITO）企业和知识流程外包（KPO）企业加快向数字服务提供商转型，业务流程外包（BPO）企业专业能力显著增强，服务外包示范城市布局更加优化，发展成为具有全球影响力和竞争力的服务外包接发包中心。

到2035年，我国服务外包从业人员年均产值达到世界领先水平。服务外包示范城市的创新引领作用更加突出。服务外包成为以数字技术为支撑、以高端服务为先导的“服务+”新业态新模式的重要方式，成为推进贸易高质量发展、建设数字中国的重要力量，成为打造“中国服务”和“中国制造”品牌的核心竞争优势。

二、主要任务

（一）加快数字化转型进程

1. 支持信息技术外包发展。将企业开展云计算、基础软件、集成电路设计、区块链等信息技术研发和应用纳入国家科技计划（专项、基金等）支持范围。培育一批信息技术外包和制造业融合发展示范企业。

2. 培育新模式新业态。依托5G技术，大力发展众包、云外包、平台分包等新模式。积极推动工业互联网创新与融合应用，培育一批数字化制造外包平台，发展服务型制造等新业态。

3. 打造数字服务出口集聚区。依托服务贸易创新发展试点地区和国家服务外包示范城市，建设一批数字服务出口基地。

4. 完善统计界定范围。将运用大数据、人工智能、云计算、物联网等新一代信息技术进行发包的新业态新模式纳入服务外包业务统计。

（二）推动重点领域发展

5. 发展医药研发外包。除禁止入境的以外，综合保税区内企业从境外进口且在区内用于生物医药研发的货物、物品，免于提交许可证，进口的消耗性材料根据实际研发耗用核销。

6. 扶持设计外包。建设一批国家级服务设计中心。支持各类领军企业、科研院校开放创新设计中心，提升设计外包能力，支持国家级工业设计中心和国家工业设计研究院开展设计服务外包。实施制造业设计能力提升专项行动。

7. 推动会计、法律等领域服务外包。通过双边和区域自贸协定谈判，推动有关国家和地区的会计、法律市场开放。支持会计、法律等事务所为国内企业走出去开展跟随服务，积极研究支持事务所境外发展、对外合作的政策。

8. 支持业务运营服务外包。各级政府部门要在确保安全的前提下，不断拓宽购买服务领域。鼓励企业特别是国有企业依法合规剥离非核心业务，购买供应链、呼叫中心、互联网营销推广、金融后台、采购等运营服务。

（三）构建全球服务网络体系

9. 有序增加示范城市。完善服务外包示范城市有进有出的动态管理机制，支持更多符合条件的中西部和东北地区城市创建服务外包示范城市。

10. 加大国际市场开拓力度。将更多境外举办的服务外包类展会纳入非商业性境外办展支持范围。支持服务外包企业利用出口信用保险等多种手段开拓国际市场。鼓励向"一带一路"沿线国家和地区市场发包，支持中国技术和标准"走出去"。

11. 评估优化出口信贷优惠措施。评估服务外包示范城市服务外包企业承接国际服务外包项目享受的出口信贷优惠措施实施效果，适时向全国推广。

（四）加强人才培养

12. 大力培养引进中高端人才。推动各省市将服务外包中高端人才纳入相应人才发展计划。鼓励符合条件的服务外包企业对重要技术人员和管理人员实施股权激励。

13. 鼓励大学生就业创业。对符合条件的服务外包企业吸纳高校毕业生就业并开展岗前培训的，或为高校毕业生提供就业见习岗位的，按规定给予相应补贴。支持办好相关创新创业大赛，对获奖人员、团队或项目在相关政策方面按规定予以倾斜。

14. 深化产教融合。完善包括普通高等院校、职业院校、社会培训机构和企业在内的社会化服务外包人才培养培训体系，鼓励高校与企业开展合作，加快建设新工科，建设一批以新一代信息技术为重点学科的服务外包学院。

（五）培育壮大市场主体

15. 创新金融支持手段。按市场化原则，充分发挥服务贸易创新发展引导基金作用，带动社会资本加大对服务外包产业投资。支持符合条件的综合服务提供商上市融资。

16. 降低企业经营成本。经依法批准，对提高自有工业用地容积率用于自营生产性服务业的工业企业，可按新用途办理相关手续。

17. 积极培育国内市场。及时修订《服务外包产业重点发展领域指导目录》，完善重点发展领域的支持政策，引导地方和企业因地制宜发展服务外包业务。

18. 大力打造公共服务平台。利用外经贸发展专项资金布局建设一批辐射全国的服务外包公共服务平台。支持服务外包领域智库和行业协会发展，充分发挥其在理论研究和贸易促进中的积极作用。将中国国际服务外包交易博览会办成具有国际影响力的精品展会。

（六）推进贸易便利化

19. 优化海关监管。逐步将服务外包有关事项纳入国际贸易“单一窗口”。加强对服务外包企业的信用培育，引导更多规范守法的服务外包企业成为海关经认证的经营者（AEO）企业。

20. 拓展保税监管范围。在确保有效监管和执行相关税收政策的前提下，研究支持对服务外包示范城市“两头在外”的研发、设计、检测、维修等服务业态所需进口料件试点保税监管。

三、组织实施

各部门要从全局和战略高度，深刻认识新时期加快服务外包产业转型升级的重大意义，加强组织领导，完善工作机制，严格组织实施，切实将各项任务落到实处、取得实效。各地区要进一步发挥自主性和积极性，加大对服务外包产业的政策支持力度，促进本地区服务外包产业转型升级，更好地服务于经济转型和开放型经济新体制建设。商务部要加强统筹协调，认真研究解决服务外包产业发展中的新情况新问题，创新工作方法，及时总结经验并推广复制。

商务部　发展改革委　教育部　工业和信息化部
财政部　人力资源社会保障部　海关总署　税务总局
2020 年 1 月 6 日

《对十三届全国人大三次会议第 8765 号建议的答复》

您们提出的关于从税收政策和征管方式等方面加大平台经济发展支持力度的建议收悉，现答复如下：

一、关于平台企业存在自然人无法视同登记户享受增值税起征点优惠

《中华人民共和国增值税暂行条例》及其实施细则、《财政部　国家税务总局关于全面推开营业税改征增值税试点的通知》（财税〔2016〕36 号）附件 1《营业税改征增值税试点实施办法》规定，纳税人销售额未达到国务院财政、税务主管部门规定的增值税起征点，免征增值税；达到起征点的，应全额计算缴纳增值税。按期纳税的纳税人，增值税起征点为月销售额5000元至2万元；按次纳税的纳税人，增值税起征点为每次（日）销售额300元至500元。目前全国各地均按照最高额度确定起征点。

2019年，为贯彻落实党中央、国务院决策部署，进一步支持小微企业发展，我局会同财政部制发《关于实施小微企业普惠性税收减免政策的通知》（财税〔2019〕13号），明确2019年1月1日至2021年12月31日，对月销售额10万元以下（含本数）的增值税小规模纳税人，免征增值税。

自然人能否享受小规模纳税人月销售额10万元以下免税政策，需要根据其业务实际情况进行判断。按照上述规定，自然人持续开展经营业务的，如办理了税务登记，并选择按期纳税，履行按期申报纳税义务，则可以按规定享受小规模纳税人月销售额10万元以下免税政策；自然人不经常发生应税行为的，如未办理税务登记，或只选择了按次纳税，则应按规定享受按次纳税的起征点政策。

二、关于允许内控机制完善的平台经济使用内部凭证列支成本费用

《企业所得税税前扣除凭证管理办法》（国家税务总局公告2018年第28号，以下简称《办法》）明确规定了内部凭证作为税前扣除凭证的一般要求和具体情形，在一定程度上与代表所提建议是一致的。如，《办法》第八条规定，税前扣除凭证按照来源分为内部凭证和外部凭证，内部凭证是指企业自制用于成本、费用、损失和其他支出核算的会计原始凭证。再如，《办法》第九条、第十条规定，企业在境内发生的支出项目属于增值税应税项目的，对方为依法无需办理税务登记的单位或者从事小额零星经营业务的个人，其支出以税务机关代开的发票或者收款凭证及内部凭证作为税前扣除凭证；企业在境内发生的支出项目不属于增值税应税项目的，对方为个人的，以内部凭证作为税前扣除凭证。这些规定，能够解决平台企业在一定条件下使用内部凭证作为税前扣除凭证的问题。

如果允许平台企业所有经营活动均使用内部凭证列支成本费用，在企业所得税征管上会造成平台企业与非平台企业之间的差异，不利于营造公平竞争的市场环境。特别是增值税应税项目如果均使用内部凭证作为税前扣除凭证，不利于增值税发票的规范管理，破坏了增值税抵扣链条的完整性，易引发偷漏税风险。因此，建议平台企业依法依规使用内部凭证和外部凭证列支成本费用。

三、关于明确灵活用工人员从平台获得的收入作为经营所得

根据《中华人民共和国个人所得税法》及有关规定，灵活用工人员从平台获取的收入可能包括劳务报酬所得和经营所得两大类。灵活用工人员在平台上从事设计、咨询、讲学、录音、录像、演出、表演、广告等劳务取得的收入，属于“劳务报酬所得”应税项目，由支付劳务报酬的单位或个人预扣预缴个人所得税，年度终了时并入综合所得，按年计税、多退少补。灵活用工人员注册成立个体工商户或者虽未注册但在平台从事生产、经营性质活动的，其取得的收入属于“经营所得”应税项目，“经营所得”以每一纳税年度的收入总额减除成本费用以及损失后的余额为应纳税所得额，适用经营所得税率表，按年计税。

因此，灵活用工人员取得的收入是否作为经营所得计税，要根据纳税人在平台提供劳务或从事经营的经济实质进行判定，而不是简单地看个人劳动所依托的展示平台，否则容易导致从事相同性质劳动的个人税负不同，不符合税收公平原则。比如，从事教育培训工作的兼职教师，在线下教室里给学生上课取得收入按劳务报酬所得缴税，在线上平台的直播间给学生上课取得收入按经营所得缴税，同一性质劳动，不宜区别对待。

四、关于建议有关部门对平台企业上的经营者简化前置许可的审批条件与流程

对平台企业上的经营者简化前置许可的审批条件与流程，主要是优化货运平台司机办理道路普通货物运输经营许可证的审批流程，放宽相应的条件。近年来，交通运输部、税务总局等部门按照国务院推进“互联网+”高效物流以及促进平台经济发展的有关决策部署，积极支持鼓励依托互联网平台从事货运经营的物流新业态创新发展。

一是取消相关道路货运经营许可。先后取消了4.5吨及以下普通货运车辆道路运输证和从业资格证等4项经营许可。同时，简化并公开普通货运驾驶员从业考试题库、推行从业人员线上线下异地考试、取消从业人员强制继续教育制度。

二是优化道路货运经营许可流程。2014年，国务院印发了《关于取消和调整一批行政审批项目等事项的决定》（国发〔2014〕50号），将“道路货运经营许可证核发”工商登记前置许可事项改为后置许可，即道路运输经营业户在取得营业执照后，办理道路运输经营许可证。同时，在全国自由贸易试验区，对道路货运经营许可实行告知承诺制，即对申请人尚不具备经营许可条件，但承诺领证后一定期限内具备的，经形式审查后当场作出行政审批决定，放宽了准入条件、简化了审批流程。

三是推进道路货运经营证照异地办理。为满足广大道路运输经营者和驾驶员异地运营需要，组织开发互联网道路运输便民政务服务系统，实现了普通货运车辆年度审验及年审凭证下载，道路运输驾驶员诚信（信誉）考核及考核凭证下载，货运车辆道路运输证换发、补发、注销，货运驾驶员从业资格证补发、换发、变更、注销，普通货运驾驶员学习教育等12个事项的网上办理。

四是有序规范网络货运经营行为。2019年，交通运输部联合我局印发《网络平台道路货物运输经营管理暂行办法》（交运规〔2019〕12号），配套出台《网络平台道路货物运输经营服务指南》，健全完善了网络货运新业态法规制度及标准规范，为道路货运领域平台经济发展创造了良好的政策环境。为有效保障运输安全，明确网络货运经营者应当对实际承运人、车辆及驾驶员资质进行审查，保证实际承运人具有合法有效的道路运输经营许可证，提供运输服务的车辆具有相应的营运证、驾驶员具有相应的从业资格证，有效遏制无证无照经营，减少运输安全事故的发生。根据制度要求，实际承运人只需在网络平台注册登记其名称、经营许可证号。由于道路货运普遍跨区域经营，流动性较强，为更好发挥平台经济资源整合的作用，交通运输有关管理制度未要求网络平台注册的货车司机一定要在平台所在地申请取得道路运输经营许可证。

下一步，交通运输部将加快推进互联网道路运输便民政务服务系统（二期）建设，尽快实现道路运输从业资格网上申请、国际道路运输行车许可证申领等业务网上办理；加快推进道路货运驾驶证和从业资格证考试“两考合一”，优化培训考试流程；加强对网络货运新业态信息化监测，引导支持企业规范健康发展。

五、关于优化一照一码登记模式，实现批量登记

2014 年商事制度改革实施以来，市场监管部门按照国务院部署积极推进“先照后证”改革。目前除法律法规明确的前置许可事项外，包括道路普通货物运输经营许可在内的各项许可事项均为后置许可事项，即经营者先行办理营业执照，再到相关行业主管部门办理许可。经营者在办理营业执照经营范围登记时，可自主申请登记相关经营项目，并不需要考虑是否能够取得该行政许可，市场监管部门未对后置许可项目经营范围的登记顺序作出限制性规定。

近年来，我局会同市场监管总局先后推进“三证合一”“五证合一”“多证合一”改革，通过加强数据信息共享，提高了行政审批效率，减少了重复审批行为，节约了企业成本。平台上的经营者在完成市场主体登记后，税务部门通过信息共享获得市场主体登记信息，纳税人无需单独办理税务登记，在后续办理涉税业务时补充完善相关涉税信息即可。目前，市场监管总局联合我局等六部门制发《关于进一步优化企业开办服务的通知》（国市监注〔2020〕129 号），从全程网上办理，压减开办时间、环节和成本，以及推进电子化三方面提出了 9 条措施，明确 2020 年年底前，开通企业开办一网通办平台，实现企业开办全程网上办理，并将开办时间压缩至 4 个工作日以内，进一步便利企业开办登记。

下一步，我局将会同市场监管总局等部门继续推进商事登记制度改革，加强部门协作，不断完善数据共享机制，提高数据共享质量，为企业提供更多便利服务。

六、关于助力区块链电子发票在平台经济领域的推广

2017 年 4 月起，我局在深圳、广东、云南、福建、北京等 5 省（市）针对特定业务和特定票种探索推动区块链电子发票应用，取得了一定成效。目前试点票种包括通用机打发票、定额发票、冠名发票等。下一步，我局将根据平台经济的实际用票需求，进一步研究论证推进相关电子发票事宜。感谢您们对税收工作的支持！

国家税务总局

2020 年 8 月 27 日

（二）地方层面

1. 北京市

1）《关于印发〈全力做好稳就业保就业工作措施〉的通知》（京就发〔2020〕3号）

各区就业工作领导小组，市就业工作领导小组各成员单位，市政府相关委、办、局：

为全面贯彻习近平总书记重要讲话精神，落实党中央、国务院关于做好“稳就业工作”、落实“保居民就业”任务的决策部署，按照《国务院关于进一步做好稳就业工作的意见》（国发〔2019〕28号）和《国务院办公厅关于应对新冠肺炎疫情影响强化稳就业举措的实施意见》（国办发〔2020〕6号）要求，经市政府同意，现将《全力做好稳就业保就业工作措施》（以下简称《措施》）印发给你们，并就有关事项通知如下：

一、精心组织，确保全面落实。各单位要切实提高政治站位，认真落实国家要求和《措施》内容，研究提出具体举措和落实方案。举措要精准发力、便捷高效，方案要明确时间节点、任务目标等。

二、狠抓落实，确保取得实效。各单位要切实履行主体责任，严格按照方案安排，细化责任分工，全力推进稳就业保就业工作，确保政策措施落到实处，惠企惠民举措取得实效。

三、强化督促，确保工作到位。各单位要强化过程管理，严格按照时间进度，扎实推进各项工作，及时报送工作信息。推进落实《措施》有关情况，将作为全市稳就业保就业工作调度会、会商会的重要内容。请各单位将各项措施落实方案于7月23日前，报市就业工作领导小组办公室。

北京市就业工作领导小组

2020年7月15日

2）《北京市人力资源和社会保障局关于发布〈北京市共享用工指导和服务指引〉的通告》（京人社发〔2020〕21号）

为落实人力资源社会保障部办公厅《关于做好共享用工指导和服务的通知》（人社厅发〔2020〕98号）要求，我们围绕共享用工工作中涉及的劳动者、员工富余企业（原企业）、缺工企业等主体的权利义务和人力资源社会保障部门服务指导，拟制了《北京市共享用工指导和服务指引》，现予公布。

北京市人力资源和社会保障局

2020年12月9日

北京市共享用工指导和服务指引

一、劳动者权利和义务

（一）权利

1. 以共享用工形式被安排到缺工企业工作前，享有与员工富余企业（以下称原企业）平等协商并变更劳动合同的权利。

2. 在缺工企业工作期间，不改变与原企业之间的劳动关系，共享用工期限不超过与原企业订立的劳动合同剩余期限。

3. 了解缺工企业工作内容、工作条件、工作地点、职业危害、安全生产状况、劳动报酬、企业规章制度以及需要了解的其他情况。

4. 有权获得符合国家规定的劳动安全卫生条件和必要的劳动防护用品。

5. 按时足额获得劳动报酬。

6. 缺工企业未按约定履行保护劳动者权益的义务的，可以回原企业，原企业不得拒绝。

7. 不适应缺工企业工作的，可以与原企业、缺工企业协商回原企业。

8. 合作期满回原企业时，原企业应及时接收安排。缺工企业需要，经原企业同意，且与原企业依法变更劳动合同、原企业与缺工企业续订合作协议之后，可以继续在缺工企业工作。

（二）义务

1. 遵守缺工企业依法制定的规章制度。

2. 服从缺工企业的工作安排，积极参加缺工企业组织的岗前、转岗等培训。

3. 共享用工合作期满后，不回原企业或者违法解除劳动合同给原企业造成损失的，依法承担赔偿责任。

二、原企业权利和义务

（一）权利

1. 有权知悉缺工企业劳动者工作内容、工作条件、工作地点、职业危害、安全生产状况、劳动报酬、企业规章制度等。

2. 与缺工企业签订合作协议，明确双方权利义务关系及劳动者权益保护等事项。

（二）义务

1. 不得将在本单位工作的被派遣劳动者以共享用工名义安排到其他单位工作；不得以共享用工名义违法开展劳务派遣和规避劳务派遣有关规定。

2. 将劳动者安排到缺工企业工作前应征求劳动者意见，与劳动者协商一致，并变更劳动合同。

变更后的劳动合同应明确新的工作地点、工作岗位、工作时间、休息休假、劳动报酬、劳动条件以及缺工企业依法制定的规章制度等。

3. 将劳动者安排到缺工企业工作，不改变与劳动者之间的劳动关系。

4. 按时足额支付劳动者的劳动报酬和为劳动者缴纳社会保险费，不得克扣劳动者的劳动报酬和以任何名目从中收取费用。

5. 跟踪了解劳动者在缺工企业的工作情况和有关诉求，及时帮助劳动者解决工作中的困难和问题。

6. 劳动者在缺工企业工作期间发生工伤事故的，按照《工伤保险条例》第四十三条第三款规定，承担工伤保险责任，补偿办法可与缺工企业约定。

7. 缺工企业未按照约定履行劳动者权益保护义务时，劳动者要求返回的，不得拒绝接收。

8. 劳动者严重违反缺工企业规章制度、不能胜任工作以及符合合作协议中约定可以退回的情形时，不得拒绝缺工企业退回劳动者。

9. 共享用工合作期满，及时接收安排劳动者。

三、缺工企业权利和义务

（一）权利

劳动者严重违反缺工企业规章制度、不能胜任工作以及符合合作协议中约定可以退回的情形的，可以将劳动者退回原企业。

（二）义务

1. 如实告知劳动者和原企业工作内容、工作条件、工作地点、职业危害、安全生产状况、劳动报酬、企业规章制度和劳动者需要了解的其他情况。

2. 合理安排劳动者工作时间和工作任务，保障劳动者休息休假权利，提供符合国家规定的劳动安全卫生条件和必要的劳动防护用品。

3. 及时将劳动者的劳动报酬结算给原企业。

4. 劳动者在工作期间发生工伤事故的，按照协议给予原企业补偿，并协助原企业完成工伤认定等工作。

5. 招录尚未与原企业解除、终止劳动合同的劳动者，给原企业造成损失的，承担连带赔偿责任。

四、人力资源社会保障部门服务和指导

1. 对通过共享用工稳定职工队伍的企业，可按规定继续实施稳岗返还等政策。

2. 对开展共享用工的劳动者进行岗前培训、转岗培训的，可按规定纳入技能提升培训范围。

3. 对开展共享用工的企业和劳动者，免费提供劳动用工法律政策咨询服务。

4. 将企业间共享用工岗位供求信息纳入公共就业服务范围并免费发布。

5. 加强对涉共享用工劳动争议的处理，加大调解力度，创新仲裁办案方式，做好调裁审衔接，及时处理因共享用工引发的劳动争议案件。

6. 畅通举报投诉渠道，加大劳动保障监察执法力度，及时查处共享用工中侵害劳动者合法权益的行为。

7. 对以共享用工名义违法开展劳务派遣和规避劳务派遣有关规定的，依法追究相应法律责任。

附件：北京市共享用工指导和服务流程（略）

3）《北京市社保中心关于劳务派遣企业和人力资源服务企业参加社会保险有关问题的通知》

各区社保经办机构：

鉴于我市劳务派遣企业和人力资源服务企业出现的“代缴社会保险费”的情况，我们计划通过对三险业务系统、网申服务平台的优化升级，以达到“事前严控”的目的。因此自 2020 年 7 月 5 日以后，劳务派遣企业和人力资源服务企业在通过网上服务平台、三险业务系统办理职工新参保登记与增员时，需要补充填报部分劳动合同相关信息。

根据局劳动关系处与人力资源市场处提供的劳务派遣企业和人力资源服务企业名单，我们对相关企业做了标识，一共分为三类：一是只带有劳务派遣企业标识、二是只带有人力资源服务企业标识、三是即带有劳务派遣企业标识又带有人力资源服务企业标识。

经办人员可以通过三险业务系统“查询统计—单位统计”模块查询劳务派遣企业和人力资源服务企业的相关标识。

（1）只有劳务派遣企业标识的劳务派遣企业和人力资源服务企业。在办理职工参保登记或增员时，在录入原有信息并确认后，将弹出劳动合同信息采集界面，包括员工类型、岗位、劳动合同（派遣协议）约定员工薪金、劳动合同（派遣协议）起止时间、实际用工单位统一社会信用代码（组织机构代码）。在办理职工参保登记或增员时，员工类型可以选择“本单位员工”“劳务派遣员工”，在选择“本单位员工”时，除“实际用工单位统一社会信用代码（组织机构代码）”外，其他采集项都是必录项；在选择“劳务派遣员工”时，所有采集项都是必录项，若不录入，系统会提示。在录入实际用工单位统一社会信用代码（组织机构代码）时，若录入的实际用工单位在系统中不存在时，会有相应的提示，将无法完成参保登记或增员。

（2）只有人力资源服务企业标识的劳务派遣企业和人力资源服务企业。在办理职工参保登记或增员时，员工类型选择“劳务外包员工”时，所有采集项都是必录项。

（3）即有劳务派遣企业标识又有人力资源服务企业标识的劳务派遣企业和人力资源服务企业。在办理职工参保登记或增员时，员工类型在选择“劳务外包员工”“劳务派遣员工”时，所有采集项都是必录项。

（4）重点关注企业。每月 25 日至月底稽核部门向登记征缴部门提供本月重点关注企业名单，登记征缴部门将此名单提供给三险业务系统与网申系统进行维护。此类企业也将按照劳务派遣企业和人力资源服务企业规则，在办理职工参保登记和增员时也需录入劳动合同相关要素选项。

对于通过单机版软件办理职工新参保登记、增员业务的劳务派遣企业和人力资源服务企业，在读盘时，系统会有相应的提示，需要其提供劳动合同或派遣协议。

北京市社保中心

2020 年 6 月 30 日

4）《关于做好个人身份参保的个体工商户和灵活就业人员自愿暂缓缴纳基本养老保险费有关工作的通知》（京社保发〔2020〕7 号）

各区社会保险基金（事业）管理中心、北京经济技术开发区社会保险保障中心：

为贯彻落实《关于延长阶段性减免企业社会保险费政策实施期限等问题的通知》（人社部发〔2020〕49 号）等文件精神，按照《关于延长阶段性减免企业社会保险费政策实施期限等问题的通知》（京人社养发〔2020〕7 号），现就做好个人身份参保的个体工商户和灵活就业人员自愿暂缓缴纳基本养老保险费有关工作通知如下：

一、人员范围

根据国家和本市有关政策，在本市以个人身份参加企业职工基本养老保险的个体工商户和各类灵活就业人员（以下简称参保人）。

二、选择暂缓缴费

2020 年缴纳基本养老保险费确有困难的上述参保人，可按规定在 2020 年 8 月至 2021 年 1 月的每月 1 日至 5 日登录北京市人力资源和社会保障局网站、“北京人社” APP 和微信公众号，自愿选择暂缓缴纳当月及以后的每月应缴纳基本养老保险费，只需选择一次，无须每月选择。

三、补缴

（1）对 2020 年基本养老保险费未缴费月度，参保人可于 2021 年 12 月 31 日前通过北京市人力资源和社会保障局网站、“北京人社” APP 和微信公众号自愿申请补缴，缴费基数在补缴时点本市个人缴费基数上下限范围内自主选择。逾期不提出补缴申请的，将不再受理。

（2）如遇有领取基本养老金、办理跨省转移接续、死亡清算等涉及账户清算业务的参保人，可自愿选择先补缴暂缓缴纳的基本养老保险费后再办理上述相关业务。办理完上述业务，社保经办机构将不再受理补缴。

（3）以个人身份参保且享受社会保险补贴人员，自愿暂缓缴纳基本养老保险费的，按照“分险种补贴”“缓缴缓补”原则，个人按规定补缴基本养老保险费时再给予补贴。

本通知从下发之日起执行。

北京市社会保险基金管理中心

2020 年 7 月 10 日

2. 上海市

《上海市人民政府关于进一步做好稳就业促发展工作的实施意见》（沪府规〔2020〕10 号）（节选）

一、加大力度保市场主体

（二）加强金融支持。落实人民银行支小支农专项再贷款政策，支持银行加大普惠金融信贷投放力度。鼓励银行完善金融服务民营、中小微企业的绩效考核激励机制，增加制造业中小微企业中长期贷款和信用贷款。引导商业银行积极推出融资续贷产品。对中小微企业扩大融资担保业务规模、降低融资担保费率、优化融资担保服务。实施中小微企业信贷风险补偿和信贷奖励政策。鼓励银行为重点企业制定专门信贷计划。（人民银行上海总部、上海银保监局、市地方金融监管局、市财政局、市经济信息化委按照职责分工负责）

（三）引导开拓国内市场。搭建跨部门综合服务平台，加强企业产销融通对接，通过政府采购、鼓励研发等形式，向国内延长产业链条。支持企业对接国内各大电商平台和各行业、各区域大宗采购项目，培育支持网络购物、在线教育、在线办公、在线服务、数字生活、智能配送等新业态新模式，开拓国内市场销售渠道。（市经济信息化委、市商务委、市财政局按照职责分工负责）

（五）加大个体工商户扶持力度。落实小规模纳税人增值税征收率由3%降至1%的政策。个体工商户按单位参加企业职工养老、失业、工伤保险的，参照中小微企业享受减免政策。引导金融机构增加发放低息贷款，定向支持个体工商户。鼓励通过减免城镇土地使用税等方式，支持出租方为个体工商户减免物业租金。推动个体工商户登记网上办理，支持个体工商户电子营业执照和电子公章的应用。（市人力资源社会保障局、市国资委、市市场监管局、市税务局、市地方金融监管局、市财政局按照职责分工负责）

三、拓宽渠道保居民就业

（十）鼓励用工单位吸纳就业。对吸纳登记失业半年以上人员或毕业年度本市高校毕业生就业的本市用工单位，按照规定给予一次性吸纳就业补贴，实施期限至2020年12月31日。加大政府购买社会组织服务的力度，发挥社会组织吸纳就业、稳定就业和保障民生的作用。（市人力资源社会保障局、市教委、市民政局、市财政局按照职责分工负责）

（十一）扶持创业带动就业。降低创业担保贷款申请条件，吸纳本市户籍劳动者就业的比例不低于15%（职工超过100人的比例下调为8%）。建立信用乡村、信用园区、创业孵化示范载体推荐机制，创业担保贷款申请企业可免于提供抵押、质押方式的反担保。引导“双创”示范基地、专业化众创空间等优质孵化载体承担相关公共服务事务。实施返乡创业能力提升行动。对返乡人员首次创业、正常经营1年以上的，各区可给予一次性创业补贴。（市发展改革委、市人力资源社会保障局、市科委、市农业农村委、市财政局按照职责分工负责）

（十二）支持灵活就业和新就业形态。支持劳动者依托平台就业，按照规定给予创业担保贷款及贴息扶持；引导平台企业放宽入驻条件、降低管理服务费，与平台就业人员就劳动报酬、劳动保护等建立沟通协调机制。全面推进灵活就业登记制度。对就业困难人员享受灵活就业社会保险补贴政策期满仍未实现稳定就业的，经申请批准后政策享受期限可延长1年，截止日期为2020年12月31日。（市人力资源社会保障局、市商务委、市财政局按照职责分工负责）

本意见自2020年5月29日起施行。

上海市人民政府

2020年5月29日

3. 广东省

《广东省灵活就业人员服务管理办法（试行）》

各地级以上市人力资源和社会保障局、财政局：

现将《广东省灵活就业人员服务管理办法（试行）》印发你们，请结合实际认真贯彻落实。

广东省人力资源和社会保障厅　广东省财政厅

2020年7月30日

第一条　为进一步加强对灵活就业、新就业形态的政策支持和服务管理，促进新业态新模式蓬勃发展，根据国家和省有关规定，制定本办法。

第二条　本办法所称灵活就业人员主要包括：

（一）个体经营者。

（二）非全日制从业人员。

（三）新就业形态人员（包括依托电子商务、网络约车、网络送餐、快递物流等新业态平台实现就业，但未与新业态平台相关企业建立劳动关系的从业人员）。

（四）法律、法规、规章规定的其他灵活就业人员。

第三条　实行灵活就业人员承诺制就业登记制度，灵活就业人员可到就业地公共就业人才服务机构办理就业登记，填报个人信息、就业类型等就业信息，并对信息的真实性作出书面承诺，无需提供就业证明材料。

公共就业人才服务机构应当通过比对社保登记、工商登记、纳税情况等信息核查登记信息。核查无误的，原则上在 1 个工作日内办理就业登记手续。

灵活就业人员已在用工单位参加社会保险的，可纳入新增就业统计。

第四条　人力资源社会保障部门建立新业态平台灵活就业人员就业信息采集制度，对通过新业态平台实现灵活就业人员的工作时长、劳动收入、工作地点、联系方式等信息进行定期采集、汇总比对分析，对采集数据前一个自然月每周工作时长超过 1 小时，且月劳动收入不低于当地城市居民最低生活保障标准的，可纳入新增就业统计。

新业态平台企业按信息采集制度要求提供相关信息的，按纳入登记人数给予适当补助。

第五条　公共就业人才服务机构应加强岗位信息发布和引导，将新业态平台企业灵活用工需求纳入常规岗位信息发布渠道。灵活就业人员有转岗需求的，公共就业人才服务机构要提供个性化、精准化的职业指导、岗位推荐等服务。

鼓励经营性人力资源服务机构、行业协会、社团组织等向灵活就业人员提供职业介绍、政策宣传、技能培训、参加社保等服务，按规定给予服务补助。

第六条　人力资源社会保障部门应将办理了就业登记的灵活就业人员纳入城镇新增就业、失业人员再就业等指标统计范围。

第七条　鼓励和引导灵活就业人员参加企业职工基本养老保险。灵活就业人员可凭有效身份证件在户籍地参加企业职工基本养老保险。灵活就业人员（含外省户籍）可凭有效身份证件和就业登记证明在就业地参加企业职工基本养老保险。

第八条 用工单位应当为其非全日制从业人员参加工伤保险。在两个或两个以上用工单位同时就业的非全日制从业人员，由各用工单位分别为其缴纳工伤保险费，依法享有工伤保险待遇权利。

试行在单位就业的非劳动关系特定人员参加工伤保险办法。在单位就业的非劳动关系人员，可以由单位为其缴纳工伤保险费，参照工伤保险规定享受工伤保险待遇权利。

第九条 按照国家部署，在广州、深圳、佛山市开展新就业形态人员职业伤害保障试点。根据试点情况逐步建立健全职业伤害保障制度，将各类新就业形态人员纳入职业伤害保障范围。

第十条 毕业2年内的高校毕业生和就业困难人员实现灵活就业，办理就业登记并缴纳社会保险费的，按规定享受灵活就业社会保险补贴。

第十一条 灵活就业人员参加技能提升培训，按规定给予技能提升补贴。对生活确有困难的，培训期间可按规定给予一定生活费补贴。

支持新业态平台企业开发相关领域职业标准、行业企业评价规范、培训课程标准等，给予一定补贴。

第十二条 各地要畅通灵活就业专业技术人才职称申报评审渠道。灵活就业人员中的专业技术人才，符合条件的可通过人事代理机构或各级人力资源社会保障部门设立的职称申报点按规定申报评审相关专业技术职称。

第十三条 个体经营者可按规定申请创业担保贷款并享受贴息；符合条件的，可享受一次性创业资助、租金补贴等扶持政策。

新就业形态人员购置生产经营必需工具的，可申请创业担保贷款及贴息。

第十四条 实行灵活就业人员承诺制失业登记制度，灵活就业人员失业后可按规定在户籍地、常住地、就业地或参保地办理失业登记。办理失业登记应当提供个人基本信息和失业原因，并对信息的真实性作出书面承诺，无需提交失业证明材料。

公共就业人才服务机构应当通过比对社保登记、工商登记、纳税情况等信息加强核查，不得以人户分离、户籍不在本地或没有档案等为由不予受理。核查无误的，原则上在5个工作日内办理失业登记手续。

第十五条　各地要对登记失业的灵活就业人员加大就业帮扶力度，及时提供技能培训、就业创业服务，帮助其尽快实现再就业。

对生活困难又不符合失业保险金领取条件的失业人员，可由就业补助资金给予一次性临时生活补助。对符合当地城乡居民最低生活保障申领条件的人员，协助引导其向当地民政部门申领城乡居民最低生活保障。

第十六条　各地要结合灵活就业人员的实际需求深入开展“互联网+人社”建设，充分利用数字政府资源和全省人社大集中系统平台优势，加大部门数据共享利用，完善人社政务服务线上业务办理，逐步推行就业失业登记、社保经办、政策享受等全流程网办。

各级公共就业人才服务机构和社保经办机构应加强诚信体系建设，建立健全与灵活就业服务管理制度相匹配的“告知承诺－信用管理－联合惩戒”服务模式，优化办事流程、简化证明材料、创新服务手段、提高服务效能。

第十七条　用工单位根据实际情况依法使用非全日制用工的，应与其签订书面劳动合同或订立口头协议。各地要畅通举报投诉渠道，运用网络化、网格化管理手段及时掌握和依法查处新业态平台企业劳动保障违法行为。用工单位和劳动者发生劳动争议的，双方应当积极协商解决；劳动者合法权益受到侵害的，有权依法申请调解仲裁、提起诉讼。

第十八条　对未建立劳动关系，不适用现行劳动保障法律法规的灵活就业人员，人力资源社会保障部门应引导其与就业单位协商双方的权利和义务，合理确定服务时间、报酬、休息休假、劳动保护等基本权益。协商不一致的，引导双方通过人民调解组织、工会组织和行业协会等调解解决纠纷。

第十九条　本办法自2020年9月1日起施行，有效期至2022年8月31日。

4. 河北省

《河北省人民政府办公厅印发关于支持多渠道灵活就业若干措施的通知》（冀政办字〔2020〕162号）

各市（含定州、辛集市）人民政府，雄安新区管委会，省政府各部门：

《关于支持多渠道灵活就业的若干措施》已经省政府同意，现印发给你们，请结合实际认真贯彻落实。

河北省人民政府办公厅

2020年9月24日

关于支持多渠道灵活就业的若干措施

为认真贯彻落实《国务院办公厅关于支持多渠道灵活就业的意见》（国办发〔2020〕27号）精神，全面强化稳就业举措，支持多渠道灵活就业，落实保居民就业任务，结合我省实际，制定如下措施。

一、拓宽就业渠道，开发更多灵活就业岗位

（一）鼓励发展个体经营。持续深化商事制度改革，提供便捷高效的咨询、注册服务。引导劳动者以市场为导向，依法自主选择经营范围。鼓励劳动者创办投资小、见效快、易转型、风险小的小规模经济实体。支持微商电商、网络直播等多样化的自主就业、分时就业。支持发展各类特色小店，完善基础设施，增加商业资源供给。对下岗失业人员、高校毕业生、农民工、就业困难人员等重点群体从事个体经营的，按规定给予创业担保贷款、税收优惠、创业补贴等政策支持。对符合条件的个人、合伙创业、小微企业，分别最高可申请20万元、130万元、300万元的创业担保贷款。对符合条件的人员按规定给予一次性创业补贴，补贴标准为每个创业项目5000元。对符合条件人员从事个体经营的，自办理个体工商登记当月起，3年内每年按每户14400元为限额依次扣减其当年实际应缴纳的增值税、城市维护建设税、教育费附加、地方教育附加和个人所得税。鼓励商业银行推广线上线下融合的信贷服务，合理降低个体工商户融资成本。

（省财政厅、省人力资源社会保障厅、省商务厅、人行石家庄中心支行、河北银保监局、省税务局、省市场监管局，各市、县政府，雄安新区管委会按职责分工负责）

（二）拓宽非全日制、弹性就业空间。落实财政、金融等针对性扶持政策，推动非全日制劳动者较为集中的保洁绿化、批发零售等行业提质扩容，鼓励各地支持一批成长性好的建筑装修企业做大做强、做专做精，并给予相关针对性扶持政策。增强养老、托幼、心理疏导和社会工作等社区服务业的吸纳就业能力。加强对非全日制劳动者的政策支持，对就业困难人员、离校 2 年内未就业高校毕业生从事非全日制等工作的，给予最高不超过其实际缴费 2/3 的社会保险补贴，就业困难人员补贴期限为除对距法定退休年龄不足 5 年的可延长至退休外，其余人员最长不超过 3 年；离校 2 年内未就业高校毕业生补贴期限最长不超过 2 年。（省民政厅、省财政厅、省人力资源社会保障厅、省住房城乡建设厅、省商务厅、人行石家庄中心支行，各市、县政府，雄安新区管委会按职责分工负责）

（三）促进新就业形态发展。实施包容审慎监管，促进数字经济、平台经济健康发展，加快推动网络零售、移动出行、线上教育培训、互联网医疗、在线娱乐等行业发展，为劳动者居家就业、远程办公、兼职就业创造条件。落实互联网平台经济及其他新业态新模式监管规则，鼓励互联网平台企业、中介服务机构等降低服务费、加盟管理费等费用，创造更多灵活就业岗位，吸纳更多劳动者就业。放宽新业态市场主体登记条件，允许市场主体名称中使用表明企业服务内容和服务方式的各类新兴行业用语作为行业表述。鼓励各地依托地方特色文化，开发具有鲜明河北特色和民族特色数字文化产品。着力培育动漫骨干企业，推动重点动漫企业发展网络动漫、动漫衍生品等新型业态，通过培育新产业拓宽就业空间。（省发展改革委、省教育厅、省工业和信息化厅、省人力资源社会保障厅、省交通运输厅、省商务厅、省文化和旅游厅、省卫生健康委、省市场监管局，各市、县政府，雄安新区管委会按职责分工负责）

二、深化“放管服”改革，创造更加优质的创业环境

（四）优化审批管理服务。开通行业准入办理绿色通道，对需要办理相关行业准入许可的，实行多部门联合办公、一站式审批。优化线上线下集成审批流程，推行申请材料“一口受理、并联办理”审批服务模式，助力市场主体创新创业。向乡镇（街道）、村（社区）赋予一批市场准入、卫生健康、民生保障等领域政务服务事项，为小微企业和基层群众提供更便捷、高效的政务服务。在政府指定的场所和时间内销售农副产品、日常生活用品，或者个人利用自己的技能从事依法无须取得许可的便民劳务活动，无须办理营业执照。深入开展“三创四建”活动，加大“放管服”改革力度，引导劳动者规范有序经营。（省政务服务管理办公室、省市场监管局，各市、县政府，雄安新区管委会按职责分工负责）

（五）取消部分收费。取消涉及灵活就业的行政事业性收费，对经批准占道经营的免征城市道路占用费。建立公开投诉举报渠道，用好 12315 举报平台，提高举报处理效率，依法查处违规收费行为。（省财政厅、省住房城乡建设厅、省市场监管局，各市、县政府，雄安新区管委会按职责分工负责）

（六）提供低成本便利化场地支持。落实阶段性减免国有房产租金政策，鼓励各类业主减免或缓收房租，帮助个体经营者等灵活就业人员减轻房租负担。城镇登记失业人员、毕业年度高校毕业生、下岗失业退役军人、农村转移就业劳动者初次创办小微企业，且租用经营场所或店铺的，按规定自创业之日起 3 年内，给予最长不超过 3 年的租金补贴。补贴标准为租赁场地面积 100 平方米以下的每年 3000 元；100 平方米以上的每年 5000 元。实际租金低于上述标准的据实补贴。各地要因城施策，合理设定流动摊贩经营场所。有条件的地方可将社区综合服务设施闲置空间、非必要办公空间改造为免费经营场地，优先向下岗失业人员、高校毕业生、农民工、就业困难人员提供。（省财政厅、省市场监管局、省发展改革委、省民政厅、省住房城乡建设厅，各市、县政府，雄安新区管委会按职责分工负责）

三、聚焦素质提升，开展更大规模的职业技能培训

（七）推动新职业应用。密切跟踪经济社会发展、互联网技术应用和新技术、新职业发展变化，广泛征求社会各方面对新职业的意见建议，按照人力资源社会保障部发布的新职业（工种）信息，及时制定符合我省产业发展的行业评价规范，推出新职业培训课程，引导直播销售、网约配送、社群健康等更多新就业形态发展。完善统计监测制度，探索建立新就业形态统计监测指标。（省人力资源社会保障厅、省统计局等负责。列第一位者为牵头单位，下同）

（八）实施适应灵活就业人员特点的技能培训。支持各类院校、培训机构、互联网平台企业，更多组织开展养老、托幼、家政、餐饮、维修、美容美发等技能培训和新兴产业、先进制造业、现代服务业等领域新职业技能培训，推进线上线下结合，开展“互联网 + 职业技能培训”，推广“岗位 + 技能 + 劳动力”的培训模式，灵活安排培训时间和培训方式，提高培训的针对性和有效性。培训期间对符合条件的贫困劳动力或贫困家庭子女，按规定给予每人每天不超过 100 元生活费补贴（含交通费）；根据被培训人员所取得的不同等级职业资格，给予职业技能培训机构或企业每人最高不超过 3500 元职业培训补贴，增强劳动者就业能力。（省人力资源社会保障厅、省教育厅、省财政厅等负责）

（九）积极开展新业态创业培训。将有创业意愿的灵活就业人员纳入创业培训范围，组织开展开办店铺、互联网营销、市场分析、经营策略等方面的创业培训，促进提升创业能力和创业成功率。充分利用现有平台和资源，对电商从业者、农业经营主体和创业就业农民开展电商营销操作等方面培训，提高从业人员电商应用能力。（省人力资源社会保障厅、省商务厅等负责）

四、强化服务保障，实施更大力度的政策扶持

（十）优化人力资源服务。各级公共就业服务机构要开设灵活就业专区专栏，免费发布灵活就业岗位供求信息，按需组织专场招聘，送岗位进基层进社区，提供职业指导等服务。指导企业规范开展用工余缺调剂，帮助有“共享用工”需求的企业精准、高效匹配人力资源。各地可选择交通便利、人员求职集中的地点设立劳务市场或零工市场，在加强疫情防控、秩序维护和安全管理的前提下，组织劳务对接洽谈，鼓励各类人力资源服务机构搭建线上线下信息服务平台，广泛发布短工、零工、兼职及自由职业等各类需求信息，满足灵活就业求职者就业择业需求。鼓励引导各类人力资源服务机构为灵活就业人员提供规范有序的求职招聘、技能培训、人力资源外包等专业化服务，各级人力资源社会保障、财政部门根据其服务项目、服务人数、服务效果等给予适当就业创业服务补助，具体标准由各市（含定州、辛集市）、雄安新区确定。（省人力资源社会保障厅、省财政厅等负责）

（十一）维护灵活就业人员合法权益。加强对灵活就业、新就业形态人员分类指导，依法依规签订劳动合同或协议。引导互联网平台企业、关联企业与劳动者协商确定劳动报酬、休息休假、职业安全保障等事项，引导产业（行业、地方）工会与行业协会或行业企业代表协商制定行业劳动定额标准、工时标准、奖惩办法等行业规范。依法纠正拖欠劳动报酬等违法违规行为。积极探索快递、外卖等新业态领域行业集体协商模式，就劳动报酬、工作时间、劳动保护等开展协商，维护职工合法权益。持续深入推进工程建设领域农民工按项目参加工伤保险，有针对性地做好工伤预防工作。（省人力资源社会保障厅、省应急管理厅、省总工会等按职责分工负责）

（十二）加大对困难灵活就业人员帮扶力度。对就业困难人员享受灵活就业社会保险补贴政策期满仍未实现稳定就业的，政策享受期限可延长1年，实施期限为2020年1月1日至12月31日。以个人身份参加企业职工基本养老保险的个体工商户和各类灵活就业人员，2020年缴纳基本养老保险费确有困难的，可自愿暂缓缴费。2021年可继续缴费，缴费年限累计计算；对2020年未缴费月度，可于2021年底前进行补缴，缴费基数在2021年个人缴费基数上下限范围内自主选择。对符合条件的灵活就业家庭申请社会救助经济状况核查认定时，对其必要的就业成本，核算家庭收入时进行扣减，扣减后符合低保标准的按规定纳入低保救助范围。加强对符合条件的灵活就业人员救助帮扶，适度扩大临时救助范围。（省民政厅、省财政厅、省人力资源社会保障厅、省税务局等按职责分工负责）

五、加强组织领导，形成更强合力推动工作落实

（十三）提高思想认识。个体经营、非全日制以及新就业形态等灵活多样的就业方式，是劳动者就业增收的重要途径，对拓宽就业新渠道、培育发展新动能具有重要作用。各级各部门要提高政治站位，坚决落实党中央、国务院关于稳就业和保居民就业的决策部署，坚持以人民为中心的发展思想，坚持市场引领和政府引导并重、放开搞活和规范有序并举，顺势而为、补齐短板，因地制宜、精准施策，全面清理取消不合理限制，强化公共就业服务，拓宽灵活就业发展渠道，激发劳动者创业活力和创新潜能，确保全省就业大局总体稳定。（省各有关部门，各市、县政府，雄安新区管委会按职责分工负责）

（十四）压实工作责任。各市、县政府和雄安新区管委会要切实履行稳就业主体责任，把支持多渠道灵活就业作为就业工作重要内容，创新工作举措，加强规范引导，完善监督管理，促进灵活就业健康发展。统筹用好就业补助资金和其他稳就业、保就业的资金，保障灵活就业扶持政策落实。各级就业工作领导小组要发挥牵头作用，加强统筹协调；各有关部门要同向发力、分工合作，坚持问题导向，完善政策措施，共同破解工作难题。（省各有关部门，各市、县政府，雄安新区管委会按职责分工负责）

（十五）强化督导激励。各级各部门要加强督促检查和政策实施情况评估，狠抓政策落实，简化手续，提高效率，确保灵活就业人员便捷享受各项支持政策和就业创业服务。将支持多渠道灵活就业有关工作纳入文明城市创建和测评内容，对灵活就业政策落实好、发展环境优、工作成效显著的城市，优先推荐纳入创业型城市创建范围。（省文明办、省人力资源社会保障厅，各市、县政府，雄安新区管委会按职责分工负责）

（十六）加强宣传引导。大力宣传支持灵活就业的政策措施，总结自主就业创业和灵活就业的先进做法，挖掘一批灵活就业先进典型，充分利用各种宣传渠道和媒介进行宣传推广。建立舆情监测和处置机制，积极主动回应社会关切，营造良好舆论氛围。（省各有关部门、单位，各市、县政府，雄安新区管委会按职责分工负责）

5. 山东省

《山东省人民政府办公厅关于支持多渠道灵活就业二十条措施的通知》（鲁政办发〔2020〕19 号）

各市人民政府，各县（市、区）人民政府，省政府各部门、各直属机构，各大企业：

为深入贯彻落实习近平新时代中国特色社会主义思想和党的十九大精神，进一步拓宽劳动者就业增收渠道，做好稳就业、保居民就业工作，根据《国务院办公厅关于支持多渠道灵活就业的意见》（国办发〔2020〕27号）要求，经省政府同意，现就支持多渠道灵活就业有关事项通知如下：

一、创造更多灵活就业机会

1. 发展小店经济。开展小店经济推进行动，增加商业资源供给，加强基础设施建设，发展城市商业综合体、商联体平台，打造升级社区、批发市场、现代商圈、特色街区等小店集聚区。引导电商平台为小店提供批发、广告营销、移动支付等数字化服务，鼓励采取降低门槛、发展增值服务等方式减免小店佣金、基本服务费。支持品牌供应商开放产品和渠道资源，鼓励减免小店代理费用。（省商务厅、省财政厅、省人力资源社会保障厅、省住房城乡建设厅、省税务局、省市场监管局、山东银保监局负责）

2. 支持夜经济等特色经营方式发展。按照合理布局、集中经营、确保安全原则，规划建设夜市、便民市场、集中摊点群等经营场所，并对经营种类、经营时间、环卫保洁等作出规定。经营场所优先安排低收入群体、家庭困难人员。支持因地制宜、因城而宜，丰富夜经济业态。（省住房城乡建设厅负责）

3. 扩大新就业形态规模。培育引进一批网络零售、网络预约出租汽车、物流配送、线上教育培训等互联网平台企业，带动增加灵活就业岗位。鼓励兼职就业、副业创新。支持微商电商、网络直播等多样化的自主就业、分时就业。（省发展改革委、省商务厅、省交通运输厅、省教育厅、省工业和信息化厅、省人力资源社会保障厅负责）

二、鼓励支持自主创业

4. 放宽准入限制。通过网络平台开展经营活动的灵活就业人员可使用网络经营场所登记个体工商户。在政府指定场所、时间内从事农副产品、日常生活用品销售及从事依法无须取得许可的便民劳务活动，无须办理营业执照。（省市场监管局负责）

5. 减轻税费负担。退役士兵、贫困人口、失业人员、高校毕业生等从事个体经营的，按规定限额依次扣减增值税、城市维护建设税、教育费附加、地方教育附加和个人所得税。个体工商户免征不动产登记费。对参加拖拉机（联合收割机）驾驶许可考试的农民，暂免收取考试费。（省税务局、省自然资源厅、省农业农村厅、省财政厅负责）清理整治中介机构、行业协会商会违规收费问题。（省发展改革委、省市场监管局、省民政厅负责）

6. 发放创业补贴。鼓励有条件的市对正常经营且按规定缴纳职工养老保险费一定期限的新注册个体工商户，给予一次性创业补贴。（省人力资源社会保障厅、省财政厅负责）

7. 提供贷款贴息。对符合条件的个人创业、合伙创业，可分别申请最高 20 万元、60 万元的创业担保贷款，财政按规定给予贴息。2020 年 12 月 31 日前，将符合贷款条件的个体工商户、贷款购车专门用于出租运营的个人、贷款购车加入网络约车平台的专职司机、平台就业人员及入驻我省各类创业孵化基地（创业园区）符合贷款条件的个人纳入创业担保贷款扶持范围。对符合条件的借款人，免除反担保要求。对非全日制劳动者较为集中的保洁绿化、批发零售、建筑装修等行业，实施普惠小微贷款阶段性延期还本付息。（省财政厅、省人力资源社会保障厅、人民银行济南分行负责）

三、优化灵活就业供需匹配

8. 提供免费公共就业服务。市、县级公共就业服务机构要建立健全灵活就业岗位信息库、人员信息库和线上求职招聘平台“两库一平台”，加强岗位征集，动态发布灵活就业供求信息。通过网络、电话、短信等方式精准推动“岗位找人”。设置招聘专区、举办灵活就业专场招聘，提供岗位撮合、就业指导、政策咨询等服务。推动在社区、村设置灵活就业信息发布栏。（省人力资源社会保障厅负责）

9. 发挥人力资源服务机构作用。鼓励人力资源服务机构搭建线上线下信息服务平台、建立用工余缺调剂平台，广泛发布短工、零工、兼职及自由职业等需求信息，为阶段性缺工企业提供供需对接服务。在给予相关奖励补贴、享受入驻园区政策、确定诚信服务机构、入选行业骨干企业等方

面，优先支持发挥作用突出的人力资源服务机构。（省人力资源社会保障厅负责）

10. 规范设立零工市场。在零工聚集地规划设置零工市场，提供遮雨、遮阳和信息发布等便利服务，完善停车管理，方便招工车辆短时停靠、即停即走。（省人力资源社会保障厅、省公安厅负责）

11. 发展村级劳务中介。推广邹城市做法，支持有条件的村居，采取村集体或个人出资等方式，设立劳务中介、劳务合作社等人力资源服务机构，引入市场化机制，促进农村富余劳动力有组织灵活就业，按规定给予就业创业服务补助。（省人力资源社会保障厅负责）

四、开展针对性职业培训

12. 扩大灵活就业人员培训规模。将符合条件的灵活就业人员纳入职业技能提升行动补贴范围。推进“互联网 + 职业技能培训”。灵活就业人员的职称可通过人事代理机构申报，各地也可结合实际进一步畅通职称申报渠道，做好兜底服务。选择可就业创业的最小技能单元，加快推进专项职业能力考核。（省人力资源社会保障厅、省财政厅负责）

13. 提升新就业形态从业人员技能水平。开发新职业和专项职业能力项目。开展新就业形态技能提升和就业促进项目试点，将试点地区通过企业平台提供服务获取劳动报酬的网约配送员、网约车驾驶员、直播带货员等新就业形态重点群体纳入培训补贴范围，落实职业培训补贴。支持新业态平台企业开发相关行业职业标准、行业企业评价规范、培训课程标准等，给予一定补贴。（省人力资源社会保障厅、省财政厅负责）

五、维护灵活就业人员劳动保障权益

14. 规范劳动报酬支付。统筹疫情防控和经济社会发展，稳慎调整最低工资标准。探索发布新就业形态、灵活就业人员较为集中的职业（工种）市场工资价位。加大对拖欠劳动报酬行为监察执法力度。（省人力资源社会保障厅负责）

15. 完善社会保险制度。以个人身份参加企业职工基本养老保险的个体工商户和各类灵活就业人员，可按月、季、半年或年缴费，缴费基数在当地个人缴费基数上下限范围内自主确定。在两个或两个以上用工单位同时就业的非全日制从业人员，各用工单位应当分别为其缴纳工伤保险费，依法享有工伤保险待遇。坚持先参保、后开工，持续推进工程建设领域农民工按项目参加工伤保险。按照国家部署，指导开展新业态从业人员职业伤害保障试点。各级公共就业人才服务机构应免费为灵活就业人员提供档案托管服务。（省人力资源社会保障厅、省财政厅负责）

16. 推动新业态行业集体协商。在快递、外卖、网络预约出租汽车等新业态领域行业推进集体协商，引导双方就劳动定额标准、工时标准、劳动保障等内容开展集体协商，签订行业性集体合同。（省总工会、省企业联合会〈省企业家协会〉、省工商联、省人力资源社会保障厅负责）

17. 发放灵活就业社会保险补贴。对就业困难人员、离校 2 年内未就业高校毕业生灵活就业的，按照“先缴后补”的原则，按规定期限给予不超过其缴纳职工社会保险费 2/3 的社会保险补贴。（省人力资源社会保障厅负责）

18. 建立新就业形态灵活就业意外伤害保险补贴。对依托电子商务、网络预约出租汽车、外卖、快递等新业态平台灵活就业且办理就业登记人员购买意外伤害保险的，按照购买保险费数额一定比例给予平台或个人补贴，每人每年不高于 100 元，所需资金从就业补助资金中列支。各市出台的意外伤害保险补贴政策要与职业伤害保障试点政策相衔接，避免重复补贴。（省人力资源社会保障厅、省财政厅、山东银保监局负责）

六、营造重视支持灵活就业良好环境

19. 加强引导服务。各级政府要将支持灵活就业作为稳就业、保就业重要举措，全面清理取消对灵活就业的不合理限制和收费。因城施策，加大对灵活就业特别是新就业形态发展政策支持、服务供给。健全部门间协调推进机制，着力解决影响制约灵活就业发展的痛点、堵点。优化灵活就业人员就业登记服务制度。将支持灵活就业纳入省级文明城市创建测评内容。（省人力资源社会保障厅、省文明办负责）

20. 选树灵活就业典型。在技能人才评选中扩大灵活就业比例，激励灵活就业人员岗位成才。加大对灵活就业典型、吸纳灵活就业示范平台企业宣传力度，营造良好舆论氛围，鼓励劳动者自谋职业、自主创业。（省人力资源社会保障厅负责）

山东省人民政府办公厅

2020 年 10 月 29 日

6. 辽宁省

《辽宁省人力资源和社会保障厅　辽宁省财政厅　国家税务总局辽宁省税务局　国家税务总局大连市税务局关于规范企业职工基本养老保险省级统筹统一养老保险政策的若干意见》（辽人社〔2020〕23 号）

各市人力资源和社会保障局、财政局、税务局，社会保险经办机构主管部门：

为贯彻落实《关于印发辽宁省规范企业职工基本养老保险省级统筹制度实施方案的通知》（辽人社发〔2020〕1 号），根据《社会保险法》等法律法规，经省政府同意，现就规范企业职工基本养老保险省级统筹统一养老保险政策提出如下意见：

一、统一参保范围

（一）全省范围内各类企业职工，民办非企业单位、社会团体等社会组织职工，有雇工的个体工商户及从业人员应参加养老保险，由用工单位和职工个人共同缴纳养老保险费。

（二）无雇工的个体工商户、我省户籍的非全日制从业人员以及其他灵活就业人员（以下统称灵活就业人员），年满 16 周岁且未达到法定退休年龄的，可自愿在注册地、户籍地或居住证所在地参加养老保险，由个人缴纳养老保险费。省外户籍的灵活就业人员，可在居住证所在地参加养老保险。

（三）用工单位按照属地原则参加养老保险。2020 年 6 月底前已参保用工单位参保地保持不变。2020 年 7 月 1 日后，新参保用工单位在登记注册地所属的市、县（市、区）社保经办机构参加养老保险。

二、统一缴费比例

（四）统一养老保险缴费比例。用工单位缴费比例为 16%；职工个人缴费比例为 8%，记入个人账户。灵活就业人员缴费比例为 20%，其中 8% 记入个人账户。

三、统一缴费工资基数核定口径

（五）统一以全省城镇非私营单位就业人员平均工资和城镇私营单位就业人员平均工资加权计算的全口径城镇单位就业人员平均工资（以下简称全口径平均工资）核定缴费工资基数上下限，各地不得自行改变缴费工资基数核定口径。

（六）参保的灵活就业人员可在全省全口径平均工资的 60%、70%、80%、90%、100%、200%、300% 七个档次中自愿选择。灵活就业人员不得以事后追补缴方式增加缴费年限。

四、统一缴费工资基数核定办法

（七）单位缴费基数以职工个人缴费工资基数之和确定。职工以本人上年度月平均工资为缴费工资基数，新招用职工以起薪当月工资收入为缴费工资基数。职工个人缴费工资基数最高为上年度全省全口径平均工资的 300%，最低为上年度全省全口径平均工资的 60%。无法确定月工资收入的职工，以上年度全省全口径平均工资作为缴费工资基数。

五、规范养老保险待遇支付

（八）根据国家有关规定，统一制定我省基本养老金计发过渡办法，确保退休人员待遇水平平稳衔接。企业退休人员基本养老金调整按照国家规定组织实施，全省统一调整办法。

（九）各地要严格执行国家和我省统一的养老保险待遇政策和待遇支付项目，对不符合领取养老保险待遇条件的人员、违规列入基金发放的项目、自行提高的待遇标准，必须予以清理纠正。统筹外项目不得列入基金支付范围。

（十）社保经办机构代发的项目，经市级以上人民政府同意后要单独立户建账，与基本养老金分别核算和发放，所需资金按照“谁委托、谁负责”的原则，将资金及时拨付到社保经办机构代发专户，不得挤占挪用养老保险基金。

六、统一转移接续办法

（十一）参保人员在省内流动并参加企业职工基本养老保险的，只转移养老保险关系，不转移基金；达到养老保险待遇领取条件的，其在各地的参保缴费年限合并计算，个人账户储存额累计计算，待遇领取地为达到待遇领取条件时的养老保险关系所在地。

（十二）参保人员跨省流动、转为参加机关事业单位养老保险或城乡居民养老保险的，按国家和省有关规定执行。

七、规范个人账户管理

（十三）核定缴费基数、计发待遇基数等按照当年公布的上年度全省全口径平均工资以及基本养老金计发过渡办法执行，不再实行“社会保险年度”。个人账户统一按照国家每年公布的记账利率进行账户利息结转。人力资源社会保障部、财政部公布的2020年企业职工养老保险个人账户记账利率计息区间为2020年7月1日至2020年12月31日。从2021年1月1日起，养老保险个人账户计息改为自然年度，每年12月底进行个人账户计息。2021年后每年国家公布记账利率前发生的养老保险转移接续、个人账户一次性返还等涉及个人账户业务，按上一年记账利率计算个人账户利息，当年国家公布记账利率后不再重新计息。

（十四）按照国家规定，职工退休以后年度调整增加的养老金，按职工退休时个人账户养老金和基础养老金（过渡性养老金）各占基本养老金的比例，分别从个人账户储存余额和社会统筹基金中列支；个人账户无余额时，全部从统筹基金中列支。个人账户支付项目统一为：退休人员个人账户养老金部分；退休人员按年度调整增加的养老金中按比例（职工退休时个人账户养老金÷基本养老金）由个人账户承担部分；一次性个人账户退返部分。

八、规范丧葬抚恤待遇政策

（十五）2020年7月1日后因病或非因工死亡的参保人员（不含退休、退职人员）丧葬补助金和抚恤金标准与缴费年限挂钩。累计缴费年限（含视同缴费年限，不含特殊工种等折算年限，下同）满15年的，按参保地退休人员标准发放丧葬补助金和抚恤金；累计缴费年限不满15年的，按比例发放丧葬补助金和抚恤金，每满1年（不足1年按1年计算）按参保地退休人员丧葬补助金和抚恤金标准的十五分之一发放。国家对领取基本养老金的最低缴费年限进行调整时，挂钩的缴费年限同步调整。

九、其他事项

（十六）离休人员符合国家和省规定享受的基本离休费、生活补贴、护理费以及丧葬费、抚恤金等待遇项目纳入养老保险基金列支。

（十七）按照《辽宁省被征地农民社会保障暂行办法》（辽政办发〔2005〕81号）参保的被征地农民、按照《关于农垦企业参加企业职工基本养老保险有关问题的通知》（辽劳社发〔2004〕3号）参保的农垦企业及其职工按省、市原有规定执行。

（十八）我省原有政策与本意见不一致的，按本意见规定执行。各市在养老保险省级统筹前自行出台的养老保险政策，要及时清理规范。今后国家出台养老保险相关政策，按国家政策执行。

（十九）本意见从2020年7月1日起执行，有特殊时间规定的条款从规定之日起执行。本意见规定的日期均含本日。本意见由省人力资源和社会保障厅会同相关部门负责解释。

辽宁省人力资源和社会保障厅　辽宁省财政厅
国家税务总局辽宁省税务局　国家税务总局大连市税务局
2020年5月29日

7. 浙江省

《湖州市人力资源和社会保障局等5部门关于试行快递企业等新业态从业人员职业伤害保障办法的通知》（湖人社发〔2020〕18号）

各区县人力资源和社会保障局、南太湖新区管委会社发中心，财政局、税务局、湖州银保监分局、邮政管理局，各有关单位：

为保障新业态从业人员合法权益，分散新业态企业经营风险，促进新业态经济健康发展，根据《浙江省人力资源和社会保障厅关于优化新业态劳动用工服务的指导意见》（浙人社发〔2019〕63号）精神，现就我市推进快递企业等新业态从业人员职业伤害保障工作有关事项通知如下：

一、试点目标

探索建立新业态从业人员职业伤害“1+1”保障模式，遵循自愿原则，由新业态企业根据自身实际需求，为其从业人员参加单险种工伤保险，鼓励新业态企业参加补充商业保险，实现工伤保险、商业保险与新业态企业三方共担机制。

二、试点范围

试行期间新业态企业从业人员职业伤害保障范围，应同时满足以下条件：

（一）新业态企业

1. 新业态企业的营业执照注册地为本市范围，主要经营范围包含邮政速递、快递业务或外卖配送服务（餐饮）；

2. 没有逾期未缴纳或者未补足社会保险费等不良记录；

3. 建立规范的用工管理制度。

（二）新业态从业人员（以下简称从业人员）

1. 年龄不小于16周岁，男性不超过65周岁、女性不超过60周岁且未享受机关事业单位工作人员或企业职工基本养老保险待遇；

2. 通过接单形式，提供外卖或快递（配送）等劳务并获得报酬的邮政速递、快递业务、网络送餐行业一线工作岗位人员。

从业人员与多个新业态企业存在用工关系的，各新业态企业可以分别为其参加工伤保险。已经与新业态企业订立劳动合同的其他劳动者，应当依法参加各项社会保险。不适用本办法。

三、缴费标准

新业态企业参加工伤保险以全省上年度职工月平均工资为基数，试行期间行业基准费率参照行业分类邮政业（快递服务）、餐饮业（餐饮配送服务）二类档次（0.4%）。

四、参保缴费

1. 参保审核。新业态企业向所在地社保经办机构申报人员参保，提交《社会保险职工增减（就业登记）表》等相关材料；社保经办机构核准后，通过新业态从业人员工伤单险种参保缴费通道核定其缴费基数、费率和应缴费额，并告知新业态企业主动按月向主管税务局申报缴费，同时于次月初将核定数据传递给税务部门，以后按月向税务部门传递新业态从业人员工伤保险费应征数据。如企业因新业态从业人员增减发生工伤保险缴费变化的，应及时到社保经办机构办理参保缴费变更手续。

2. 申报缴费。税务部门将新业态从业人员工伤保险列入单险种缴费通道；新业态企业通过国家税务总局浙江省电子税务局，将已核定的新业态从业人员工伤保险费向主管税务局确认申报，与本企业需缴纳的社会保险费一并申报缴纳。

五、认定调查

已参加工伤保险的从业人员发生职业伤害的，按照《工伤保险条例》《浙江省工伤保险条例》等规定执行。各级社会保险行政部门应围绕“三工”原则（工作时间、工作地点、工作原因）开展工伤认定，确保工伤保险基金安全。其中，工作时间应以企业考勤记录为主，严格区别工作时间与上下班时间、休息时间；工作地点应以企业业务范围为主，结合受伤人员工作内容（路线），合理确定工作区域；工作原因应以企业派单记录为主，综合考量受伤人员工作岗位、事故现场视频照片等证据资料，确保认定合法合规。

六、责任归属

新业态企业参加工伤保险的，应当按照《工伤保险条例》《浙江省工伤保险条例》等工伤保险规定依法承担相应的职业伤害主体责任。多个新业态企业分别为从业人员参加工伤保险的，由发生职业伤害时正在送单的派单企业依法承担职业伤害主体责任。同时接送多单且难以确定责任的，以同一路程首接单认定企业责任。

属于试行保障范围的企业，未按照本办法参保的，其从业人员发生职业伤害事故或患职业病的，不适用本办法。

七、待遇标准

已参加工伤保险的从业人员发生职业伤害的，按照《工伤保险条例》《浙江省工伤保险条例》等规定享受相关待遇。从业人员因工致残被鉴定为五至十级，新业态企业或个人申请享受一次性工伤医疗补助金和一次性伤残就业补助金的，由工伤保险基金和企业按照规定标准分别计发一次性工伤医疗补助金和一次性伤残就业补助金，新业态用工关系同时终止。从业人员因工致残被鉴定为五至十级，离按月享受职工基本养老金年龄不足5年的，一次性伤残就业补助金按照每增加一周岁递减20%的标准支付。从业人员因工致残被鉴定为五级至十级，办理退休手续且按月享受职工基本养老金的，不再享受一次性工伤医疗补助金和一次性伤残就业补助金。

八、工作要求

一是强化工作职责。人力社保部门负责新业态从业人员职业伤害保障政策制定，牵头负责新业态从业人员职业伤害保障指导协调工作；财政部门负责对工伤保险基金监管工作；税务部门负责对新业态从业人员工伤保险费征缴工作；湖州银保监分局负责指导保险机构开发经营职业伤害补充商业保险工作；邮政管理部门负责督促快递企业落实安全生产主体责任，推动快递企业为从业人员提供职业伤害保障。相关部门各司其职，密切协作，形成职业伤害保障工作合力，共同将职业伤害保障各项工作落到实处。

二是加强用工管理。新业态企业要认真履行职业伤害主体责任，建立健全岗位职责、安全规程和用工管理等制度规定，强化安全防范意识，积极参加工伤保险和补充商业保险，如实申报事故，配合调查取证，切实保障从业人员合法权益。

三是积极探索创新。各县在试行新业态从业人员职业伤害保障的基础上，经市人力社保局报备，可以结合地方特点，探索其他用工管理相对规范的新业态行业试行参保。试行过程中出现的新问题、新情况，应及时上报、妥善解决，确保试行工作平稳有序推进。

本文件自发文之日起施行。

湖州市人力资源和社会保障局

湖州市财政局　国家税务总局湖州市税务局

中国银行保险监督管理委员会湖州监管分局

湖州市邮政管理局

2020年3月23日

（三）各地关于灵活用工的裁审观点

1. 北京市

《北京市高级人民法院、北京市劳动人事争议仲裁委员会关于审理劳动争议案件法律适用问题的解答》（节选）

1.《最高人民法院关于审理工伤保险行政案件若干问题的规定》（法释〔2014〕9号）第三条第一款第四项中“用工单位”“不具备用工主体资格的组织或者自然人”，第五项中“被挂靠单位”“个人”与“因工伤亡职工（人员）”之间产生争议，如何处理？

“用工单位”“被挂靠单位”与“因工伤亡职工（人员）”之间不是劳动关系或雇佣关系。“用工单位”“被挂靠单位”仅是承担工伤保险责任的单位。

“不具备用工主体资格的组织或者自然人”“个人”与“因工伤亡职工（人员）”之间不是劳动关系，而是雇佣关系。

社会保险行政部门以“用工单位”“被挂靠单位”与“因工伤亡职工（人员）”之间无劳动关系为由，作出不予受理工伤认定申请或者决定不予认定工伤产生的纠纷，属于行政争议。

承担工伤保险责任的单位承担赔偿责任或者社会保险经办机构从工伤保险基金支付工伤保险待遇后，向“不具备用工主体资格的组织或者自然人”“个人”追偿产生的纠纷，不属于劳动争议。

【解读】转包有风险，资格是关键。解答中提到，第四项具体内容是指，用工单位违反法律、法规规定将承包业务转包给不具备用工主体资格的组织或者自然人，该组织或者自然人聘用的职工从事承包业务时因工伤亡的，用工单位为承担工伤保险责任的单位；第五项具体内容是指，个人挂靠其他单位对外经营，其聘用的人员因工伤亡的，被挂靠单位为承担工伤保险责任的单位。

2. 发包单位将业务发包给有用人主体资格的用工单位（包括有用人主体资格的组织、个体经营者），从事该发包业务的劳动者与上述主体发生争议的，如何处理？

应当认定劳动者与承包的有用人主体资格的用工单位存在劳动关系，但发包单位与劳动者存在劳动关系的除外。

【解读】企业将业务发包给承包单位时，注意对承包单位的用工合规性进行审查。

2. 江苏省

《关于印发江苏省劳动人事争议疑难问题研讨会纪要的通知》（苏劳人仲委〔2017〕1号）（节选）

一、确认劳动关系问题

（一）涉及互联网平台的劳动关系确认问题。

在涉及互联网平台企业有关劳动关系确认问题中，仲裁机构应注意把握保护劳动者权益与促进劳动力市场灵活性的平衡关系，综合考量用工单位网络平台的运营形式、劳动者从业状况、网络平台对劳动者的管理程度、劳动者收入分配方式及劳动者是否独立承担经营风险等因素，依法区分劳动关系和劳务关系。

对于发挥联系中介作用的网络平台，劳动者通过网络平台与企业建立工作联系关系，企业通过网络平台提供服务信息，并通过网络平台收取管理费或信息费用的，双方不宜作为劳动关系处理。

如果劳动者未与互联网平台企业订立劳动合同，而是签订了承包合同、委托协议等，一般应从其约定来认定双方的法律关系。如果双方关系符合原劳动和社会保障部《关于确立劳动关系有关事项的通知》（劳社部发〔2005〕12号）的要求，应认定双方存在劳动关系。

【解读】虽然签订承包合同、委托协议，若实际履行不当，仍然会被认定为存在劳动关系。

3. 山东省

1）《山东高院审理劳动人事争议案件若干问题的座谈会纪要（2019年）》（节选）

三、关于以包片或者签订委托协议方式提供劳动的劳动者与单位之间法律关系认定问题

劳动者自带工具，没有底薪，以包片等名义或者签订委托协议等形式为单位工作的（如快递员、超市促销员、送水员），一般应当按照约定认定双方的法律关系，但是劳动者确有证据证明双方存在劳动关系的除外。

2）《山东省烟台市中级人民法院、烟台市人力资源和社会保障局关于劳动争议案件裁审衔接问题的处理意见》（节选）

劳动者自带工具，没有底薪，以包片等名义或者签订委托协议等形式为单位工作（如快递员、超市促销员、送水员），双方之间的法律关系一般按双方的协议约定认定，但是劳动者确有证据证明双方存在劳动关系的除外。

【解读】合同或协议不能完全规避法律风险，不能排除劳动关系的认定。

4. 重庆市

《重庆市高级人民法院等六部门关于审理劳动争议案件适用法律问题的会议纪要（四）》（节选）

二、存在劳动关系的出租车公司与出租车驾驶员签订的承包经营合同的法律效力问题

出租车公司为提高出租车驾驶员的劳动积极性，通过与出租车驾驶员签订内部承包合同约定营运收益归出租车驾驶员享有，营运风险由出租车驾驶员承担的，实质上系双方对劳动报酬分配方式所作的特别约定，该约定不属于《劳动合同法》第二十六条规定的“用工单位免除自己的法定责任、排除劳动者权利”的情形，对双方具有法律约束力。

【解读】简言之，内部承包属于劳动报酬分配方式，法律认可其效力。

四、不具备用工主体资格的组织或者自然人聘用的劳动者能否依据工伤认定书请求确认双方存在劳动关系的问题

根据《最高人民法院关于审理工伤保险行政案件若干问题的规定》第三条第（四）项之规定，用工单位违反法律、法规规定将承包业务转包给不具备用工主体资格的组织或者自然人，该组织或者自然人聘用的职工从事承包业务时因工伤亡的，该组织或者自然人聘用的职工与用工单位之间虽不存在劳动关系，但是应由用工单位承担工伤保险责任，故即使有关部门出具了工伤认定书，劳动者亦不能依据工伤认定书请求确认其与用工单位之间存在劳动关系。

【解读】 工伤保险责任的承担某些时候不依存在劳动关系为前提。仅依靠社会保险关系或者工伤保险责任，无法单独认定企业和劳动者之间存在劳动关系。

八、外卖平台公司与外卖人员之间的劳动关系认定

外卖平台公司与外卖人员之间既有可能存在劳动关系，也有可能不存在劳动关系，应当根据劳动关系的认定标准，并结合具体案情进行认定。

【解读】 注重双方合作的实质而非形式。

5. 厦门市

《关于审理劳动争议案件若干疑难问题的解答》（厦中法〔2017〕96号）（节选）

2. 不具备用工主体资格的组织或者自然人招用的人员因工伤亡的应当如何处理?

具备用工主体资格的承包单位违反法律、法规规定，将承包业务转包、分包给不具备用工主体资格的组织或者自然人，该不具备用工主体资格的组织或者自然人招用的人员因工伤亡，社会保险行政部门已认定该人员工伤的，按工伤保险规定处理。受害人直接向人民法院提起诉讼的，应当明确是依据人身损害赔偿规定起诉还是以工伤起诉。以工伤起诉的，人民法院应当告知其先行申请劳动仲裁。受害人依据人身损害赔偿规定起诉的，适用民法总则、侵权责任法和最高人民法院人身损害有关司法解释等规定，按普通民事诉讼程序处理。

不具备用工主体资格的组织或者自然人所招用的人员仅以转包、分包事实为由请求确认与具备用工主体资格的承包单位存在劳动关系的，不予支持。

【解读】 转包、分包的时候，注意承包方用工的合规与风控。

第二节　灵活用工成功实践与典型案例

（一）非全日制用工典型案例

北京物美超市有限公司果园店与王某劳动争议纠纷案

【案情简介】

王某于2018年5月26日与北京物美商业集团股份有限公司（以下简称物美集团公司）签订“非全日制劳动用工协议书”，同日被安排至物美集团公司果园店。2019年3月11日，王某提出离职，在离职信中明确表示与物美集团公司解除全日制劳动用工协议。2019年5月28日，王某向密云劳动仲裁委员会申请仲裁。要求确认其与物美集团公司果园店2018年5月26日至2019年3月11日存在劳动关系。

2019年7月4日，仲裁委作出京密劳人仲字〔2019〕第1324号裁决：物美集团公司果园店与王某自2018年5月26日至2019年3月11日存在劳动关系。

物美集团公司果园店不服裁决，于法定期限内向法院起诉，王某未起诉。

【法院观点】

法院认为：物美集团公司果园店虽认可王某在其单位工作，但主张王某与物美集团公司签订了非全日制劳动用工协议书，应与物美集团公司存在非全日制劳动关系；王某主张其工作的地点在物美集团公司果园店，工作中接受物美集团公司果园店的管理，每天工作时间均超过八小时，工资按月支付，因此与物美集团公司果园店存在全日制劳动关系。

对此，法院认为，首先应明确物美集团公司与物美集团公司果园店并非劳务派遣关系，二者虽然独立经营但属关联企业，物美集团公司系物美集团公司果园店的控股股东。

其次，王某的工资发放与物美集团公司果园店的其他员工一致，均由物美综合超市公司发放。

再次，王某是通过物美集团公司果园店的招聘广告入职的，其在工作中一直接受物美集团公司果园店的管理，更为重要的是，王某离职时均由物美集团公司果园店的相关人员进行了审批。

《劳动合同法》第六十八条规定，“非全日制用工，是指以小时计酬为主，劳动者在同一用人单位一般平均每日工作时间不超过四小时，每周工作时间累计不超过二十四小时的用工形式”；第七十二条第二款规定，“非全日制用工劳动报酬结算支付周期最长不得超过十五日”。

而本案中王某的用工形式，一是从劳动时间来看，王某提交的多点送单记录显示其工作时间均达到标准用工的时间八小时以上，物美集团公司果园店亦认可该证据的真实性，故其劳动时间不符合法律规定的非全日制用工工作时间；二是从工资支付来看，王某提交的工资银行流水显示其2018年6月至2019年3月工资均按月发放，也不符合法律规定的非全日制用工劳动报酬结算支付周期。

综上，本院认为，王某在入职物美集团公司果园店时虽然与物美集团公司签订了“非全日制劳动用工协议书”，但与客观事实不符，王某与物美集团公司果园店形成全日制用工的劳动关系。

【案件点评】

本案是目前物美集团尝试非全日制用工，在OpenLaw裁判文书上找到的唯一一起败诉的案件，通过数据检索发现物美集团在使用非全日制用工过程中总体而言很成功，通过这样灵活的方式实现了企业和员工双赢。此案虽然以物美集团公司败诉告终，但它失败的教训却很具有典型性。企业想仅仅通过一纸协议就避免双方存在劳动关系的可能性很低，成功的用工模型的转换必须建立在完善企业自身用工实践的基础上。正如前文所言物美集团在2018年以后开始普遍使用非全日制员工，效果良好，有争议诉至法院的数量也很有限，可以说物美集团在使用非全日制员工的这几年里积累了比较丰富的经验，但此案无疑再次敲响警钟。任何违反法律规定的用工模式都是投机取巧，寄希望于员工放弃自身合法权益的可能性也很小，若员工自身的合法权益没有得到保障或没有达到自己的预期，那么员工一般会申请仲裁。所以说，企业一遇到事情就想员工签个书面承诺确保万事大吉的时代已经一去不复返。真正的灵活用工是彻底激发员工和企业双方的能量，通过减损任何一方的利益达成的合作都是短暂的，企业必须应时、随势而变，而所有变化的前提只能是合法合规。

（二）劳务派遣用工典型案例

包某诉申美饮料食品有限公司劳动合同纠纷案

【案情简介】

原告包某于2006年4月4日进入被告申美饮料食品有限公司（以下简称申美）工作，担任助销员。原告的求职登记卡显示，2006年4月4日至2007年3月31日，原告系由某人资公司派遣进入被告处工作；2007年4月1日至12月31日，原告的劳务派遣公司改为支点公司；2008年1月1日至2010年1月29日，原告的劳务派遣公司又改为安普公司。2010年2月，原、被告签订劳动合同，约定：劳动合同期限为2010年2月1日至2013年3月31日；原告在市场执行部门的RTM业务代表岗位任职。2006年4月4日至2010年3月，原告实际在被告公司的浦东办事处（位于上海浦东新区金桥开发区桂桥路539号）从事销售工作；2010年4月起，原告被安排至被告公司的川沙办事处（位于上海浦东新区龙东大道5385号龙东大厦2104室），仍从事销售工作。2013年3月25日起，原告因患病开始休病假，未再上班。2013年9月2日，被告申美公司向原告包某邮寄书面劳动合同终止通知，原告认为被告属于违法终止劳动关系，故申请仲裁要求恢复双方的劳动关系，并主张原告入职后，一直在被告的川沙办事处担任业务员工作，工作地点和岗位均无变化，故应自2006年4月4日起计算在被告处的工作年限。

【法院观点】

一审法院总结本案的争议焦点是：原告包某在被告申美公司处的工作年限应自何时起算。上海市浦东新区人民法院一审和上海市第一中级人民法院二审均认为：

根据《劳动合同法实施条例》第十条的规定，“劳动者非因本人原因从原用人单位被安排到新用人单位工作的，劳动者在原用人单位的工作年限合并计算为新用人单位的工作年限”。《最高人民法院关于审理劳动争议案件适用法律问题的解释（一）》第四十六条则规定，“劳动者仍在原工作场所、工作岗位工作，劳动合同主体由原用人单位变更为新用人单位”的，应当认定属于“劳动者非因本人原因从原用人单位被安排到新用人单位工作”。原告包某于2006年4月4日起，一直在被告申美公司处从事销售相关工作，其用工单位虽先后从某人资公司、支点公司变更为安普公司，但2006年4月4日至2010年3月，包某的工作场所并无变化，故依照上述法律及司法解释的规定，包某在申美公司处的工作年限应自2006年4月4日起计算。

【案件点评】

劳动者仍在原工作场所、工作岗位工作，劳动合同主体由原用人单位变更为新用人单位的，应当认定属于“劳动者非因本人原因从原用人单位被安排到新用人单位工作”，工作年限应当连续计算。劳动者的用人单位发生变动，对于如何界定是否因劳动者本人原因，不应将举证责任简单地归于新用人单位，而应从该变动的原因着手，查清是哪一方主动引起了此次变动。劳务派遣公司也不应成为工作年限连续计算的阻却因素。

（三）平台用工典型案例

1. 北京市闪送员与闪送平台确认劳动关系案

【案情简介】

李某在自己的手机上下载某城公司的“闪送App”，经注册、审核，前往公司办公场所进行面试后，某城公司向其发放了工牌。李某于2016年5月29日起开始接单，从事配送工作。在职期间，双方未签订劳动合同。李某登录手机App，自主决定上线时间、自主抢单、自行安排交通工具，在规定的时间内完成闪送业务；每完成一单闪送业务，李某可按照该单费用的80%计提收入，收入累计在个人账户内，可于每周一进行转账提取。2016年7月24日，李某在进行闪送业务时发生交通事故受伤，其认为属于工伤，应享受工伤保险待遇。

某城公司不同意李某的诉讼请求，理由如下。

（1）公司、客户、闪送员之间的法律关系应适用《合同法》中居间合同的相关规定进行调整。公司创新性地设立了“闪送 App”平台，用于解决客户小件物品急送的需求与社会上闲散运力之间无法有效对接的矛盾。客户在“闪送 App”上发布送货需求信息，由闪送员通过“闪送 App”接收信息，并自主选择是否承接送货业务。一旦闪送员承接送货任务则客户与闪送员之间形成了货物运送合同，合同双方通过“闪送 App”平台进行结算，公司从每笔货物运送费用中收取相应的信息服务费。从整个交易流程及各方承担的权利义务考量，均符合《合同法》中居间合同相关条款的规定。

（2）公司与李某之间不存在劳动关系所应当具备的法律特征。李某通过手机 App 进行抢单并完成闪送任务，对其不限定在线期限、不考勤、不限定工作时间和地点、其不需要到某城公司指定地点报到、没有完成任务的额度要求。李某自主决定是否承接闪送任务、自主决定使用何种交通工具，闪送费用及信息服务费及时结清，并且闪送员从事的闪送任务也不是公司的主营业务。

（3）公司不向闪送员提供相应的劳动条件。双方之间不具备成立劳动关系的法定情形。公司已经为闪送员购买了商业保险，李某发生的事故已经由保险公司理赔。综上，公司与李某之间系平等民事主体之间的合作关系，合作过程是间断性、偶然性的，不具有劳动关系所体现的连续性、必然性和从属性，请求法院驳回李某的诉讼请求。

【法院观点】

法院经审理认为：法律关系的性质，应根据事实审查认定，当事人不得以协议约定的方式排除《劳动法》之适用。闪送平台的经营模式为通过大量提供货物运输服务来获取利润，故闪送平台的运营公司某城公司并不是一家信息服务公司，而是一家经营货物运输业务的公司，而闪送员的作用在于提供货物运输服务，使某城公司得以履行货物运输合同中运输货物的合同义务。

本案中，某城公司在招聘闪送员时，对担任闪送员的任职条件作出了要求，李某在进行闪送服务时需佩戴工牌，按照服务流程的具体要求提供服务，在任平台闪送员期间李某并未从事其他工作，从事闪送员工作获取的报酬是李某的主要劳动收入，故某城公司与李某间具有从属性，双方属于劳动关系。

【案件点评】

从劳动关系的认定来看，法律是注重实质审查的，正如前文中多次提到的，单独地依靠合同或者协议来规避法律风险，在有些时候无法达到预期目的。从企业用工风险管理的角度来看，既然是非劳动关系的用工，就不要用管理劳动关系的制度、流程等约束这部分劳动人员。换言之，用工模式的调整实际上是管理方式的调整，如果管理方式不做调整，同样会出现案例中的裁判结果。

在法院的判决中，有这样一段话，值得我们思考："某城公司从李某提供的劳动中获益，则其应当承担相应的法律责任及企业的社会责任。若允许其低成本地用工，则其必然缺乏防范用工风险的主动性，对采取劳动安全保护措施的积极性必然不高，因此带来的社会问题必然增多；互联网企业不能因其采用了新的技术手段与新的经营方式而不承担本应由其承担的法律责任与社会责任。作为运用新技术手段进行经营的公司，其完全可以运用信息技术优势实现合法的经营、管理。不能因为相关配套制度尚不完善而拒绝向劳动者提供基本权利的救济"。

2. 上海市首例"网红"主播请求确认劳动关系案

【案情简介】

阿娇是一名"90后"女孩，因偶然的机会涉足网络直播这一行业，并在某网络直播平台的直播房间做起主播，每天固定时段在屏幕前进行视频表演、直播，吸引众多在线观众围观、赠送礼物，粉丝百万人，拥有很高的人气。

入行之初，阿娇于2016年1月与上海某网络科技中心签订了"主播经纪协议"，由该公司安排其在某网站的指定直播房间直播。协议对阿娇的工作内容、双方权利义务、权利归属、合作费用、收益分配、违约责任等进行了约定，并约定阿娇从事的直播工作包括参与相关游戏或娱乐活动的线上、线下直播，录制或表演的一切相关演艺事务，以及涉及其名誉、姓名、肖像、表演、著作权的一切相关演艺活动；约定该公司在全世界范围内担任阿娇独家经纪公司，独家享有其全部直播工作的经纪权；协议期限36个月；同时还约定，公司每月向阿娇支付“保底收入”5000元。

经过经纪公司的包装、宣传，阿娇在网络上逐渐具有了一定的知名度。三个月后，阿娇退出该公司在某网站上的指定直播房间，并以公司未按规定为其缴纳社会保险费为由向劳动人事争议仲裁委员会申请仲裁，要求确认其与经纪公司存在劳动关系并由经纪公司支付解除劳动关系经济补偿金2500元。

【法院观点】

劳动关系是双方当事人通过合意由劳动者一方提供劳动、用工单位一方给付报酬所形成的具有人身从属性的权利义务关系。劳动关系的核心是劳动的地点、内容、方式、过程以及在即便无工作但劳动关系仍然存续的情况下，还需受到用工单位的约束，约束的方式既包括规章制度，也包括具体的管理行为，它与其他交易关系最核心的区别在于后者。

本案中，从阿娇与上海某网络科技中心签订的“主播经纪协议”内容来看，双方就开展网络直播活动的权利义务进行了约定，并没有订立劳动合同的合意。阿娇的主要工作是在上海某网络科技中心指定的互联网平台进行直播活动，双方收益按三七开比例进行分配，其中上海某网络科技中心得30%，阿娇得70%。阿娇的主播工作在其家中完成，无须到上海某网络科技中心的办公场所上班，也无须遵守上海某网络科技中心的规章制度。

因此，该份协议系双方就开展演艺活动、提供经纪服务等民事活动的权利义务约定，并非劳动权利义务的约定，不符合劳动关系的法律特征。

【案件点评】

这是一起比较典型的争议案件，直播人员与合作方是否构成劳动关系，在目前的法律环境之下以及司法实务中，认定劳动者和企业之间关系的时候，主要依据是否构成劳动关系来做判定，符合认定劳动关系特征的，按照劳动关系认定；不符合认定劳动关系特征的，按照其他的法律关系认定。具体到实践中，企业和劳动者之间的合作关系，均应当找到相关的法律依据，同时按照法律规定来履行各自的权利和义务，这样才能有助于定分止争，减少争议的发生。

（四）劳务用工典型案例

何某诉某公司未签劳动合同案

【案情简介】

何某与某公司签订了一份“劳务用工协议”，协议约定：用工期限一年；何某从事烧锅炉的工作；报酬支付标准为固定工资1850元+计价单价0.45元/吨（烧煤量）；何某应当遵守公司规章制度，服从公司工作安排；公司须为何某提供必要的工作条件。协议签订后，何某即开始工作。半年后，何某以工资低为由提出辞职申请，公司表示同意。后何某向劳动仲裁委员会申请仲裁，要求公司补缴社会保险费，并支付未签订书面劳动合同双倍工资。仲裁委员会裁决驳回其双倍工资的请求，何某遂诉至法院。公司认为，双方之间签订的“劳务用工协议”应视为双方之间的书面劳动合同。何某称未签订书面劳动合同无事实依据，应驳回何某的诉讼请求。

【法院观点】

本案中，双方签订的虽然为“劳务用工协议”，但协议对劳动合同期限、工作内容、劳动保护和劳动条件、劳动报酬、劳动纪律、劳动合同终止条件等劳动合同必备条款作了明确约定，该协议可视为双方实际已签订了书面劳动合同。在此基础上，何某主张未签订书面劳动合同双倍工资补偿，依据不足。

【案件点评】

针对该案存在两种截然不同的观点：一种观点认为，何某与某公司签订的是“劳务用工协议”，并未明确双方之间的法律关系为劳动关系，不能认为双方之间已经签订书面劳动合同，何某要求支付双倍工资于法有据。另一种观点认为，何某与某公司签订的“劳务用工协议”中包含了劳动期限、工作内容、工作时间、劳动报酬等内容，明确了双方的主要权利义务，具备劳动合同必备条款，应当认定双方已经签订了书面劳动合同，何某主张未签订书面劳动合同不能成立。本案法院支持了第二种观点，即“劳务用工协议”中具备劳动合同条款的，视为双方已经签订劳动合同，但建议企业不要通过这样的方式进行灵活用工。

（五）内（包）创业用工典型案例

杨某与吉瑞公司劳动争议案

【案情简介】

杨某于2007年9月24日入职吉瑞公司，担任导购，工作地点为金源贵友老凤祥专柜，双方签订劳动合同，最后一份劳动合同期限至2014年12月31日。2015年1月1日经双方协商一致建立承包关系，2017年8月6日双方解除承包合同。杨某认为虽然双方签订了“承包合同”，但“承包合同”是吉瑞公司为减少用工风险制订的，变相取代劳动关系，主张双方劳动关系一直存续且应由吉瑞公司支付未签劳动合同的二倍工资。但吉瑞公司认为双方自2015年1月1日起就建立了民事合作关系，所以，自2015年1月1日至2017年8月6日双方之间系承包关系而非劳动关系。

【法院观点】

本案的争议焦点为吉瑞公司与杨某之间是承包合同关系还是劳动关系。

第一，按照《劳动法》理论通说认为，劳动关系是劳动者与用工单位之间为实现劳动过程而发生的劳动力与生产资料相结合的社会关系，兼有平等性与隶属性、人身性与财产性的特征。其中从属性包括人身从属性和财产从属性，这是劳动关系的本质属性，也是劳动关系客观外在的特征。

第二，适用民法中“合意”的概念，劳动关系也是双方当事人就劳动与报酬的交换合意，是劳动用工领域中自治原则的体现。合意在劳动关系的建立、变更、消灭过程中发挥重要作用，是劳动关系主观内在的精髓。本案中就双方当事人之间是否形成劳动关系，一审法院从“隶属性”与“合意”两方面加以分析。

关于杨某与吉瑞公司之间是否存在“隶属性”，应当考察劳动者是否被纳入用工单位的生产组织体系内，在用工单位的指挥命令下提供劳动，用工单位拥有广泛的指挥控制权，可单方确定工作时间、地点、内容及奖惩事项等；劳动者并非为自己的经营而劳动，是为用工单位的经营目的而劳动。本案中杨某的工作地点为金源贵友老凤祥专柜，工作内容为销售。据杨某提交的银行卡交易明细、北京市社会保险个人权益记录、“考勤簿”等证据并未充分证明其在用工过程中完全出于服从用工单位支配的被动地位，其提交的证据除显示出吉瑞公司每月向其支付不固定款项之外，并未充分体现出劳动关系从属性。相反，结合商场购物的一般社会生活经验，吉瑞公司提交的“承包合同”更符合市场一般交易逻辑和流程，并且“金源贵友老凤祥专柜2017年1月至12月对账结算单”“2017年承包人收益结算汇总表”及“金源贵友老凤祥专柜2017年1月至12月承包收益支付表”均显示有“杨某”字样签字，“金源贵友老凤祥专柜2017年1月至12月承包收益支付表”显示杨某实际发生的收益金额与杨某提交的银行卡交易明细显示的工资金额一致，上述证据均与“承包合同”约定内容相符。故一审法院认为应当依据上述承包合同中的内容来判断双方当事人之间的法律关系。根据“承包合同”约定，按销售收入扣除销售成本、税负、投资回报金及各项费用后的30%为甲方应得承包收益，销售收入扣除销售成本、税负、投资回报金及各项费用后的70%为乙方应得承包收益，上述约定体现出杨某在经营过程中具有自主权利，因此杨某与吉瑞公司之间的人身隶属性及财产隶属性明显较弱。

关于杨某与吉瑞公司之间是否存在建立劳动关系合意，应当考察双方当事人是否以明示或者默示的方式作出一致的建立劳动关系的意思表示。现杨某提交的证据不足以证明自2015年起双方之间就建立劳动关系存在明示合意，也没有其他证据来推定双方当事人之间存在默示合意；而相反，吉瑞公司提交的“承包合同”明确载明双方之间不存在劳动关系。

综上，杨某提交的证据不足以证明双方2015年之后存在劳动关系。

考虑上述两方面内容，一审法院认为吉瑞公司与杨某之间并无直接的指挥管理关系，人身隶属性较弱，亦无建立长期稳定劳动关系的合意，因此不能认定双方之间存在劳动关系。故对杨某关于确认双方之间存在劳动关系的主张不予采信。

【案件点评】

本案属于内部承包较为典型的一起案件，经一审、二审法院判决，均认为吉瑞公司与杨某之间属于承包关系而非劳动关系。综观全案，吉瑞公司之所以能够胜诉就在于其未直接对杨某等人进行管理，且双方签订的“承包合同”较为全面并与用工实践保持一致。这给当前决定内包的企业一个很好的启示，若想规避事实劳动关系的风险就要“放权、放权、再放权”。

（六）共享用工典型案例

张某与某餐饮公司确认劳动关系纠纷案

【案情简介】

张某为某餐饮公司服务员，双方签订了劳动合同。2020 年春节期间，受新冠肺炎疫情影响，餐饮公司停止营业，多名员工滞留当地。而某电商公司业务量持续增长，送货、拣货等岗位人员紧缺。某电商公司遂与某餐饮公司签订了“共享用工协议”，约定张某自 2020 年 2 月 3 日至 5 月 4 日到电商公司从事拣货员岗位工作，每月某电商公司将工资交由某餐饮公司后，由某餐饮公司支付给张某。张某同意临时到某电商公司工作，并经该公司培训后上岗。然而，某餐饮公司于 3 月 20 日依法宣告破产，并通知张某双方劳动合同终止，同时告知某电商公司将无法履行“共享用工协议”。某电商公司仍安排张某工作并支付工资。4 月 16 日，张某向劳动人事争议仲裁委员会（以下简称仲裁委员会）申请仲裁请求确认与某电商公司自 2020 年 2 月 3 日至 4 月 16 日存在劳动关系。

【处理结果】

经仲裁委员会庭前调解，某电商公司认可与张某自 2020 年 3 月 20 日起存在劳动关系，双方签订了 2020 年 3 月 20 日至 2021 年 3 月 19 日的劳动合同，张某撤回了仲裁申请。

【案例分析】

本案的争议焦点是员工借出企业无法继续履行“共享用工协议”，用人单位继续用工的，双方是否建立劳动关系。

共享用工是指员工富余企业将与之建立劳动关系的员工借调至缺工企业工作，员工与借出企业的劳动关系不发生改变，用人单位与借出企业签订协议明确双方权利义务关系。《关于贯彻执行〈中华人民共和国劳动法〉若干问题的意见》（劳部发〔1995〕309号）第7条规定，“用人单位应与其长期被外单位借用的人员、带薪上学人员以及其他非在岗但仍保持劳动关系的人员签订劳动合同，但在外借和上学期间，劳动合同中的某些相关条款经双方协商可以变更”。因此，我国《劳动法》并不禁止用工单位之间对劳动者的借用。

《劳动合同法》第四十四条规定，“有下列情形之一的，劳动合同终止：……（四）用人单位被依法宣告破产的”。因共享用工协议的履行以劳动者与借出企业劳动关系的存在为前提，共享用工的用工模式自借出企业宣告破产时被打破。用人单位明知劳动者与借出企业劳动关系终止的情况下继续用工，应根据有关法律和政策规定建立劳动关系。

本案中，某餐饮公司与某电商公司签订并履行了“共享用工协议”，张某同意被借调到某电商公司工作，应认定某餐饮公司与张某口头变更了劳动合同中的工作地点、工作内容等事项。因某餐饮公司于2020年3月20日宣告破产，张某与某餐饮公司劳动合同终止，某电商公司与某餐饮公司原有的权利义务不再存在。而某电商公司明知某餐饮公司宣告破产，双方“共享用工协议”无法履行，仍然安排张某从事业务工作，对其进行劳动管理并发放劳动报酬，符合原劳动和社会保障部《关于确立劳动关系有关事项的通知》（劳社部发〔2005〕12号）规定，张某与某电商公司自2020年3月20日确立劳动关系。

庭前调解阶段，某电商公司表示因张某工作表现良好，公司正在研究是否正式聘用，希望暂缓开庭。仲裁委员会告知张某后，张某考虑工作机会难得，且工作地点等条件十分便利，同意暂不开庭，愿意等待某电商公司决议。最终，双方庭前和解，并签订了自2020年3月20日至2021年3月19日的劳动合同，张某撤回了仲裁申请。

【案件点评】

共享用工是借出企业与用人单位之间自行调配人力资源、解决特殊时期用工问题的应急措施。其本质是企业在不同行业之间短期调配人力资源，以应对各行业因淡、旺季或特殊事件带来的人力资源需求差异，从而实现各方受益。借出和借入员工是企业之间的行为，可以通过签订民事协议明确双方权利义务关系。共享用工属于特殊情况下的灵活用工方式，在法律主体认定、劳动报酬支付、社会保险缴纳等方面还存在制度盲点，但需要明确的是，借出企业不得以营利为目的借出员工，也不得以共享用工之名，进行违法劳务派遣，或诱导劳动者注册个体工商户以规避用工责任。此外，劳动者在企业停工停产等特殊情况下，自主选择为其他企业提供劳动，不属于共享用工，应根据相关法律和政策认定是否建立双重劳动关系。